백선엽의 6.25전쟁 징비록

제3권 두려움에 맞서는 법

백선엽 저

유광종 정리

백선엽의 6.25전쟁 징비록

제3권 두려움에 맞서는 법

2017년 4월 12일 초판 1쇄
2018년 10월 31일 초판 2쇄
2022년 8월 9일 초판 3쇄

저자 백선엽 **정리** 유광종 **펴낸곳** 책밭 **펴낸이** 유광종 **책임편집** 최효준 **디자인** 전혜영 윤종욱
출판등록 2011년 5월 17일 제300-2011-91호 **주소** 서울 중구 퇴계로 243 평광빌딩 10층
전화 02-2275-5326 **팩스** 02-2275-5327 **이메일** go5326@naver.com **홈페이지** www.npplus.co.kr

ISBN(세트) 979-11-85720-28-9 04900

ISBN 979-11-85720-35-7 04900 정가 16,000원

ⓒ 백선엽, 2017

백선엽의 6.25전쟁 징비록

제3권 두려움에 맞서는 법

삶과 죽음을 가르는 싸움터에서 군대가 서있어야 하는 자리는 어디일까. 그 답은 분명하다. 나를 해치고자 다가오는 적의 정면이다. 그러나 그 자리에 서있는 일이 쉽지만은 않다. 이 책에서는 제가 스스로 서있어야 할 자리를 이야기하고 싶었다.

전쟁터의 적 앞에 제대로 설 수 없음은 우선 두려움 때문이다. 적이 지닌 힘과 그로써 다시 번질지도 모를 내 안위의 걱정이 먼저 닥친다. 이어 무너져 모든 것을 잃는다는 공포가 엄습한다. 그런 두려움과 공포를 잠재울 수 있어야 군대는 전쟁터에 옳게 설 수 있다.

그러기 위해서 군대는 부단히 훈련을 거듭해야 한다. 고되고 험한 훈련을 반복하면서 군대는 성장한다. 두려움으로 인해 크게 보이는 상대의 실체를 파악할 수 있고, 내 힘의 크기를 제대로 헤아려 싸움을 굳건하게 이어갈 수 있다.

싸움터에서 군대가 제 자리를 지키지 못하는 이유는 또 있다. 내가 지닌 것 이상을 얻으려는 허영, 제 능력을 넘어서는 공명심,

현실과 동떨어진 목표 설정도 그에 기여한다. 그런 상황에서는 여지없이 패배의 혹독함을 맞이한다.

전쟁에 나선 군대가 패전의 쓰라림을 맞이하지 않기 위해서는 역시 이런 요소를 제대로 관리해야 한다. 제가 지닌 힘의 크기를 잘 파악해야 하고 군대가 지켜야 할 명분과 따라야 할 현실의 조건에 충실해야 한다. 쉬워 보이지만 결코 쉽지만은 않은 일이다.

60여 년 전의 6.25전쟁에서 우리가 드러낸 패배는 아주 쓰라리다. 다가오는 적 앞에서 맞서 싸우다가 곧 등을 보였고, 전선에서 물러나며 바로 붕괴에 가까운 장면을 연출한 적이 많았다. 대한민국이 건국 뒤 2년도 지나지 않아 맞은 전쟁이었던 까닭이다. 훈련은 턱없이 부족했고, 조직은 그만큼 엉성했다.

참전 중공군은 그런 국군을 먹잇감으로 취급했다. 찌르면 찔렸고, 뚫으려고 나서면 바로 뚫렸던 군대였기 때문이다. 그 패전의 모습을 이 책에서 자세히 적었다. 패전을 제대로 적을 수 있어야 같은 유형의 실패를 거듭하지 않는다는 생각 때문이다.

　이제 대한민국의 군대는 분명히 60여 년 전의 그런 군대는 아닐 것이다. 고도화한 무기와 현대적 장비로 무장을 했고, 조직적이며 빈틈없는 훈련으로 세계 어디에 내놓아도 손색이 없는 강군으로 성장했다고 믿기 때문이다.

　그러나 그럴수록 두려움을 경계해야 옳다. 지나친 자부심, 도를 넘어서는 자만, 남보다 앞서 더 많이 취하려는 욕망도 마땅히 억눌러야 한다. 그래야 제 자리를 굳건히 지키며 우리를 해치려 다가오는 적에게 당당히 맞서 싸울 수 있다.

　삶의 모든 과정이 어쩌면 싸움이다. 나와의 싸움, 남과의 다툼, 내가 속한 집단과 다른 집단의 경쟁이 다 그렇다. 따라서 전쟁의 이야기는 비단 군대에만 해당하지 않을 것이다. 이 때문에 60여 년 전 벌어진 이 땅 위의 전쟁에서 우리가 맞았던 상황을 자세히 회고했다.

그로써 우리는 앞으로 맞이할지도 모를 유무형의 모든 싸움에서 제 자리를 지키며 끝까지 몸을 던져서라도 싸우는 문화를 키웠으면 한다. 제 욕심과 공명심, 허영으로 전체의 틀을 허물어 적 앞에서 스스로 주저앉는 일도 더 이상 반복할 수 없다.

전쟁은 한 민족의 중요한 경험이다. 그 혹독한 전쟁터에서 우리는 어떻게 싸워 이겼고, 또 패했는가를 잘 살펴야 한다. 그곳에서 드러난 우리의 장단을 잘 헤아려 약한 곳은 메우고, 강한 점은 더 키워야 옳다. 전쟁이 주는 교훈에 부디 많은 이들이 귀를 기울여주기 바란다.

2017년 4월 백선엽

_____ 목차

제14장 가장 추웠던 겨울

제15장 2군단의 해체

제16장 횡성의 대패

제17장 사창리 패전

제18장 현리 전투

제19장 용문산의 설욕

제12장

청천강을 건너며

불안감 속에 넘은 강

참혹했던 평양형무소

만수대 인민위원회라는 건물에 들어있던 김일성의 집무실은 황급히 빠져나간 그곳 방주인의 분위기를 그대로 보여주고 있었다. 어지러이 흩어진 집기류, 서랍이 열린 책상, 비스듬하게 걸려 있던 스탈린과 김일성의 초상 등이 눈에 먼저 들어왔다. 나중에 안 사실이기는 하지만, 김일성은 매우 황급히 평양을 빠져나갔다고 한다.

마지막 순간까지 평양을 사수해야 한다는 명령을 내려놓고서다. 그를 믿고 평양을 지키던 북한군 수비대는 우리 국군과 미군이 시내로 진입하자 단발마적인 저항을 잠시 펼치고는 역시 그 뒤를 따라 황망하게 도망을 치고 말았다. '이 사람이 이 땅에 가혹한 전쟁을 일으킨 주인공인가…'라는 생각에 빠져 나는 그곳에 서서 김일성이라는 인물을 한동안 생각했다.

오래 머물 일은 없었다. 그저 적의 수괴首魁 김일성이 어느 자리에 앉아 어떻게 생활한 인물인가가 우선 궁금했다. 나는 곧 그의 집무실을 빠져나왔다. 이어 도착한 곳이 평양형무소였다. 그곳은 처참했다. 미처 데리고 가기 힘들었던 반공적 성향의 사람들을 모두 그곳에서 학살한 뒤 그들은 도망쳤다.

형무소 우물에는 그런 시신이 가득했다. 마당에도 여기저기에 시신들이 널려 있었다. 아주 참혹한 광경이었다. 그 가운데에는 북한군이 남침을 벌인 뒤 남녘에서 강제로 끌고 왔던 유명한 사람들도 섞여 있었을 것이다. 그러나 그를 확인할 여유는 내게 전혀 없었다.

곧 평양에는 이승만 대통령을 비롯해 더글라스 맥아더 유엔군 총사령관이 방문할 예정이라고 했다. 날짜는 정해지지 않았지만 요인들이 방문하면서 그에 대한 준비도 필요했다. 15연대를 이끌었던 최영희 연대장이 "요인들 방문에 대비한 일을 맡겠다"면서 후방인 평양에 있겠다고 했다. 나는 "그렇게 하라"고 했다.

아군 트럭은 쉼 없이 북으로 향했다가는 곧 짐칸 가득 북한군 포로를 싣고 내려왔다. 길에는 전의戰意를 잃은 북한군 포로가 일일이 헤아리기 힘들 정도로 많았다. 적지 않은 수가 민간인 복장으로 갈아입은 상태였다. 아무런 저항도 없었다. 아군이 당도하면 순순히 손을 들고 나와 말없이 트럭에 올라탔다. 민가에 들어가 밥을 얻어먹던 도중에 그곳 주변에 도착한 아군을 보고 황급히 도망치는 북한군 패잔병도 많았다.

미군은 맥아더 장군의 지시에 따라 평양 북방 56㎞ 지점인 숙천, 그리고 평양 서북방 60㎞ 지점인 순천에 대규모 공습강하 부대를 투하할 계획이었다. 앞에서 소개한대로 그 뒤를 받쳐주는 역할을 국군 1사단이 맡은 상태였다. 시간에 맞추기 위해서 우리는 부지런히 길을 가야 했다.

숙천 일대의 공수작전

맥아더 장군이 펼치는 과감한 공중강습 작전이었다. 이로써 북한군에게 끌려가는 미군 등 연합군 포로, 국군 장병, 남쪽의 피랍 민간인들

평양 탈환 뒤 곧장 펼쳐진 숙천과 순천 일대의 공습 강하 작전 모습이다.
포로로 잡힌 아군 등을 구하면서 적의 포로를 대거 잡아들이고자 벌였던 작전이었다.

을 구출한다는 계획이었다. 우리가 미리 정했던 지점인 숙천과 순천
의 남쪽 지역에 도달할 무렵에 수많은 미군 수송기들이 굉음을 울리
며 하늘을 지나갔다.

　곧이어 비행기에서 공정대원들이 뛰어내리기 시작했다. 하늘에는
곧 셀 수 없이 많은 낙하산이 펼쳐지고 있었다. 나로서는 일찍이 본 적이
없던 장관壯觀이었다. 미군의 실력을 엿볼 수 있는 작전의 규모이기도
했다. 당시로서는 알 수 없었으나, 나중에 들어보니 당시의 숙천과 순
천 공중강습 작전은 세계의 전사戰史에 올릴 만한 내용이었다고 했다.

당시의 강습 작전에는 공정대원 4,000여 명을 동원했다. 아울러 90㎜ 대전차포와 105㎜ 야포 17문, 포탄 1,000여 발을 떨어뜨렸다. 특히 105㎜ 야포를 낙하산으로 내려 보낸 일이 세계적으로는 처음이라고 했다. 지상地上에는 국군과 미군 및 연합군이 이끌고 왔던 야포들이 즐비했다.

그럼에도 미군은 105㎜ 야포를 낙하산으로 강하시키는 시험을 해 봤던 것이다. 미군은 그렇게 열심히 전쟁을 수행 중이었다. 당면한 적을 무너뜨리는 과감하면서도 강력한 공격을 펼치면서 한편으로는 제 나름대로의 필요에 따라 여러 가지 테스트도 하고 있었던 셈이다.

나는 새카맣게 몰려온 미군의 수송기에서 점점이 흩어져 뛰어내리면서 펼쳐지는 낙하산, 그리고 심지어는 대포까지 낙하산에 매달아 지상으로 내려 보내는 미군의 대규모 공중강습 작전을 지켜보면서 생각에 잠시 빠졌다. 미군의 힘이 우선 느껴졌고, 현대전에서는 풍부한 국력을 바탕으로 물자와 장비, 화력, 병력을 일순간에 필요한 곳으로 급거 옮길 수 있는 능력이 전쟁의 승패를 가른다는 점을 새삼 절감했다.

처음 든 생각은 아니었으나 숙천 상공을 바라보면서 그 깊이가 더해졌다. 그럼에도 당시 맥아더 사령관의 지시에 따라 펼쳐진 공중강습 작전은 원래 상정想定했던 효과를 거두지는 못했다. 3,800여 명에 달하는 북한군 포로를 잡았으나 선두에 서서 도망을 쳤던 북한군 수뇌부의 퇴로를 끊어 그들을 잡아들이지는 못했던 것이다. 그들은 이미 청천강을 넘어 훨씬 북쪽으로 사라졌기 때문이었다.

도쿄의 맥아더 유엔군 사령부는 당초 평양 북쪽에서 청천강 일대에 북한군이 약 1만 5,000명 정도 남아 있을 것으로 보고 공중강습 작전을 펼쳤다고 한다. 그러나 그 정도의 병력은 남아 있지 않았다. 그럼에도 아무튼 이 작전으로 인해 아군이 평양을 넘어 더 북쪽으로 진격하는 길은 활짝 열렸던 셈이다. 서해안과 서북쪽의 지역에서는 특히 그랬다.

공중에서 낙하한 미 공정부대의 뒤를 받쳐주는 임무는 12연대에게 일임한 상태였다. 연대를 이끌던 김점곤 대령은 아주 뛰어난 지휘관이었다. 그는 시간을 맞출 줄 알았으며, 공격에 나서면 늘 과감했다. 아울러 모든 작전에 빈틈을 보이지 않았다. 평양 진격 때에도 그를 선두에 나서게 했던 이유였다. 그는 이번에도 제 시간에 맞춰 일을 틀림없이 수행했다.

평양을 떠난 뒤의 첫 작전은 그렇게 잘 마무리했다. 우리의 다음 임무는 안주安州를 거쳐 운산雲山을 지나 압록강의 수풍호水豊湖에 도달하는 것이었다. 그와 동시에 미 24사단이 신의주新義州에 닿고, 동북 지역에서 아군이 다시 두만강에 이르면 우리는 통일을 이루는 것이다.

서늘한 물빛의 청천강

가슴이 벅차오를 수 있는 청사진이었다. 그러나 전쟁은 변수變數의 연속이다. 그 변수가 눈앞에 나타날 경우 방심放心을 스스로 허용한 사람은 커다란 낭패에 직면하는 법이다. 나는 꿈에 부풀어 올라 흥분할 수도 있는 상황이었으나 침착하게 상황을 지켜보면서 나아가고자 했다.

곧이어 우리 눈앞에 나타날 강이 청천강이었다. 이 강을 경계로 그 북쪽과 남쪽의 지형적 차이가 비교적 분명하게 드러난다. 청천강 이북은 구릉丘陵으로 이어지다가 곧 험한 산세山勢를 드러내는 산맥이 펼쳐진다. 묘향산맥과 적유령 산맥 등이 켜켜이 우리 앞을 가로막을 수 있는 지형이다.

청천강이 바다로 흘러나가는 지점에 있는 안주安州는 옛 지명이 그렇듯이 우리의 인상만큼 평안했던 곳은 아니다. 옛 지명에 편안하다는 뜻의 안安이라는 글자가 들어가 있으면 그곳은 군대 주둔지였을 가능성이 높다. 그냥 군대의 주둔지가 아니라 적의 침입을 예상하는 곳에 세워진 전방 요새라고 봐도 좋을 정도다.

청천강 경계를 동쪽으로 죽 이어서 그으면 원산의 북쪽에 안변安邊이라는 곳이 나타난다. 이곳 역시 마찬가지다. 평안해서 지어진 지명이 아니다. 안주와 마찬가지로 전방에서 적의 침입을 막기 위해 세운 아주 큰 군사 기지에 해당하는 곳이다. 안주와 안변을 잇는 이 라인은 전통적으로 한반도 거주민이 북방의 침입을 맞을 때 경계선을 형성했던 곳의 하나다.

이곳은 한반도 북부의 지형이 크게 좁아지는 곳이다. 최북단의 압록강과 두만강이 펼치는 우리 국경의 넓이는 이곳 안주~안변, 즉 평양~원산의 라인에서 크게 좁아진다. 적을 막으려는 방자防者의 입장에서는 유리하게 작전을 전개할 수 있는 곳이다.

청천강은 그 북단에 속했다. 한반도에서 벌어지는 전쟁이 늘 신의주~평양~서울~대전~대구~부산의 축선을 중심으로 승패가 갈리는 점을 감안하면 청천강을 넘어설 때 우리에게는 상당한 수준의 전략적 사고가 필요했다. 당시의 나는 아직 젊었다. 나이 만 서른에 불과한 군인이었다. 따라서 한반도 지형 전체를 감안한 전략적 사고를 하기에는 불충분했다. 그럼에도 나는 1사단을 이끌고 1950년 10월 말 청천강을 넘어설 때 뭔지 모를 불안감에 휩싸였다. 청천강 물빛은 그 때 유난히 서늘했다.

먼 남쪽에서 이동한 중공군 포로

전쟁이 남긴 지명들

우리가 진군進軍하는 곳의 1차 주둔지는 영변寧邊이었다. 그곳에 사령부를 차려놓은 뒤 작전을 전개해야 했다. 따지고 보면 영변이나 동부 해안선에 있는 안변安邊, 서부의 안주安州는 마찬가지의 인문적 속성屬性을 지닌 땅이다. 해당 지역을 안전하고 평안하게 지키자는 뜻이다.

이를테면, '평화를 지키자'는 뜻의 이름을 지닌 영변 역시 이 땅에 침입하는 외부의 군대를 맞아 싸우는 땅이었던 셈이다. 땅에서 벌어지는 전쟁은 사람의 생각이 크게 엇갈리지 않는 한 비슷한 장소, 비슷한 지형에서 벌어지게 마련이다. 한반도에 살고 있는 주민들은 적을 맞아 싸우는 장소로서 늘 비슷한 곳을 선택한다.

그러니 앞에서 설명했듯이 서쪽으로는 안주安州, 동쪽으로는 안변安邊, 그리고 청천강을 북으로 넘는 곳에 있는 영변이 싸움과 전쟁이라는 주제를 땅 이름에 간직한 채 오늘까지 이어져 오는 것이다. 그곳 영변 말고도 같은 성격의 이름을 지닌 땅이 또 있었다.

군우리軍隅里였다. 군우리는 영변에서 동남쪽으로 인접한 땅이다. 구름이 많이 끼어서 붙은 이름이겠지만, 금광金鑛으로 유명한 운산雲山에 붙어 있는 곳이다. 군우리라는 이름은 직접 군軍이라는 글자를 지니고 있다. 다음 글자인 우隅는 '모퉁이'라는 뜻이 우선이기는 하지만,

특정할 수 있는 사람과 집단이 모여 있는 곳을 가리키는 말이다.

군대가 모여 있는 곳, 그런 성질을 드러내는 지명이 바로 군우리다. 그러니 그곳 또한 예로부터 북방에서 밀려오는 적군을 맞이하기 위해 군대가 주둔했던 곳이다. 1950년 10월 말, 우리 1사단은 그렇게 예로부터 싸움이 늘 벌어졌던 영변과 군우리를 향해 나아가고 있었다.

군문軍門에 몸을 들이기 시작하면서 나는 늘 사람이 벌여온 전쟁을 진지하게 생각할 수밖에 없었다. 싸움을 위해 전기戰技를 연마해 언젠가는 목숨을 걸고 전쟁터에 나서야 하는 사람이 군인이다. 그러니 내 생각은 늘 싸움이 도졌던 옛 전쟁터에 가서 닿았다.

평양을 넘고 청천강을 건너 다시 압록강을 향할 때 내 느낌은 불안하기만 했다. 예로부터 싸움이 크게 벌어졌던 지역으로 진군을 하고 있는 상황이었으니 더 그랬다. 지명地名 이야기가 나왔으니 하나 더 소개할 것이 있다. 바로 적유령狄踰嶺이다. 지금의 우리 모두는 대개 한반도를 동서남북으로 지나가는 산맥 이름의 하나로만 그를 알고 있다.

"되X들이 왔습니다"

'적유령'은 오랑캐狄가 넘어오는踰 고개嶺라는 뜻의 이름이다. 북쪽에서 마구잡이 살상殺傷을 벌였던 오랑캐를 두고 한반도 사람들은 그를 보통 '되X'이라고 불렀다. 상스러운 표현이지만, 평화와 안정을 깨고 싸움을 벌여왔던 사람들에 대한 우리식의 비칭卑稱이다.

적유령은 한반도 서북부를 횡으로 가로지르는 산맥의 고유한 이름이기도 하지만, 사실 이 땅에 흔한 보통의 명사이기도 했다. 의정부를 지나 서울로 진입하는 길목의 고개도 한 때는 그런 이름으로 불렸다. 벽제관을 비롯해 북방에서 남쪽으로 내려오는 몇 개의 길목에도 그런 이름이 붙었다. 순우리말로 하자면 '되너미 고개'다.

오랑캐가 넘어오는 고개를 그런 식으로 불렀던 것이다. 청천강을 건너 우리가 마주쳐야 했던 북쪽의 적유령 산맥은 다른 한반도 북부 산맥이 그렇듯 험준한 지형이다. 산이 높고 험악해서 협곡의 지형이 매우 발달한 곳이다. 따라서 그곳을 지나 북쪽으로 진군하는 우리에게는 이동하는 길이 매우 제한적이었다. 쉽게 말하자면 이동로가 훤히 들여다보이는 행군行軍만이 가능했다는 얘기다.

청천강을 건넌 뒤 영변에 도착하던 무렵에야 나는 그 많은 생각을 다 할 수 없었다. 그곳에서 참담한 혈전血戰을 치르고 난 뒤 퍽 오랜 세월을 지나오면서 든 생각들이다. 그럼에도 나는 그 때 매우 불안했다. 고래古來의 격전激戰이 늘 벌어졌던 곳으로 우리 군대를 이끌고 들어가야 했으니 말이다.

우리는 영변 농업학교에 사단 지휘소를 차렸다. 청천강을 건너면서 들었던 불안감은 더 짙게 다가와 있었다. 사단 지휘소에 도착하기 전이었다. 내 눈에 들어왔던 당시 영변의 하늘은 그저 적막하기만 했다. 하늘만 그런 것이 아니었다. 길에도 사람은 보이지 않았다.

나는 지프에 올라타 영변 농업학교를 향해 가면서도 그 점이 뇌리를 떠나지 않았다. '왜 이렇게 조용한 것일까. 왜 사람들이 하나도 눈에 띄지 않는 것일까' 등의 생각 때문이었다. 길 앞 먼 곳에 사람의 그림자가 나타났다. 점차 다가가면서 그들이 현지에 살고 있는 두 노인이라는 점이 분명해졌다.

나는 그들 앞에 차를 멈추도록 했다. 그리고는 두 노인 앞에 다가가 물었다. "어떻게 길을 다니는 사람이 이렇게 없느냐?"고 했다. 그러자 두 노인은 "되X들이 왔다. 다니는 것을 봤다"고 알려줬다. 나는 내

청천강을 넘어 북진하는 과정에 중공군 참전 소식을 접한 나(오른쪽 둘째)의 모습이다.
참모들과 작전을 숙의하고 있다.

불안감의 원천源泉이 무엇인지를 그 때 처음 명료하게 알 수 있었다.

어느 한 순간부터 내 머릿속을 가득 채우고 있던 불안감은 바로 중공군中共軍 때문이었다. 당시 중공군 개입 가능성은 헤아릴 수 있는 수많은 가능성 중의 하나 정도에 불과했다. 전쟁을 총괄하면서 이끌고 있던 맥아더 장군의 도쿄 유엔군 총사령부는 그 가능성을 아주 낮게 보고 있기도 했다.

중공군 포로를 심문하다

나 역시 청천강을 넘으면서 중공군이 개입할 가능성은 구체적으로 떠올리지 않았다. 작전 명령은 시시각각 닥쳤고, 그를 제대로 수행하기 위해 나는 온 힘을 기울여야 했기 때문이다. 따라서 작전명령에 따라 움직이면서 차질이 빚어지지 않도록 정성을 기울이는 일이 내 직무였다.

그럼에도 머리 뒤끝을 잡아당기는 불안감이 가시지 않았다. 아주 막연한 불안감이어서 나는 그 실체를 잡지 못했다. 그러나 영변으로 들어서면서 길에서 만난 두 노인이 해 준 한 마디는 막연한 내 불안감을 아주 생생하게 드러내주고 말았다.

나는 눈이 번쩍하는 기분을 느낄 수 있었다. 섬광처럼 내 눈을 깊이 찌르고 들어오는 느낌이었다. 영변의 사령부 지휘소에서 나는 '또 다른 전쟁이 벌어질 수도 있다'는 생각을 지울 수 없었다. 전쟁은 아주 많고 다양한 가능성에 모두 대비해야 하는 일이었다.

나는 불안감에 익숙해지고만 있을 수는 없었다. 그 불안감의 실체가 무엇인지를 살피고 또 살펴야 했다. 영변 농업학교의 사령부에서 나는 부대 전면의 수색을 강화키로 했다. 앞에 드리운 그림자 속으로 들어가 무엇이 그 안에 있는지를 살피기 위해서였다.

영변의 북쪽으로는 운산이 있다. 구름이 자주 끼어 붙은 이름이리라고 생각했다. 구름은 비를 내려 이 땅을 적시는 고마운 존재이기도 하지만 밝은 해를 가리는 이미지도 있다. 어둡고 음습한 느낌도 준다. 운산은 영변처럼 고요했다. 적막하다고 표현해도 좋을 정도로 차분했다. 그러나 구름이 건네는 느낌처럼 그 속에는 무엇인가가 잔뜩 웅크린 채 숨어 있다는 생각도 들었다.

그 어느 날이었다. 부대 전면에서 작전을 펼쳤던 수색대로부터 신호가 왔다. 전면에 적이 출몰했고, 소규모의 접전이 벌어졌으며, 도망치던 적을 생포했다는 전갈이었다. 보고는 붙잡힌 상대가 어느 군대의 어느 소속인지가 불분명하다고 했다.

나는 그들을 긴급히 후송하라고 했다. 이제 구름이 잔뜩 낀 산, 운산에 숨어있던 상대의 정체가 드러날 수도 있었다. 그들은 누구인가. 김일성의 군대가 떨어뜨리고 간 패잔의 병력일까, 아니면 마음속 깊은 곳에서부터 올라왔던 불안감의 실체일까. 그 점이 너무 궁금했다.

11연대 수색대가 급히 사령부로 보내온 포로 두 명이 사령부 지휘소 경내로 들어섰다. 두툼한 복장을 하고 있었다. 그들을 데리고 온 부하들은 "말이 통하지 않는다"고 했다. 나는 '중공군이구나'라는 생각이 들었다. 만주군관학교에서 나는 중국어를 배운 적이 있다.

청나라 마지막 황제 부의溥儀의 동생 부걸溥杰이 내 중국어 교사였다. 청나라 황실의 가장 표준적인 현대 중국어를 배운 셈이었다. 유창하지는 않지만 중국인과 의사소통을 하는 데는 지장이 없을 정도였다.

나는 그들에게 다가갔다. 중국어로 물었다. "당신, 어디에서 왔느냐?" 겁을 다소 집어먹은 듯한 그 중공군 사병 중 하나가 이렇게 말했다. "하이난海南에서 왔다." '하이난이라, 하이난….' 순간 나는 아찔했다. 하이난이라는 곳은 중국 최남단의 섬이다. 그곳에서 이동했다는 이 중공군의 말은 무엇을 의미하는가. 나는 가슴이 철렁거리며 내려앉는 소리를 들었다.

중공군 피에 젖은 전차

중공군 포로 심문

중공군이라고 통칭했던 당시의 중국 군대는 역사적인 생성 과정이 그리 간단하지 않았다. 1949년 마오쩌둥毛澤東이 이끌었던 공산당은 중국을 석권하고 말았다. 그 전에 중국 대륙을 주름잡았던 장제스蔣介石의 국민당 군대는 패권을 공산당에게 내주고 대만으로 쫓겨 간 상태였다.

6.25전쟁에 참전했던 중국의 군대는 공산당이 대륙을 통일한 뒤 새로 편성한 부대였다. 그 속에는 자연스레 장제스 밑에서 활동했던 국부군國府軍이 상당수 섞여 들어갔다. 원래부터 공산당에 속했던 팔로군八路軍이나 그 다른 명칭인 홍군紅軍에 비해 국부군 소속이었던 성원이 오히려 더 많았다고 볼 수 있었다.

내가 심문한 포로는 "하이난海南으로부터 이동해 왔다"고 말했다. 지금은 정확한 기억이 없지만, 당시 그 포로는 자신이 원래는 국민당 군대 소속이었다고 얼핏 말했던 듯하다. 내가 놀랐던 이유는 그가 한반도와 중국 대륙이 맞닿은 만주지역의 접경으로부터 아주 먼 곳인 하이난에서 이동해 왔다고 밝혔기 때문이었다.

부대의 이동은 생각보다 그리 간단치가 않다. 조직적으로 움직여야 하고, 맨몸이 아니라 장비와 무기를 지니고 이동해야 하는 이유에서다. 따라서 많은 운반수단이 뒤를 따라야 하고, 일반 교통수단의 이동을 제한할 수도 있다. 아울러 시간이 많이 걸리기도 한다. 군대의 편제와 무기 또는 장비를 유지해야 하기 때문이다.

중국 대륙 최남단의 섬인 하이난에서 그가 이동했다는 사실은 조직적이면서 치밀한 체계성이 뒤를 받쳐줘야 가능했다. 그렇다면 당시 우리 눈앞에 나타났던 중공군은 중국 대륙의 군대가 한반도에 본격적으로 참전했다는 사실을 보여주는 증거라고 볼 수 있었다.

두툼한 카키색 군복을 입고 있다는 점도 내 우려를 한층 더 자극했다. 가만히 살펴보니 그 군복은 솜으로 안을 채워 누빈 동복冬服이었다. 겉은 카키색이었으나 속은 하얀색이었다. 평소에는 카키색으로 입고 다니다가 눈이 내릴 경우 위장僞裝을 위해 거꾸로 뒤집어 입을 수 있도록 만든 옷이었다.

이미 가을의 한복판을 훌쩍 넘어선 무렵이었다. 한반도 북부는 날씨가 쉽게 차가워진다. 눈도 빨리, 그리고 많이 내린다. 그런 한반도 북부의 기후 특성을 감안해 입힌 군복이라는 점이 심사를 자극했다. '중공군이 본격적으로 참전했다'는 심증이 더욱 굳어지고 있었다.

나는 한동안 그 중공군 포로를 심문했다. 소속과 계급 등 신분 확인에 필요한 항목부터 그의 출신지역과 이동 경로 등도 상세하게 물었다. 중공군 포로는 이후의 전쟁터에서도 자주 드러내는 특성이 있다. 비교적 담담하게 자신의 관련 사항을 털어놓고 타협을 시도한다는 점이었다.

달려온 미 1군단장

그 때 그 포로도 그랬다. 그는 솔직하게 제 상황을 내게 알려줬다. 심문을 끝낸 뒤 나는 중공군이 압록강을 건넌 시점이 얼마 전이었고, 대규모 부대가 이미 강을 넘어 한반도 북부지역에 자리를 잡고 있다는 판단을 내렸다. 촌각寸刻을 다툴 정도의 화급한 사안이었다. 지금까지와는 전혀 다른 적이 눈앞에 나타났고, 그로써 이제까지와는 아주 다른 전쟁이 벌어지리라는 생각이 들었다.

나는 급히 전화기를 들어 우리가 배속해 있던 미 1군단의 프랭크 밀번 군단장을 찾았다. 그의 군단 본부는 우리로부터 조금 떨어진 안주에 있었다. 나는 "중공군 포로를 잡았다. 상황이 아주 심각하다. 지금 이곳으로 와서 직접 포로를 심문해야 한다"고 했다.

밀번 군단장은 부하의 말과 의견을 존중할 줄 아는 인물이었다. 평양 진격의 과정을 설명하면서 여러 차례 소개했던 내용이다. 그는 "알았다. 곧장 가겠다"고 했다. 얼마 뒤 그는 영변의 우리 사단 지휘소에 도착했다. 나는 그와 함께 중공군 포로를 다시 심문했다.

군단장이 중공군 포로에게 질문하면 내가 중국어로 통역했다. 밀번 군단장은 내가 미리 캐물었던 내용을 몇 가지 다시 질문했다. 심문을 마친 뒤 나는 밀번 군단장에게 "중공군의 본격적인 대규모 참전임이 분명하다. 대책을 세워야 한다"고 건의했다. 그는 아주 심각한 표정으로 내 말에 귀를 기울였다.

아직은 전면에서 접전이 벌어지지는 않고 있었다. 그러나 물기를 가득 머금은 먹구름이 운산 일대를 덮고 있다는 확신이 들었다. 그에 따른 불안감은 시간이 지나면서 더욱 늘어만 갔다. '이제 중공군과의 대규모 접전이 불가피하다'는 생각, 새로운 적은 어떻게 작전을 펼치면서 나올 것인가라는 생각 등으로 머릿속은 복잡해졌다.

운산 전면에 나가있던 12연대 김점곤 연대장으로부터 연락이 왔다. "아무래도 전면을 제대로 수색해야 하겠으니 미군 전차를 몇 대

보내 달라"는 전갈이었다. 우리에게 닥친 상황에서 반드시 필요한 일이었다. 나는 사단에 와있던 미군 전차 부대를 호출했다. "12연대로 가서 전차 수색정찰을 하라"는 지시를 내렸다.

미 1군단 소속 6전차대대 C중대에서 1개 소대 5대의 전차를 그곳으로 보냈다. 12연대 김점곤 대령은 그들을 곧장 부대 전면으로 나아가도록 했다. 나중에 김점곤 대령은 수색과 정찰을 끝내고 왔던 미군 전차소대의 상황을 자세히 들려줬다.

핏빛으로 돌아온 미군 전차

전차는 연대 지휘소의 정문을 유유히 빠져나갔다. 앞에 도대체 무엇이 어떻게 도사리고 있는가를 살피기에는 미군 전차가 가장 유용했

평양 진격 때의 국군 1사단과 미군 전차. 미 1군단 예하의 미 전차 대대는 1사단을 전폭 지원하면서 순조로운 북진을 도왔다.

다. 그러나 한동안 수색정찰을 펼쳤던 미군의 전차가 연대 지휘소로 돌아올 때 사람들은 아주 놀라고 말았다.

앞을 이끌었던 전차 2대의 색깔이 아주 달라져 있었기 때문이다. 원래의 색깔은 좀체 찾아보기 힘들 정도였다. 2대 모두 핏빛으로 변해 있었던 것이다. 김점곤 대령은 그 중 1대의 전차 해치가 갑자기 열리더니 사병 하나가 뛰쳐나오는 것을 목격했다.

미군 전차 사병은 알 수 없는 소리를 질러대고 있었다. 그는 전차에서 뛰어내려 이상한 고함소리를 내지르면서 지휘소 앞마당을 마구 뛰어다녔다. 이어 전차를 지휘했던 소대장이 그 뒤를 따랐다. 사병의 뒤를 따르던 소대장은 급기야 미식축구에서나 볼 수 있는 태클을 걸어 병사를 쓰러뜨렸다.

김점곤 대령은 어안이 벙벙했다. 핏빛으로 돌아온 전차, 실성해서 뛰어다니는 사병, 그를 태클로 넘어뜨린 소대장…. 김점곤 대령은 그 안에 담긴 곡절을 전차 소대장으로부터 자세히 들었던 모양이다. 결론은 간단했다. 우리 앞에는 아주 심각하다고 해도 좋을 정도로 많은 수의 중공군이 버티고 있었던 것이다.

그 설명에 따르면 전차는 연대 지휘소를 벗어나 운산 깊숙한 곳으로 나아갔다고 한다. 그곳에서 갑자기 매복해 있던 중공군들이 전차 위로 올라왔다는 것이다. 아주 많은 수의 중공군이었다고 했다. 그들은 전차를 향해 공격을 펼치려고 했다.

제2차 세계대전을 겪었던 미군들은 침착하게 대응했다. 앞의 전차에 올라탄 중공군을 향해 뒤의 전차가 기관총 사격을 퍼부었다. 뒤의 전차에 중공군이 뛰어오르면 앞의 전차가 머리를 돌려 기관총을 쐈다. 그런 식의 대응이 한동안 이어졌던 모양이다.

선두에 섰던 미군 전차 2대가 뒤집어썼던 핏빛은 중공군이 흘린 피로 인해 생긴 것이었다. 교전 경험이 전혀 없었던 전차 속의 사병은 그런 상황 속에서 제정신을 잃고 말았던 것이다. 소대장은 그런 사병의 뒤를 쫓으면서 결국 태클까지 걸며 넘어뜨린 뒤 진정시키는 수고를 해야 했다.

10월 24일 무렵에 벌어진 일들이다. 구름이 자주 끼어 붙은 운산雲山의 지명이었다. 그 구름 잔뜩 낀 적유령 산맥의 품안에는 아주 낯선 이들이 자리를 잡기 시작했음이 분명해 보였다. 붙잡힌 중공군 포로의 당초 이동 출발지가 아주 먼 중국 대륙의 남쪽이라는 점, 12연대 전면으로 수색정찰을 나갔던 미군의 전차 2대가 중공군의 피로 물들어 지휘소로 되돌아 왔다는 점이 모두 그를 말해주고 있었다.

초미焦眉라고 할 수 있을까. 눈썹을 태우는 불만큼 다급한 상황이었다. 그러나 일이 꼬였다. 느닷없는 영전榮轉명령이 내게 떨어졌다. 1사단장 자리를 떠나 인접한 군우리에 있던 2군단장으로 옮기라는 내용이었다. 영전이랄 수 있었으나 마음은 착잡했다.

나는 그 내막을 알 수 없었다. 화급하게 전쟁이 벌어질 마당에 아주 이상한 인사조치가 행해지고 말았던 것이다. 여러 가지가 불길했다. 인사명령에는 따라야 하겠지만 지금 이 자리를 떠나야 옳은가라는 생각은 지울 수 없었다. 그러나 그 또한 명령이었다. 명령을 따르고자 했으나 발길은 좀체 떼어지지 않았다.

압록강 물 뜨려다 포위당한 국군

중공군 매복에 걸린 부대

영변에서 군우리를 향했다. 군우리는 앞에서도 소개했듯 원래 조선의 군대 주둔지와 관련이 있는 지명이었다. 영변의 동남쪽에 있던 군우리 의 2군단 사령부에 도착했을 때는 전임 2군단장 유재흥 장군은 육군 본부 참모차장으로 영전해 자리를 떠난 뒤였다.

유재흥 장군이나 나나 당시로서는 한 단계 위로 자리를 옮기는 영 전이었다. 비록 진급進級은 아니었더라도 직위에 있어서는 분명히 영전 이었다. 그러나 도무지 영전이라는 느낌은 들지 않았다. 전면에 전혀 새로운 적, 중공군이 나타난 시점에서 자리를 옮긴다는 것 자체가 이 해하기 힘든 일이었다.

2군단의 상황도 점차 깊은 늪에 빠져드는 꼴이었다. 군단 예하의 6사단 상황이 자못 심각했다. 6사단은 개전 초 춘천을 훌륭히 방어했 던 부대였다. 북한군 예봉을 꺾으면서 대한민국 군대 중에서는 밀물 처럼 몰려들었던 적의 공격을 효과적으로 막았던 부대였다.

이미 소개했듯이 6사단은 다른 국군 사단에게는 찾아볼 수 없었 던 장점이 하나 있었다. 원래 사단이 주둔했던 지역이 춘천을 비롯해 영월 일대에 걸쳐 있어서 당시로서는 가장 훌륭한 기동력을 갖췄다는 점이었다. 영월 지역에 들어섰던 광물鑛物회사의 트럭을 대량으로 징발해 사용할 수 있었기 때문이다.

6사단은 그로 인해 다른 국군 사단보다 신속하게 이동할 수 있었다. 개전 뒤 낙동강 전선으로의 이동, 그 뒤 북진이 펼쳐지면서 북한 일대로 진군하던 과정에서의 이동도 그랬다. 6사단은 서쪽으로 인접한 국군 1사단이 청천강을 넘어 운산으로 이동하던 무렵에 더 빠른 속도로 진군했다. 내가 2군단장으로 영전해 군우리로 왔을 때 6사단의 선봉인 7연대는 이미 압록강 바로 남쪽의 초산으로 진입한 상태였다.

6사단장 김종오 장군에게도 불의의 사고가 닥쳤다. 김종오 사단장은 적군이 병기창고로 사용했던 동룡굴이라는 곳을 시찰하다가 넘어져 턱이 깨지는 사고를 당한 뒤 더 이상 직무를 담당할 수 없어 후방지역의 병원으로 옮겨지고 말았다. 사단장이 사고로 자리를 비우면서 6사단의 상황은 더 심각해질 수밖에 없었다.

중공군의 출현은 직접적인 위험으로 닥쳤다. 10월 25일에 접어들면서 국군 1사단이 운산 지역에서 적과 접전을 벌이고 있었으며, 그 무렵에 이미 초산으로 향하고 있던 6사단의 7연대는 그보다 훨씬 더 직접적인 적의 공격에 몸을 드러낸 상태였다. 내가 군우리에 도착해 2군단장으로 부임했을 때인 26일의 상황은 더 심각했다.

인사명령의 번복

군단 예하의 7사단도 덕천 방면으로 진출하다가 새로운 적, 중공군의 공격에 직면한 상태였다. 영원으로 향했던 8사단의 상황은 그보다 조금 나았지만, 역시 시시각각으로 닥쳐오는 중공군의 위협으로 불안한 상황이기도 했다. 그 중에서도 가장 심각한 쪽은 6사단 7연대였다.

군단 사령부로 연락한 6사단 7연대장 임부택 대령은 "탄약이 모두 떨어지고 보급품이 모두 바닥났다. 급히 공수空輸해달라!"고 호소했다. 산중에 갇혀 중공군의 공격을 받고 있던 6사단 2연대의 상황도 마찬가지였다. 그들 역시 무선으로 계속 탄약과 보급품 공수를 요구하고 있는 상황이었다.

내가 할 수 있는 일은 단순했다. 가장 중요했던 일은 미군 공군기를 이용해 적진에 고립된 아군의 부대에게 효과적으로 탄약과 보급품을 공수하는 일이었다. 후퇴로를 유지해 전면 깊숙이 나가있던 아군의 후퇴를 원활하게 하는 일도 중요했다. 그러나 상황은 걷잡을 수 없이 나빠져만 가고 있었다.

북진을 거듭하다 청천강을 넘어서는 순간 다가온 불안감, 새롭게 나타난 적을 맞이하기 위해 전의를 가다듬어야 할 때 느닷없이 벌어진 군단장으로의 이동이었다. '재앙은 겹쳐서 닥친다'는 말을 실감할 수 있던 때였다. 국군 1사단이 배속해 있던 미 1군단, 그 오른쪽의 6사단과 7사단 및 8사단을 거느리고 있던 국군 2군단의 상황이 모두 그랬다.

더욱 이해하기 힘들었던 장면은 바로 그 뒤다. 원래 2군단을 맡고 있다가 육군본부 참모차장으로 발령이 났던 유재흥 장군이 다시 2군단으로 돌아왔던 것이다. 내가 2군단장으로 자리를 옮긴 지 사흘 뒤였다. 그는 갑자기 2군단 사령부에 나타나 "갑자기 돌아가라고 그러네…"라고 말했다.

원래의 자리로 모두 돌아가라는 지시가 떨어졌다는 것이다. 그는 그래서 2군단장으로 복귀했고, 이제는 나더러 1사단으로 돌아가라는 얘기였다. 2군단 사령부에서 암울한 상황을 계속 지켜보고 있던 나는

1950년 10월 말 평양에서 이승만 대통령의 방문을 환영하는 집회에 나와 환호하는 사람들의 모습. 이 무렵에는 이미 중공군이 압록강을 넘어 한반도 북부에 가득 들어와 있었다.

그런 인사명령으로 인해 다시 영변의 1사단으로 움직여야 했다.

사실, 따지고 보면 당시의 모든 상황이 착오錯誤의 연속이었다. 한반도의 북부에 불길한 그림자를 드리우기 시작했던 중공군에게는 더할 나위 없이 좋은 일일 수도 있었다. 크게 보자면 맥아더의 도쿄 유엔군 총사령부에서 우선 중공군 참전 가능성을 아주 낮춰 보고 있었다.

당초 맥아더 총사령부에서는 수비 지형에 유리한 평양~원산 라인을 상정했었다. 그러나 북한군 저항이 변변치 않은 점이 드러나고, 아군의 북진이 가속화하자 그를 철회하고 진출선을 북상시킨다. 압록강과 청천강 사이의 덕천 일대를 진출선으로 잡아 북진을 벌이다가 그마저도 철회해 목표지점을 압록강과 두만강으로 설정했다.

서부 전선에서 볼 때 이 덕천이라는 곳은 중공군도 노렸던 지점이다. 나중의 전사에 실린 내용이기는 하지만 덕천을 동서로 긋는 지점이 우연히도 미군과 중공군 양쪽이 함께 노렸던 진출선이었다. 그러다가 맥아더의 결단에 의해 압록강과 두만강 일대로 진군이 벌어지자 정작 당황한 쪽은 중공군이었다고 한다. 그들은 10월 19일 강을 넘어서기 시작했다.

유엔군이 덕천 라인을 넘어 압록강과 두만강 일대로 전격적인 진군을 벌인다면 그들의 도강渡江이 크게 위협을 받으리라 봤다는 것이다. 그에 따라 중공군 수뇌부는 당초 기획했던 참호전塹壕戰의 전술적 방식을 거두고 기동전機動戰으로 나왔다는 설명이 우리 국방부가 펴낸 『6.25전쟁사』에 실려 있다.

기이한 전법의 중공군

당초 마오쩌둥毛澤東을 비롯한 중국 수뇌부는 중공군 병력을 압록강으로 건너게 한 뒤 덕천을 중심으로 동서로 이어지는 라인에서 진지陣地를 구축해 유엔군과 교전키로 했다고 한다. 그러나 유엔군의 진격 속도와 이동로가 시시각각 현지에 와있던 종군기자들에 의해 알려지면서 당초의 계획을 변경해 기습과 야습夜襲, 매복埋伏과 우회迂廻 및 포위 등의 기동전(중공군의 전술 개념으로는 흔히 '운동전'이라고 한다)을 펼치고 나섰다는 것이다.

1950년 10월 말의 나와 국군의 다른 병력은 그런 와중에 있었던 셈이다. 적군의 수는 우리를 압도했다. 급히 압록강과 두만강을 건넌 중공군은 우선 압도적인 병력의 우위를 보이면서 전혀 새로운 전법戰法을 선보이고 있었다. 그들은 대개 적유령과 묘향산맥, 강남산맥 등 한반도 북부 지역에 발달한 험준한 산악을 근거지로 몸을 숨기고 공격을 펼쳤다.

아주 캄캄한 야밤을 틈타 먼저 피리 소리와 꽹과리 소리를 울려대면서 다가왔다. 정면正面보다는 항상 측면側面을 공격하는 버릇이 있었다. 낮에는 대개 산속에서 불을 피워 자욱한 연기를 뿜어내면서 미국 공군기의 치밀한 감시를 피했다. 나무를 베어 병사 한 사람이 그를 지고 다니다가 미 정찰기가 나타나면 나무를 땅에 대고 밑에 주저앉았다.

그런 중공군이 적유령과 묘향산맥 일대를 메우고 있었지만 맥아더를 비롯한 아군 수뇌부는 11월 말의 추수감사절까지 공세를 완료한다는 목표 아래 공격을 멈추지 않고 있었다. 중공군의 참전이 이미 기정사실로 굳어지고 있었으나 유엔군 총사령부와 미국 본토의 CIA는 기껏 3만~4만 명의 중공군이 급히 뛰어든 정도로만 상황을 보고 있었다.

2군단장으로 부임했다가 사흘 만에 다시 1사단장으로 복귀하는 해프닝도 그 무렵에 벌어졌던 것이다. 우려는 더욱 깊어지고 있었다. 그러나 명령대로 움직일 수밖에 없었다. 1사단장으로 복귀하면서 다시 분주해졌다. 우선은 이승만 대통령이 29일 평양을 방문했다.

대한민국의 최고 권력자가 평양을 방문하니 그곳에 가지 않을 수 없었다. 그러나 마중은 하지 못했다. 행사가 벌어질 때 자리에 갔다가 이 대통령이 평양을 떠날 때 그를 내 지프에 모셨다. 감격에 겨웠던 이 대통령은 기분 좋은 표정으로 미군이 보내줬던 C-47기에 몸을 실었다. 거수경례로 그를 배웅한 뒤 나는 급히 1사단으로 향했다.

제13장

낯선 군대 중공군

후퇴를 결심하다

풍부한 경력의 싸움꾼

평양을 방문했던 이승만 대통령을 배웅한 뒤 다시 돌아온 1사단의 상황은 심각했다. 커다란 방죽 어딘가에서 터진 봇물이 이미 사방으로 흘러넘치는 분위기였다. 중공군은 그 시점에 우리의 전면, 오른쪽으로 인접한 국군 2군단의 정면을 세게 압박하고 있었다. 도처에서 중공군과의 접전이 벌어지고 있는 상황이었다.

그러나 그들 중공군은 밤의 군대였다. 낮에는 좀체 움직이지 않았다. 그들은 줄곧 밤에만 공격을 펼쳤다. 피리를 불고 꽹과리를 치면서 다가왔다. 아주 어두컴컴한 야밤에 그런 피리와 꽹과리 소리를 내면서 다가오는 중공군의 분위기는 매우 음산했다.

12연대장 김점곤 대령은 중공군의 야습 분위기를 "꼭 무당집 같았다"고 표현했다. 낮에는 모습을 드러내지 않다가 캄캄한 밤중에 이상한 소리를 내면서 다가서는 그들의 전법은 상대의 공포심을 유난히 자극했다. 미군이 특히 그런 분위기에 취약했다. 그들은 종전까지 경험해보지 못했던 그런 중공군의 전법에 우선 기겁을 하기 일쑤였다.

국군의 상황도 대체적으로는 마찬가지였다. 단지 일제 말기 전쟁터에 나간 경험이 있던 일부 장교들이 그나마 중심을 잃지 않고 중공군의 공격에 맞설 수 있었다. 그러나 장병의 대다수는 막 전쟁을 익히기 시작한 사람들이었다. 치열한 낙동강 전투를 치러냈지만, 정면에 제대로 모습을 드러내지 않은 채 다가서는 중공군과의 싸움은 매우 버거웠다.

중공군의 전법을 떠올릴 때 사람들은 대개 '인해전술人海戰術'을 이야기한다. 압도적인 병력으로 상대를 압박하는 방식이다. 그러나 대개는 "중공군이 무기를 제대로 갖추지 않고 일부는 손에 몽둥이 등을 쥔 채 압도적인 병력으로만 밀어붙였다"고 말한다. 이는 큰 오해다. 중공군은 미군과 같은 막강한 화력과 장비를 갖추지는 못했지만 전체 장병이 근접전에는 매우 유리했던 이른바 '따발총'으로 무장한 상태였다.

게다가 그들에게는 항일抗日 전쟁, 국민당과 공산당으로 나뉘어 싸웠던 '국공國共 내전'의 약 20년에 걸친 경험이 있었다. 특히 전투를 이끄는 중공군의 수뇌부와 전선 사령부 요원들은 제법 오래 이어진 항일 전쟁과 국공 내전을 통해 아주 다양한 실전實戰 경험을 쌓았던 사람들이었다.

300m 앞의 적군

그런 상황이었으니 중공군의 전법戰法과 전기戰技는 매우 뛰어났다. 늘 상대의 틈을 노렸고, 허약한 구석을 정확하게 찾아 공격을 펼쳤다. 미군은 그에 매우 고전苦戰할 수밖에 없었다. 밤에 취약한 군대가 미군이었다. 그들은 앞에서도 잠시 언급했듯이 야간 전투에 그렇게 익숙지 않았다.

따라서 야음夜陰을 틈타 공격을 펼치는 중공군에게 미군은 넌더리를 치곤했다. 제2차 세계대전을 치른 막강한 미군이었으나 특이한 전법을 펼치는 중공군을 상대로 해서는 힘든 싸움을 할 수밖에 없는 형국이었다. 미군의 사정은 그래도 나았다. 문제는 한국군이었다.

전선을 지휘하는 사단장과 연대장급 지휘관도 별반 내세울 만한 전투 경험이 없었다. 사단장 정도의 국군 지휘관은 광복군이나 일본 육군사관학교, 만주 군관학교 출신이 거의 전부를 차지했다. 대개는 실전 경험이 전혀 없었거나, 있었다 하더라도 소대와 중대 정도를 이끌었던 수준에 지나지 않았다.

6.25에 참전한 중공군을 지원하기 위해 중국 민간인들이 물자를 모집하고 있는 장면이다.

따라서 중공군 참전 초반의 싸움은 우리가 피하기 어려웠던 고전苦戰일 수밖에 없었다. 그럼에도 우리는 쉽게 물러날 수 없었다. 힘에 겹기는 했으나 안간힘을 다 해 새롭고도 낯선 군대 중공군을 맞아 싸워야 했다. 그러나 전황戰況은 계속 불리한 쪽으로 급속히 기울어가고 있었다. 내가 1사단장으로 다시 복귀한 시점이 특히 그랬다.

영변의 1사단 지휘소로 돌아온 나는 우선 일선의 상황부터 점검키로 했다. 현장을 둘러본 뒤에 전체적인 작전계획의 윤곽을 짜야 했기

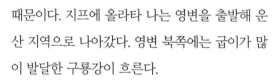

때문이다. 지프에 올라타 나는 영변을 출발해 운산 지역으로 나아갔다. 영변 북쪽에는 굽이가 많이 발달한 구룡강이 흐른다.

그 중에서도 굽이가 여러 개 겹쳐 구불구불한 협곡 형태의 지형을 보이는 곳이 있다. 사람들은 그곳을 '낙타머리 길'이라고 불렀다. 내가 탔던 지프는 선두에 서 있었다. 뒤에는 다른 지프 한 대가 따르고 있었다. 낙타머리 길의 초입初入에 들어설 때였다.

문득 앞을 바라보니 낯선 군대가 눈에 띄었다. 나는 그 순간 속으로 놀라고 말았다. 중공군이었다. 약 300m 앞에 그들이 진을 친 채 머물고 있었다. 내 눈에는 그들의 총구까지 들어왔다. 정면에 나타난 우리 일행을 겨누고 있음이 분명했다. 그나마 거리가 다소 떨어져 있다는 점이 다행이었다.

급히 차를 돌려야 했다. 내 지시도 아니었다.

적군을 직접 본 운전병이 반사적으로 차를 돌렸다. 그러나 사단장인 내가 탄 지프에는 조그만 트레일러가 달려 있었다. 숙영(宿營)이나 야전에서의 지휘를 할 때 필요한 담요와 텐트를 싣고 다녔던 트레일러였다. 그러나 이 트레일러 때문에 지프를 순간적으로 돌리는 일이 쉽지 않았다.

뒤를 따르던 지프는 이미 냉큼 머리를 돌린 상태였다. 내가 탄 지프는 한두 번 더 움직여야 했다. 그러나 트레일러가 결국 문제였다. 차를 트는 데 트레일러가 계속 걸렸다. 운전병은 급기야 차에서 뛰어내려 트레일러를 차체로부터 뗐다. 그러고서야 지프는 간신히 머리를 돌릴 수 있었다.

"오늘 후퇴해야 할 것"

아주 다행이었던 점은 중공군이 그런 우리를 보고서도 사격을 가하지 않았다는 것이다. 내 지프에는 참모장도 타고 있던 상황이었다. 한국군 1사단의 사단장과 참모장이 함께 탄 차를 중공군이 공격하지 않았다는 점은 우리로서는 매우 다행이었으나 중공군 입장에서는 이해하기 힘든 일이기도 했다. 그 점이 나는 지금까지도 궁금하다.

우리는 길을 돌려 운산으로 향했다. 그 길에는 중공군이 없었다. 그러나 중공군은 낙타머리 길에서의 상황이 말해주듯 이미 운산 일대에 진출한 우리 1사단의 곳곳에 다가와 있던 상황이었다. 마치 어둠을 타고 슬며시 산자락에 퍼지는 밤안개와도 같았다. 낮에는 미군의 공군력과 야포 등의 화력으로 중공군의 공세를 막아낼 수 있었으나 늘 밤이 문제였다.

운산 일대의 상황을 둘러보니 1사단 장병들은 여기저기에 파고들었던 중공군으로부터 야간에 심각한 공격을 당하고 있었다. 나는 속으로 '더 이상 지체할 수 없다'는 생각이 들었다. 나는 우선 후퇴를 생각했다. 후퇴는 적에게 등을 보이는 비겁함만으로 치부할 수는 없는 일이었다.

적의 공격이 내 힘에 부칠 때 후퇴를 해야 한다. 적의 세부적인 모습을 알 수 없는 상황에서 상대로부터 펼쳐지는 공격에 노출될 때도 마찬가지다. 그런 후퇴도 엄연한 작전의 일부였다. 나는 마음속으로 후퇴의 시기를 저울질하고 있었다. 그러나 사단의 후퇴는 우리가 배속한 미 1군단과의 정밀한 협의를 거쳐야 가능했던 일이다.

중공군의 공세는 야음을 타고 계속 이어졌다. 곳곳에서 아군의 피해상황이 속출하고 있었다. 그 해 10월의 마지막 날이었다. 미 제10 고사포 여단을 이끌고 낙동강 전선에서 평양까지, 그리고 다시 운산으로 북상하던 우리를 돕던 윌리엄 헤닉 대령이 나를 찾아왔다.

그의 표정은 매우 심각했다. 그는 웨스트포인트를 나와 제2차 세계대전을 치렀던 경험 많은 군인이었다. 낙동강에서 북진을 시작한 뒤 나는 줄곧 그의 판단과 경험을 중시했다. 그의 조언을 전혀 마다하지 않았다. 전쟁터에서의 경험이 아무래도 부족하다고 할 수밖에 없는 내 처지에서는 그의 경험이 매우 소중했기 때문이다.

윌리엄 헤닉 대령은 "아무래도… 오늘밤을 버티기 어려울 것 같다"고 했다. 나도 후퇴를 상정하고는 있었으나 막상 그의 말을 듣는 순간 마음이 괴로웠다. 나는 "그래도 아직은 더 싸워야 할 상황 아닐까?"라고 물었다. 그렇게 묻고 있었지만 속마음은 달랐다.

윌리엄 헤닉 대령은 "솔직히 내 의견을 말하겠다. 백 장군, 오늘 중으로 후퇴를 해야 한다. 내 판단으로 볼 때 그러지 않는다면 우리 부대 전체가 전멸할 수도 있다"고 했다. 그는 한 걸음 더 나아갔다. "지금 당장 미 1군단장 밀번 장군을 찾아가서 철수를 건의해라"고 충고했다. 나는 속으로 '그게 맞는 일'이라는 생각이 들었다. 물러서는 일도 신속해야 한다. 나는 곧장 움직였다. 밀번 군단장을 찾아 길을 나섰다.

미군 엄호 부대의 불길한 행군

혈전血戰의 서막

1950년 10월 말 전체의 전선 상황은 당시 서부 지역 깊숙이 들어서 있던 내가 파악하기에는 역부족이었다. 그러나 중공군의 공세는 전선 전면에서 파상波狀으로 벌어졌다. 막고 또 막아도 밀물처럼 끊임없이 다가서는 저들의 공격이었다. 국군을 비롯해 미군과 다른 유엔군 등 아군이 이 때 펼친 공격은 흔히 '추수감사절 공세'라고 불렀다.

맥아더 장군이 있는 도쿄의 유엔군 총사령부는 11월 하순의 추수감사절까지 모든 공세를 펼쳐 적군을 완전히 압록강 밖으로 몰아내거나 소멸시킨 뒤 전쟁을 종식시킨다는 계획이었다. 그에 따라 우리 1사단이 속한 미 1군단, 그 위의 미 8군, 그리고 맥아더 유엔군 총사령부가 증편한 미 10군단이 각자 서부전선과 동부전선에서 총공세에 나섰다.

이에 맞서 중공군은 '1차 공세'로 나섰다. 한반도 참전을 확정하고 미군의 시선을 피해 몰래 압록강을 도강한 중공군은 역시 필사적인 공격을 벌이고 나왔다. 정확한 병력의 수는 알 수 없으나 대략 30만 명에 가까운 대규모 군대가 이미 강을 넘었거나 넘는 중이었다.

그들은 앞서 소개한 대로 전략적인 진출선을 상정했다. 서부전선의 덕천을 중심으로 동서를 잇는 선이었다. 그들은 한반도 참전 뒤 이

곳에 진출함으로써 향후 모든 작전의 거점據點으로 삼고자 했다. 청천
강을 넘어 북상했던 아군 또한 이곳을 전략적 요충으로 삼은 뒤 다시
북상해 압록강과 두만강으로 진출코자 했었다.

따라서 중공군의 입장에서는 사활死活이 걸린 전투에 해당했고, 아
군의 입장에서도 전쟁을 모두 끝내기 위한 핵심적인 작전이었다. 사정
이 그러니 1950년 10월 말에 벌어졌던 전투는 이 두 힘이 매우 강렬하
게 부딪히면서 거대한 파열음을 낼 수밖에 없었다.

특기할 만한 내용은 미군의 작전이 두 갈래로 나뉘어져 있다는 점
이었다. 평양을 점령한 뒤 북상하던 아군은 맥아더 장군의 지시에 따
라 종래의 미 8군 중심의 단일 지휘체계를 아몬드 장군이 이끄는 미
10군단과 둘로 나누는 결정을 했다. 이에 따라 서부전선은 워커 장군
의 미 8군, 동부전선은 아몬드 장군의 미 10군단이 이끌었다.

이는 나중에 치명적인 결과로 나타난다. 중공군이 전략적으로 진
출하려는 거점을 두고 사활이 걸린 공격을 펼치던 현장에서 불가피하
게 나타날 수밖에 없었던 후퇴 국면局面을 맞이할 때 특히 그랬다. 단일
한 지휘체계로 일사불란一絲不亂한 후퇴작전을 펼치기가 매우 힘들었기
때문이다.

중공군이 놓은 덫

아군은 그런 중공군의 공세 의도를 간과한 채 이제 치열한 싸움터에
매우 깊숙이 발을 디딘 형국이었다. 미 8군은 이에 따라 10월 말에 이
르러 박천과 운산, 온정리와 희천을 잇는 선으로 진출한 상태였다. 국
군 2군단 예하의 6사단은 이미 발 빠른 기동력으로 압록강에 붙어 있
는 초산에 당도했다.

동부전선은 미 10군단의 지휘 아래 원산과 흥남, 함흥을 넘어 내륙의 장진호와 동해안의 청진까지 진출하기 위해 기동 중이었다. 아군의 당시 공세는 매우 신속했다. 11월 말의 추수감사절 이전에 모든 전쟁을 끝내려는 조바심과 기대심리도 그에 한 몫을 하고 있었다.

중공군은 10월 19일 도강을 시작한 13병단 예하의 5개 군단을 서부전선에 투입했다. 이들은 대개 적유령 산맥 남단에 몸을 숨긴 뒤 진지전을 중심으로 싸움을 벌인다는 당초의 계획을 변경해 기동전에 나설 준비에 착수한 상태였다. 나머지 1개 군단은 장진호 북쪽으로 병력을 전개 중이었다.

나는 그 와중에 있었다. 중공군 5개 군단이 밤안개처럼 도사린 적

중공군 1차 공세에서 급히 후퇴를 결정한 나(왼쪽)와 미 10고사포 여단의 윌리엄 헤닉 대령(오른쪽)이 심각한 표정으로 이야기를 나누고 있다.

유령 산맥의 남쪽, 늘 구름이 감싸 어둑어둑한 분위기를 물씬 풍기는 운산이었다. 구름은 더 짙게 우리를 감싸 크고 사나운 비로 돌변할 참이었다. 나는 어느덧 그런 위기의 전조前兆를 아주 예민하게 감지하고 있었다.

제 10고사포 여단장 윌리엄 헤닉 대령의 충고는 시의적절時宜適切했다. 그는 아무래도 나이, 전투경험에 있어서 내게는 선배였다. 비록 당시의 계급이 준장과 대령으로 차등을 이뤘다고는 하더라도 삶과 죽음을 가르는 전쟁터의 경륜은 그가 나보다 훨씬 두터웠다.

10월 31일의 분위기는 더욱 심각했다. 나는 윌리엄 헤닉으로부터 "오늘밤 중으로 철수를 단행하지 않으면 우리는 전멸할 수도 있다"는 말을 듣고 우선 현장을 돌았다. 11연대와 12연대, 15연대장을 모두 만났다. 그들도 한결같이 "아주 심각한 상황"이라고 말했다. 나는 더 이상 때를 늦출 수 없다는 생각이 들었다.

그리고 사령부로 돌아와 헤닉 대령을 다시 만났다. 나는 그에게 "지금 포탄이 얼마나 남아 있느냐"고 물었다. 헤닉은 "약 1만 5,000발 남아 있는 상태"라고 답했다. 나는 이어 "오늘 밤에 우리가 철수를 시작한다면 그 화력을 적의 정면에 모두 집중해서 발사할 수 있느냐"고 물었다. 그는 단호한 표정으로 "기꺼이 그렇게 하겠다"고 했다.

나는 그의 답변을 들은 뒤 바로 움직였다. 지프에 올라타고서 급히 미 1군단 사령부로 향했다. 영변으로부터 신안주로 가는 길이었다. 길은 제법 험했다. 당시의 도로사정은 지금만 같지 못했고, 특히 산악이 발달한 지형이라 험한 길의 굽이가 많은 편이었다.

마음이 급했던 것이었을까. 그런 내 속사정을 미리 헤아렸는지 운전병은 차를 급히 몰았다. 빠른 속도로 길을 내닫던 지프차가 굽이진 길목에서 그만 뒤집히고 말았다. 나는 전쟁을 벌이면서 차량 사고를 두 번 당했다. 처음 당하는 차량 사고였다. 지프는 기동성이 매우 뛰어난 차량임에도 가끔 뒤집어지는 경우가 있었다.

공식 후퇴명령

죽을 고비는 아니었다고 하더라도 자칫 차량 몸체에 내 몸이 깔릴 뻔했다. 다행히도 지프 위에 있던 기관총 받침대가 엎어진 차량에 조금 틈을 냈고, 나는 그 받침대 덕분에 몸이 깔리지 않을 수 있었다. 가까스로 지프를 수습해 다시 길을 달렸다.

신안주의 미 1군단 사령부에는 마침 밀번 군단장과 함께 미 1기병사단의 호바트 게이 소장이 있었다. 나는 밀번 군단장을 보자마자 "오늘밤 중으로 철수해야 한다. 전선 상황이 아주 다급하다"고 했다. 이어 나는 스스로 판단한 몇 가지 정황을 설명하면서 반드시 오늘밤 중으로 병력을 후퇴시켜야 한다는 점을 강조했다.

밀번 군단장은 내 말을 주의 깊게 듣고 있었다. 여러 번 소개했듯이, 밀번 군단장은 부하의 의견을 신중하게 받아들이는 편이었다. 함부로 흘려서 듣지 않는 지휘관이었다. 그는 잠시 생각에 잠기더니 전화기를 들어올렸다. 통화내용을 들어보니 미 8군 사령관 워커 장군과 나누는 대화였다.

지금 미 1군단이 처해 있는 상황을 다소 장황할 정도로 설명하는가 싶더니, 전화통으로부터 들려오는 소리를 잠시 듣고는 곧 전화를 끊었다. 밀번은 신중한 표정이었다. 그는 나를 향해 "오늘밤 중으로 철수를 할 수 있겠느냐"고 물었다. 나는 제 10고사포 여단 헤닉 대령과 나눈 대화를 보고했다.

"윌리엄 헤닉 대령에게 우리 1사단의 철수를 도와 달라고 했다. 그는 1사단이 후퇴를 시작하면 적군 전면에 현재 보유 중인 포탄을 쏟아 붓겠다고 했다. 전면에 포탄으로 탄막彈幕을 형성하면서 1사단을 후퇴시킬 계획이다"라고 했다.

그 말을 듣고 난 뒤 밀번 군단장은 정식으로 내게 명령을 내렸다. "그렇다면, 오늘밤 중으로 1사단을 운산으로부터 후퇴시켜 영변과 입석을 잇는 선으로 진출하라"는 내용이었다. 밀번 군단장은 아울러 함께 동석해 있던 미 1기병사단 게이 소장을 향해 "이제 한국군 1사단의 후퇴를 당신 부대가 엄호해야 한다"고 했다.

공식적인 후퇴명령이었다. 한국군 1사단이 먼저 전선에서 후퇴할 때 그 주변을 미 1기병사단이 엄호하는 방안이었다. 따라서 나는 발 빠르게 움직여야 했다. 우선 전화로 운산 일대에 포진해 있는 사단의 각 연대장을 찾아 후퇴명령을 내렸다.

연대장들은 즉각 움직이겠다고 했다. 나는 이어 게이 소장과 함께 그의 미 1기병사단 사령부로 움직였다. 게이 소장과 내가 1기병사단 사령부로 이동하고 있을 무렵에 미 1기병사단의 예하 8기병연대가 운산 동쪽으로 이동하는 중이었다. 아주 불길한 행군이었다.

무전기로 흘러나오는 미군의 비명

중공군의 공세 시작

앞에 선 적은 누구인가. 역시 당시 전쟁터의 한복판에 있었던 나로서는 제대로 알기 어려운 일이었다. 전혀 낯선 군대였다. 그런 중공군의 첫 공세에 직면할 무렵의 나는 상대를 알기가 어려웠다. 그저 밤의 정적을 깨뜨리며 다가서는 중공군의 공세를 맞아 싸우고 싸우는 도리밖에 없었다. 나중에 전사_{戰史}를 뒤적이면서 알아본 내용에 따르면 당시 우리가 직면했던 적군은 중공군 13병단 소속의 39군단이었다.

병력 숫자에서는 우리의 3배에 달하는 군대였다. 그들은 주로 적유령 산맥 남단의 여러 산지_{山地}에 숨어서 우리를 기다리고 있었다. 병력 수는 우리를 압도했지만 무기와 장비 면에서는 그렇지 못했다. 그러나 그곳은 우리에게 익숙지 않은 지형이었다.

중공군은 험준한 산악의 곳곳에 숨어서 우회와 매복, 침투와 포위 등의 노련한 전법으로 우리를 맞이해 싸울 준비를 이미 마친 상태였다. 안주를 거쳐 청천강을 지나 그 샛강인 구룡강을 다시 넘어 운산 북쪽으로 진출한 뒤 압록강으로 향하려던 우리의 발길은 이미 중공군의 거듭 이어지는 공세에 막힌 상태였다.

한국군 1사단을 지원하기 위해 와있던 제 10고사포 여단 윌리엄 헤닉 대령의 강력한 권고에 따라 철수를 결심한 뒤 미 1군단장 프랭크 밀번 장군의 허락을 얻었다. 당시 미 1군단 사령부에 와 있던 호바트 게이 미 1기병사단장과 함께 그의 사령부를 거쳐 나는 1사단으로 돌아온 뒤 후방으로 후퇴할 작정이었다.

그 때는 밤이었다. 아마도 자정인 12시를 넘었던 시간이었을 것이다. 나는 게이 사단장과 함께 1기병사단 사령부로 들어섰다. 그러나 분위기가 영 심상치 않았다. 우선 사령부에 설치했던 무전기에서 급박하면서도 절박한 음성이 터져 나오고 있었다.

"헉, 어, 어! 적이다, 적이야. 적병이 전차에 기어오르고 있다!" 비명과 다를 바 없었다. 절규도 쏟아져 나오고 있었다. "우리가 당하고 있다. 억…" 이어서 요란한 굉음이 들렸다. 무엇인가 강렬하게 터지면서 나오는 폭발음이었다. 이어서 들리는 소리도 끔찍했다.

요란한 총소리, 강렬한 포탄 폭발음, 그리고 미군이 외치는 고함 소리 등이 모두 뒤섞인 채 무전기를 통해 마구 쏟아져 나오는 중이었다. 호바트 게이 소장과 나는 그 자리에서 얼어붙은 듯 움직이지 못한 채 그 소리를 그대로 듣고 있어야 했다. 1기병사단 소속 8기병연대가 중공군에게 공격을 당하고 있는 현장의 소리였다.

밤새 울린 포성

그들은 미 1군단장의 지시에 따라 운산 북쪽으로 진군하면서 그곳으로부터 철수를 시작하는 한국군 1사단을 엄호하는 부대였다. 그들이 벌써 심각하게 중공군 공세에 직면하고 있다는 얘기였다. 미 1기병사단 사령부의 무전기에서 들려오는 소리로 판단할 때 그 상황은 매우 심각하다고 여겨졌다.

그러나 이미 내게 내려진 명령을 수행하는 일이 우선은 다급했다.

미군이 고전苦戰 중임에는 틀림없지만 미 1군단장 프랭크 밀번 장군의 명령에 따라 국군 1사단은 신속하게 후방으로 물러나야 했다. 나는 미 1기병사단의 상황을 잠시 지켜보다가 그곳을 빠져나왔다.

지프에 올라타 나는 밤길을 달렸다. 달이 바뀌어 이미 11월 1일 새벽 1시 무렵이었다. 영변의 1사단 사령부에 당도해 철수 작전을 제대로 지휘해야 했다. 불길한 예감이 마구 스치고 지나갔다. 지프를 몰아 달려가면서 스치는 차가운 밤공기도 마냥 스산하기만 했다. '각 연대는 철수작전을 제대로 서두르고 있을까', '미 제 10고사포여단이 포격은 옳게 펼치고 있을까' 등의 사념思念이 끊임없이 갈마들고 있었다.

영변으로 다가서면서 차츰 마음이 놓였다. 멀리로부터 포성이 들리고 있었기 때문이었다. 윌리엄 헤닉 대령의 미 제 10고사포 여단이 전면의 적을 향해 퍼붓고 있는 포 소리는 영변으로 다가서자 점차 커지면서 잦아졌다. 속으로 '철수작전이 명령대로 잘 벌어지고 있구나'라는 생각이 들었다.

이미 내려진 철수명령에 따라 한국군 1사단 소속의 각 연대는 진지를 미군과 교대하고 움직이는 상태였다. 원래는 운산을 중심으로 서쪽에 미 1기병사단이 진출해 있었고, 그 동쪽으로는 우리 1사단이 있었다. 1사단이 후퇴할 수 있도록 측방側方에서 엄호掩護하는 게 미 1기병사단의 임무였다.

윌리엄 헤닉 대령이 지휘하는 미 제 10고사포여단은 영변 남쪽의 진지에서 지속적으로 포탄을 퍼붓고 있었다. 100문이 넘는 야포와 박격포 등을 동원해 헤닉은 한국군 1사단 전면 운산 일대에 아주 막강한 화막火幕을 펼쳤다. 그를 틈타 운산 일대에 전개했던 1사단의 각 연대는 신속하게 남쪽으로 이동해야 했다.

그날 밤과 새벽까지 미 제 10고사포여단의 포격은 이어졌다. 끊임없이 올라가는 포탄의 행렬이 컴컴한 하늘 먼 북쪽에서 섬광으로 이어지기를 반복하고 있었다. 나는 초조했다. 일선의 연대가 제대로 철수를 하고 있는지가 궁금해서였다.

아주 다행이었다. 11, 12, 15연대 등 사단의 각 연대는 전선에서 잘 물러날 수 있었다. 모두 다 윌리엄 헤닉 대령이 이끄는 고사포여단의 막강한 화력 전개 덕분이었다. 윌리엄 헤닉 대령은 그 날 자신의 여단이 소유하고 있던 포탄 1만 5,000발 가운데 1만 3,000발을 모두 소진했다.

중공군은 그런 미군의 막강한 화력에 저항할 수 있을 만큼 강력하지는 않았다. 험준한 산지에 숨어서 매복과 우회, 기습과 포위로 전선에 나선 아군을 섬멸하는 게 그들의 1차 목표였다. 나중의 전사戰史 기록에도 분명히 등장하지만, 당시 중공군이 노렸던 가장 큰 목표는 한국군을 주요 타깃으로 상정한 뒤 재기再起할 수 없을

참전 초반 중공군이 펼친 1차 공세의 장면이다. 기습적인 전법으로 미군의 일부 병력을 공략하는 데 성공했다.

제13장 낯선 군대 중공군 57

정도의 타격을 입히는 일이었다.

'평양 축구부' 긴급 투입

중공군은 그를 '유생역량_{有生力量} 섬멸_{殲滅}'이라고 했다. 싸움을 이어갈 수 있는 대상을 '유생역량_{有生力量}'이라고 규정한 것이다. 특히 화력과 장비, 전투 경험이 모두 뛰어난 미군보다 한국군을 집중으로 노렸다는 점이 눈에 띈다. 압록강을 막 넘어 당초 구상했던 진지전을 전환해 기동전으로 나올 수밖에 없었던 중공군으로서는 불가피한 선택이었을 것이다.

어쨌든 우리는 그런 중공군의 머리 위로 강력한 화망_{火網}을 구성했고, 결국 그는 주효_{奏效}했다. 운산 전면으로 진출했던 한국군 1사단은 그 덕분에 커다란 피해 없이 전선으로부터 후퇴할 수 있었다. 그러나 한국군 1사단의 후퇴를 엄호하기 위해 운산 일대로 북상했던 미 1기병사단이 결국 문제였다.

그들은 내가 호바트 게이 미 1기병사단장과 함께 그의 사령부를 들렀을 때 이미 중공군의 심각한 공격에 몸을 드러내고 있었다. 그들은 또한 별도의 철수 명령을 받지 않은 상태이기도 했다. 계속 전진하면서 한국군 1사단의 후퇴를 엄호해야 했던 상황이었다.

특히 운산 좌전방의 1사단 12연대와 진지교대에 들어갔던 미 1기병사단 8기병연대의 상황이 매우 심각해 보였다. 12연대의 김점곤 연대장은 윌리엄 헤닉 대령의 제 10고사포여단이 펼친 탄막 덕분에 무사히 철수를 하고 있었다. 그로부터 연락이 왔다.

"후퇴를 잘 하고 있는데, 아무래도 미군 8기병연대의 3대대 상황이 아주 심각하다. 철수 중에 있는 우리 12연대에게 구원 요청이 왔다.

어쩌면 좋을지 지시를 달라"는 내용이었다. 나는 망설이지 않고 "구할 수 있는 병력은 모두 구해야 한다. 당장 8기병연대를 도우라"고 지시했다.

김점곤 대령은 철수 대오를 수습하면서 급히 구조대를 조직했다고 한다. 그는 체격과 체력이 좋으며, 운산 일대의 지형과 지리에도 밝은 요원들을 급히 모았다고 했다. 김점곤 대령이 그 때 조직한 구조대는 '평양 축구부'라고 불리는 수색조였다.

그들은 원래 12연대에서 활약이 가장 뛰어났던 요원들이라고 했다. 평양 출신이자, 평양에서 축구선수로 활동했던 사람들이 대부분이었다는 것이다. 그들은 12연대의 수색대로 활동하면서 적잖은 전적을 올리기도 했다. 김점곤 대령이 당시 매우 아끼던 수색 요원들이기도 했다.

김점곤 대령은 나와 통화를 마친 뒤 '평양 축구부' 팀을 미 8기병연대의 3대대가 공격을 받고 있던 지역에 급파했다고 한다. 그러나 3대대가 당면한 절박한 상황을 해결할 방법은 전혀 없었다. 미 3대대는 절체절명絶體絶命의 위기에 고스란히 놓여 있었기 때문이었다. '평양 축구부'는 미군 3~4명을 구조한 뒤 물러날 수밖에 없었다.

아군을 구하지 못하고 물러선 미군

전 세계에 알려진 오보

'한국군 1사단 전멸'. 꿈속에서라도 나타날까 두려웠던 말이다. 그러나 당시 전투를 취재했던 일부 서방 언론에 의해 이 말은 정확한 단어로 나열이 된 채 세계 각지에 알려졌다. 전쟁터에서는 그렇듯 본의本意와 사실事實에 상관없는 소식이 난무하는 법이다. 삶과 죽음을 가르는 경계의 한가운데에 서있기 때문이다.

늘 어둑어둑한 느낌을 줬던 곳, 구름 많이 끼는 운산雲山에서 북상하는 길은 두 갈래가 있다. 조그만 산 하나를 사이에 두고 나뉜 길이다. 산허리를 가운데에 두고 서쪽의 길, 동쪽에 난 길이 있다. 우리 1사단의 연대 병력들은 동쪽으로 난 길을 따라 후퇴를 했다.

중공군의 거센 공격에 밀릴 때였던 1950년 11월 1일이었다. 전날 밤 시작한 포격으로 앞에서 달려드는 중공군의 전면에는 강력한 탄막을 형성했다. 그 틈을 타서 국군 1사단은 무사히 병력과 장비, 무기 등을 모두 안전하게 후퇴시킬 수 있었다.

아주 다급했던 후퇴작전이었다. 따라서 '한국군 1사단 전멸'의 선부른 기사를 탓할 수는 없다. 중공군 13병단 예하의 39군단은 압도적인 병력, 노련한 전술, 사나운 공격력으로 밤안개처럼 조용히 다가와 섬광閃光과도 같았던 일격一擊을 가했기 때문이다. 그런 다급한 상황

속에서 전투력이 미군에 비해 현저하게 낮았던 우리 1사단의 운명을 점치는 일은 쉬웠다.

그러나 대상이 우리 1사단은 아니었다. 따라서 그 제목의 보도는 분명히 오보誤報였다. 그럼에도 그저 오보로만 치부하고 넘어가기에는 너무 가슴이 아팠다. 우리 1사단을 대신했던 희생犧牲의 피가 중공군의 공세 앞에 허무하게 뿌려졌기 때문이다. 그 부대는 호바트 게이 소장이 이끄는 미 1기병사단의 예하 8기병연대 소속 3대대 장병들이었다.

이 부대의 희생은 내게 큰 상처를 남겼다. 생면부지生面不知의 아군이었다면 그 아픔이 조금 줄었을까. 그들은 우리 1사단에게는 매우 가까운 동료였고, 아군이었으며, 친우親友라고 해도 좋을 부대였다. 불과 몇 개월 전 삶과 죽음을 걸고 김일성 군대를 맞아 함께 어깨를 걸친 채 싸웠던 부대였던 까닭이다.

김일성 군대의 최정예 3개 사단이 필사必死의 각오로 대구를 뚫고 부산까지 내달을 생각으로 다부동을 공격하던 1950년 8월 무렵이었다. 당시 우리 1사단은 좌측에 15연대, 중간에 12연대, 우측에는 11연대를 전개한 뒤 적을 맞았다. 대한민국 운명이 걸렸다고 해도 좋을 정도로 긴박한 전선이었다.

낙동강이 남북의 종향縱向으로 흐르는 구간은 미군이 담당했고, 왜관으로부터 포항에 이르는 횡향橫向의 동서東西 구간은 한국군이 맡았다. 미군이 담당했던 남북 구간을 작전 편의상 X선으로 불렀고, 동서 구간의 한국군 전선은 Y선으로 호칭했다.

미 3대대 전우의 참담한 희생

X와 Y로 이어진 이 낙동강 전선이 김일성 군대의 공세 앞에서 대한민국이 명맥命脈을 이어갈 수 있느냐 없느냐를 가르는 분수령이기도 했다. 그렇게 늘어선 X와 Y의 축선이 만나는 곳이 바로 왜관과 다부동의 접점이었다. 동쪽에는 우리 1사단의 15연대가 섰고, 서쪽에는 미 1기병사단의 8기병연대가 섰다.

그 1기병사단 8기병연대 가운데 3대대가 바로 한국군 15연대와 접점을 이룬 부대였다. 그들은 당시에도 용맹하게 적을 맞아 싸웠다. 그들은 "8월 15일까지 부산을 해방하라"는 김일성의 빗발치듯 했던 독촉에 따라 맹렬하기 짝이 없던 공세를 펼치는 북한군에 맞섰다. 왜관 동쪽 303고지에서 싸우던 3대대의 통신소대원 26명이 결국 포로로 잡혀 전원 포박 상태에서 사살당하고 말았다.

그런 아군이자, 동료이며, 친우였던 미군 3대대가 또 중공군의 공세에 밀려 곤경에 빠지고 말았던 것이다. 그래서 나는 김점곤 12연대장의 전화를 받고서는 어떻게 해서든지 그들을 구출하라고 지시를 내렸다. 그러나 중공군 공세는 밀물과도 같았다. 한 번 밀리면 급기야 모든 것을 휩쓰는 거센 물결이었다.

중공군은 예의 노련한 전법으로 나왔다. 틈을 노려 구멍을 뚫고, 그 구멍으로 신속하게 병력을 밀어 넣었다. 미 3대대는 그런 중공군에게 3면으로 포위를 당하는 궁지로 몰렸던 것이다. 결과는 참담할 수밖에 없었다. 당시 전투에서 3대대의 병력 800명 가운데 600명이 전사 또는 행방불명이었다.

호바트 게이 미 1기병사단은 예하 5연대를 긴급 투입해 8기병연대의 3대대를 구출하려고 시도했지만 허사였다. 손을 쓸 새도 없이

중공군 1차 공세에서 야습과 우회, 매복을 펼쳤던 중공군에 포로로 잡힌 미군의 모습이다.

미 3대대는 중공군의 공격에 주저앉고 말았다. 병력의 4분의 3을 잃을 정도의 처참한 패배였다. 뒤늦게 구출에 나선 5기병연대는 중공군의 흔적조차 찾을 수 없었다.

중공군은 야간에 거친 공세를 벌였다가 날이 새면 산속으로 숨었다. 게다가 그들은 자신들이 숨어 있던 산에 불을 지폈다. 미군 공군기의 정찰을 피하기 위해서였다. 산은 그래서 늘 희뿌연 연막煙幕에 가렸고, 중공군은 그 진한 연기 속으로 몸을 숨겼다.

이 전투는 미군에게 매우 충격적이었다. 적의 공세에 포위당한 채 절체절명의 위기에 몰린 아군을 두고 미군이 철수를 할 수밖에 없었다는 점에서 그랬다. 미군 역사상 예하 부대가 적의 포위에 갇힌 상태를 알면서도 그냥 물러난 사례는 거의 없었기 때문이다.

눈물을 머금고 물러나는 일이야 늘 있는 게 전쟁터의 모습이다. 그런 미군의 희생을 알면서도 우리 1사단은 서둘러 전선에서 물러나야 했다. 그 또한 엄연한 작전(作戰)이었기 때문이다. 우선은 전열(戰列)을 가다듬기 위해서였고, 그로써 적에게 맞서 다시 싸워야 했기 때문이었다.

우리는 청천강을 다시 남쪽으로 넘었다. 평양 북쪽의 평안남도 안주군 입석이라는 곳이 우리의 철수 뒤 집결지였다. 예로부터 큰 강(江)은 높고 험한 준령(峻嶺)과 함께 천혜(天惠)의 방어선 노릇을 했다. 청천강은 역시 그에 충분한 지형이었다. 아군 전체는 우선 청천강 남쪽으로 물러선 뒤 그곳을 새 방어선으로 설정했다.

재정비에 들어간 1사단

전체적으로 그려진 그림에 따라 아군 대부분은 중공군 1차 공세에 밀려 강의 남쪽으로 내려와 방어에 임했다. 우리 1사단의 전열 재정비가 필요하다고 판단했던 이는 프랭크 밀번 미 1군단장이었다. 사실, 당시의 우리 1사단은 많이 지쳐있는 상태이기도 했다.

낙동강 전선에서 다부동의 격전(激戰)을 치른 뒤 최초로 북진의 혈로(血路)를 뚫었고, 이어 밀번 군단장의 허락을 얻어 평양 주공(主攻)으로 나섰다. 밤을 낮 삼아 걷고 또 걸어 적도(敵都)인 평양에 최초로 입성하는 수훈(殊勳)도 올렸다. 이어 평양 북쪽 숙천과 순천 일대를 공중에서 강습하는 미 공정대(空挺隊)와 연계하기 위해 숨 돌릴 틈도 없이 북상했다.

이어 벌어진 게 운산의 전투였다. 따지고 보면 조금도 쉬지 않고 멀며 험난한 길을 달려온 셈이었다. 프랭크 밀번 군단장은 그 점을 감안했을 것이다. 그는 결국 우리 1사단을 미 1군단의 '예비'로 조정하는 판단을 내렸다. 전열을 다시 가다듬은 뒤 전선으로 북상시키기 위해서였다.

일단 군단의 예비로 빠진 만큼 후방에서 당도하는 물자와 장비로 전쟁을 치르는 과정에서 발생했던 결손缺損을 메우고, 인원도 새로 보충해야 했다. 그래서 우리 1사단은 청천강 남쪽으로 내려온 뒤 더 남하해 안주 벌판의 입석으로 집결했다.

인원을 점검했다. 우리 1사단의 병력 손실은 약 500여 명에 달했다. 일부는 전사戰死했으며, 대부분은 부상을 입었다. 중박격포 2문의 손실도 있었다. 그러나 미 1기병사단의 피해에 비하자면 거의 '온전'이라고 해도 좋을 정도였다. 그러나 피로의 누적이 문제였다. 그런 피로가 쌓이고 또 쌓이면 적 앞에 용감히 나설 사기士氣에 결정적인 문제가 생기고 만다. 따라서 우리는 휴식과 재정비가 필요한 시점이었다.

그럼에도 나는 불안했다. '중공군의 전투력이 생각보다 훨씬 강하다'는 생각 때문이었다. 무기와 장비는 미군에 비해 현저하게 떨어지지만 전선의 작은 틈을 관찰해 내는 능력, 그곳을 무섭게 파고드는 전법, 내전과 항일抗日에서 다져진 장병들의 전투력이 다 높았다. 따라서 '다시 이들과 어떻게 싸워야 옳을까'라는 생각이 늘 내 머릿속을 오갔다.

휴식과 재정비를 위해 우리가 모였던 입석에는 비행장이 있었다. 넓고 긴 비행장 활주로에는 초막草幕이 가득 들어섰다. 장병들이 안주 벌판에 풍성하게 자랐던 볏짚을 구해다가 잠자리로 삼았던 것이다. 모처럼의 휴식에 장병들의 얼굴은 밝았다. 그러나 내 마음을 가린 구름은 좀체 걷히지 않고 있었다.

후퇴 뒤의 위문공연

전쟁터를 찾아온 연예인들

오랜 전투에 시달리던 장병들의 얼굴 표정이 그렇게 밝을 수 없었다. 우리가 입석에 당도해 쉬는 기간 내내 그랬다. 바로 옆에 있는 긴 활주로에서는 끊임없이 미군 비행기가 뜨고 내렸다. 보급물자와 탄약, 장비 등을 후방에서 전방으로 실어 나르는 미군의 비행기였다.

나는 그를 체크해야 했다. 우리에게 부족한 물자와 탄약이 제대로 도착해 우리 몫으로 자리를 잡아가는지, 여러 전투를 거치는 동안 결원이 생긴 예하 부대에 후방으로부터 올라온 새 병력을 제대로 보내지는지 등을 체크해야 했다. 나는 그래서 매우 바쁘게 시간을 보내고 있었다.

전쟁의 한복판에서도 음악과 율동은 뒤를 따른다. 전시戰時라서 전투 부대에는 한가한 일상日常의 활동이 발을 들이지 못할 것 같지만 사실은 그렇지 않다. 위문공연단은 후방에서 전선으로 부지런히 찾아왔다. 격렬한 전쟁터에 나아가 생사生死의 고비에 서서 고전苦戰을 거듭했던 장병들에게 후방으로부터 오는 위문공연단은 그야말로 긴 가뭄 끝에 만나는 단비와 같을 수밖에 없었다.

우리 1사단이 달콤한 휴식과 재정비를 하고 있던 입석에도 위문공연단이 찾아왔다. 지금도 그렇지만, 당시의 나도 그런 쪽에는 일절 관심을 두지 않는 편이다. 유명한 가수나 영화배우 등은 줄곧 내 관심의 밖 먼 곳에만 머물렀다. 연예演藝라는 활동 자체에 관심을 두지 않았고, 둘 마음조차 내지 않았던 편이라 어느 유명한 대중 연예인이 곁에 다가와도 흥미를 느끼지 않는다.

재정비에 열중하던 우리 1사단에 위문공연단이 찾아왔고, 어느덧 영내 곳곳에는 그들이 울리는 풍악風樂이 맴돌았다. 그들은 사흘 정도 1사단이 있던 입석에 머물다가 떠났다. 가설무대가 차려지고 1사단 예하 장병들이 구름처럼 모여들었다.

당시 유행하던 '홍도야 울지 마라'라는 노래가 들렸고, 마침 그 노래를 히트시켜 당시 한국 일반 대중들에게 큰 인기를 모았던 가수도 현장에 왔다는 기억이 있다. 분위기가 매우 흥겨웠다. 장병들은 가설무대를 중심으로 어깨를 들썩이며 노래를 부르면서 공연을 벌이는 연예인들에게 환호를 보냈다. 제법 낯이 익은 코미디언의 모습도 보였다. 이름을 날렸던 김희갑 씨였던 것으로 기억한다. 나는 영내를 지나가다가 그 대열에 잠시 몸을 섞었다.

장병들은 사단장인 내가 자신들의 틈에 섞이는 것도 눈치를 채지 못할 정도로 신이 나 있었다. 함께 노래를 따라 부르는 장병도 있었고, 흥에 겹다 못해 함께 춤을 추는 사병도 있었다. 나도 그런 모습을 지켜보면서 즐거웠다. 그러나 오래 지켜볼 때가 아니었다. 나는 그 틈에서 곧 빠져나와 다시 업무에 집중해야 했다.

전쟁 지휘관이 할 일들

전선의 사령관은 매우 바쁜 자리다. 죽음과 삶의 거창한 주제를 생각할 겨를은 사실 거의 없다고 해도 좋을 정도다. 전투가 벌어지는 경우는 더 그렇다. 전황戰況을 시시각각으로 체크하면서 다음 단계의 대응 조치를 늘 생각해야 한다. 전투가 벌어지는 와중의 여러 손실을 급히 메워야 하는 일도 사령관의 몫이다.

전투가 벌어지지 않는 상황에서도 마찬가지다. 거느린 부하 장병들의 먹을 것, 입을 것을 늘 챙겨야 한다. 전투를 대비한 훈련 상황도 역시 사령관의 부지런한 시선이 닿아야 할 대목이다. 장병들이 어떤 지향志向을 지닌 채 훈련을 벌이고 전기戰技를 연마해야 하는지도 사령관이 판단해야 할 몫이기도 한다.

따라서 사령관은 부지런해야 한다. 명민明敏함까지 갖추면 더 좋다.

중공군 1차 공세 직후 평양 이북의 입석에 있던 국군 1사단을 방문해 공연 중인 위문공연단.

그로써 우리의 피해를 최소화하면서 전과戰果를 최대한으로 확대해야 한다. 사정이 그러하니 전쟁을 수행 중인 사령관은 감상感想에 젖거나 한가한 잡기雜技로 시간을 보낼 여유는 별로 없다.

그 무렵, 전쟁터의 지휘관이 지녀야 할 덕목을 떠올릴 때 나는 늘 우리 1사단이 배속해 있던 미 1군단의 프랭크 밀번 군단장을 생각했다. 그는 지휘관으로서의 덕목 중에 갖춰야 할 필수적인 요소를 두루 지닌 사람이었다. 우선 그는 용감했다. 적 앞에서 뿐만 아니라, 스스로에게도 용감했다.

그는 우선 남의 말을 경청傾聽할 줄 아는 지휘관이었다. 특히 부하 지휘관의 건의에 귀를 크게 열 줄 알았던 사람이다. 미리 상정했던 작전계획, 앞서 생각해 뒀던 행동 지침이나 방향 등을 지니고 있더라도 부하의 건의에 귀를 기울여 계획을 옳은 방향으로 조정할 줄 아는 장군이었다.

그가 만약 미 8군, 더 나아가 도쿄의 유엔군 총사령부가 1950년 10월 말 내린 과감한 공격 지시에만 골몰한 채 부하인 나의 건의를 무시했더라면 상황은 어땠을까. 그가 거느린 미 1군단은 사실 한반도 전쟁에서 항상 승부가 갈리기 마련이었던 신의주~평양~서울~대전~대구~부산의 축선에서 핵심 전력을 이루고 있었다.

사실상 미 8군의 핵심에 해당하는 부대였다. 1950년 10월 말에 벌어져 11월 초에 끝난 중공군과의 1차 대규모 접전에서 다행히 미 1군단은 예하 미 1기병사단 8기병연대가 참담한 패배를 기록한 것 외에는 달리 큰 피해를 입지 않았다. 주력主力을 보전했으며, 장비와 물자에서도 큰 피해를 기록하지 않은 채 후퇴작전을 성공적으로 완수했다.

현장에서 붙잡은 중공군 포로를 심문했던 내가 급히 그에게 이 사실을 알린 뒤 "직접 심문해 보시라"고 한 권유를 그는 마다하지 않았다. 이어 중공군 전면 개입의 가능성을 심각하게 여겨야 한다는 부하의 제의에도 귀를 열었다. 그로써 그는 미 8군에 후퇴의 불가피성을 역설한 뒤 그를 실천에 옮겼다.

다시 시작한 행군

나아갈 때 나아가고, 물러날 때 물러날 줄 알아야 한다. 수많은 부하 장병의 생사를 어깨에 짊어지고 있는 지휘관은 그래야 한다. 나아갈 때를 알아 나아가고, 물러날 때를 미리 알아 물러나야 하는 법이다. 그는 그런 점에서 매우 용감하면서도 진실한 지휘관이었다. 스스로 쌓은 견해에 매달리지 않고 상황에 따라 진퇴進退의 적절함을 판단할 줄 알았다는 점에서 그랬다.

우리 1사단의 재정비 기간은 제법 길었다. 11월 하순에 접어들면서 우리는 다시 공세를 벌였다. 그러나 서부전선 운산 일대에서 맞았던 적의 공세를 심각하게 여기지 않는 분위기가 다시 번졌다. 재정비에 들어갔던 우리 1사단의 얘기는 아니다. 도쿄의 유엔군 총사령부가 보였던 분위기다.

도쿄의 유엔군 총사령부는 1950년 10월 말에서 11월 초까지 벌였던 아군의 '추수감사절 공세', 그리고 중공군의 한반도 참전 뒤 벌어진 초반전에서 청천강 이북의 덕천을 동서로 잇는 선까지 진출하기 위해 상대방이 펼쳤던 '1차 공세'의 성적표를 잘못 읽었던 듯하다.

맥아더 장군이 이끄는 도쿄의 유엔군 총사령부는 다시 총공세를 지시했다. 중공군의 참전이 대규모가 아니라고 판단했기 때문일 것이다. 아군이 11월 하순에 접어들면서 시작했던 공격은 이른바 '크리스마스 공세'였다. 12월 25일 크리스마스 전까지 한반도에서 모든 전쟁을 승리로써 종식한다는 내용이었다.

그에 따라 우리 1사단은 새로운 진공로를 배정받았다. 청천강을 건넌 뒤 평안북도 박천을 지나 태천으로 공격을 펼치라는 지시였다. 최종 목표 지점은 역시 '추수감사절 공세' 때와 마찬가지로 압록강 수풍호였다. 미 1군단의 작전 지역은 커다란 변동이 없었다.

대신 미 1군단 동쪽인 영변과 개천은 남쪽으로부터 북상해서 전선에 새로 당도했던 미 9군단이 맡았다. 미 9군단 예하의 2사단이 영변으로 진출했고, 25사단이 개천으로 공격을 펼쳤다. 그로부터 더 동쪽인 덕천과 영원은 한국군 2군단이 맡았다.

우리 1사단은 제법 긴 시간 동안 휴식과 재정비를 한 터였다. 도쿄 유엔군 총사령부가 내린 진격 명령은 따라서 결코 버겁지 않았다. 새로 배정받은 병력으로 지치거나 다친 병력을 대체했고, 미국의 원활한 보급망을 통해 받은 동복冬服과 탄약, 장비, 물자 등으로 긴 전투에서 생겨났던 결손을 메운 상태였다.

청천강을 무사히 건넜다. 적의 저항은 없었다. 11월 24일 입석을 떠나던 상황은 그랬다. 우선 당도했던 박천까지도 특기할 만한 상황은 없었다. 도쿄 유엔군 총사령부의 판단이 옳았을지도 몰랐다. 10월 말에 새로 나타났던 중공군의 존재감이 느껴지지 않던 박천까지의 진격 상황까지는 적어도 그랬다. 그러나 박천을 지나면서 상황은 급격히 달라지고 말았다.

제14장

가장 추웠던 겨울

내 옆으로 날아온 총탄

"크리스마스 전에 돌아가자"

평양 북쪽의 입석이라는 곳에서 우리 1사단이 비교적 긴 휴식과 재정비를 취할 수 있었던 이유는 보급 때문이었다. 당시로서는 보급로가 원활치 않았다. 한반도에 난 땅위의 길이 우선 대단치 않았던 데다가, 그마저도 전쟁이 벌어지면서 곳곳이 끊겼던 까닭이다.

그러나 맥아더 장군의 유엔군 총사령부는 작전을 서둘렀다. 1950년 10월 말에서 11월 초까지 벌어졌던 중공군 1차 공세 뒤의 상황을 보고난 뒤 내린 판단이었다. 유엔군 총사령부는 중공군의 개입으로 미 1기병사단의 8기병연대, 압록강에 먼저 도착해 적의 포위를 받아 커다란 피해를 입었던 한국군 6사단의 피해 상황을 심각하게 보지는 않았던 듯하다.

앞에서도 잠시 언급했듯이, 유엔군 총사령부는 그런 중공군의 1차 공세를 대규모의 본격적인 참전으로 간주하지 않았다고 볼 수 있다. 아주 빠른 속도로 자신과의 접경接境인 압록강을 향해 다가서는 유엔군과 한국군을 향해 중국이 경고의 의미로 보낸 신호에 불과하다고 봤을 수 있다.

그에 따라 내려진 명령이 '크리스마스 총공세'였다. 낙동강에서의 북진, 인천상륙작전 뒤 평양 탈환 등의 여세餘勢를 몰아 크리스마스 전에는 공세를 종료하고 승리를 쟁취한다는 구상이었다. 그러나 11월에 들어서도 공세는 직접 취할 수 없었다.

부산 등의 남부 항구로 도착한 미군의 물자가 때를 맞춰 전선에 도착할 수 없었기 때문이라고 국방부 전사戰史는 소개하고 있다. 아군의 보급에 숨통이 트였던 때는 11월 중순이었다고 한다. 총사령부의 강력한 지시에 따라 막혔던 육상의 보급로가 다시 열리고, 평양 인근의 해상 보급로 길목이었던 진남포 해역에 공산군이 설치했던 기뢰機雷 제거 작업 완료로 항구를 통한 물자 보급이 이뤄졌기 때문이었다.

그래서 '크리스마스 공세'를 시작한 날짜가 바로 11월 24일이었다. 미리 소개했듯이, 당시 아군의 작전 지휘는 동서東西로 크게 나뉘어져 있었다. 서부전선은 미 8군이 지휘했고, 동부전선은 동해안의 원산 등을 통해 다시 상륙작전을 펼쳤던 에드워드 알몬드 장군의 미 10군단이 이끌었다.

미 8군은 프랭크 밀번 장군이 이끄는 미 1군단을 청천강에서 압록강으로 향하는 주主공로에 배치했고, 후방으로부터 급히 북상한 미 9군단의 미 2사단과 25사단을 그 오른쪽, 다시 그로부터 동쪽 지역에는 한국군 2군단을 포진시켰다.

동부전선의 미 10군단은 미 1해병사단에게 장진호를 지향케 하면서 그 오른쪽에 미 7사단을 배치했다. 청진 등 동부 해안 쪽 방면으로의 공격은 한국군 1군단이 맡은 상태였다. 이런 배치를 통해 압록강을 넘어 한반도 북부에 진주한 중공군과 김일성 군대의 잔여 병력을 소탕한 뒤 압록강과 두만강으로 진출해 전쟁을 끝낸다는 구상이었다.

공격엔 불리, 방어엔 유리

그에 비해 중공군은 13병단 산하의 18개 사단, 그에 이어 추가로 압록강을 도하했던 9병단 산하의 12개 사단을 각기 서부전선과 동부전선에 배치한 상태였다. 전체 병력은 모두 38만 명으로 서부전선에는 약 23만 명, 동부전선에는 약 15만 명의 수준이었다.

전투 병력은 중공군이 아군에 비해 조금 더 많았다. 문제는 지형이었다. 아군의 입장에서 볼 때 서부전선은 청천강과 압록강 사이에 강남산맥과 적유령산맥이 뻗어 있는데다가, 청천강 남쪽 방면으로는 묘향산맥도 병풍처럼 버티고 있어 공로攻路에 익숙지 않을 경우 어려움에 빠질 소지가 컸다.

공격하는 쪽보다는 그곳에 웅크리고 앉아 방어를 하는 쪽이 훨씬 유리했던 것이다. 협곡이 발달해 이동로가 극히 적은 점이 특히 그랬다. 아울러 청천강을 넘어 압록강에 당도하기 전의 지형은 대개가 험준한 산지山地와 빽빽한 삼림森林 지대를 이루고 있어 공격하는 입장보다는 방어하는 입장이 훨씬 수월했다.

마침 한반도 북부에 일찍 닥치기 마련인 겨울이 성큼 다가서 있는 상황이었다. 지금도 그렇지만 한반도 북부, 특히 험준한 산맥이 동서남북으로 뻗어 있는 평안북도, 함경도 일대에는 강설降雪과 그에 따른 혹한酷寒이 유명하다. 비록 11월 중순의 대규모 보급에 의해 두터운 동복冬服과 군량軍糧, 물자와 장비, 탄약 등으로 무장을 했다고 하더라도 그곳의 겨울 상황을 수월하게 볼 수는 없었다.

그럼에도 미군을 비롯한 유엔군 전체는 분위기가 좋았다. "크리스마스 전에는 모든 전쟁을 종료하고 귀국할 수 있다"는 정체불명의 자신감이 퍼져 있었기 때문이었다. 전투를 지휘하는 지휘부도 그런 확신에 차 있었던 듯했고, 그런 분위기는 자연스레 전투부대 장병 모두에게 금세 퍼졌던 듯도 했다.

국군도 그런 점에서는 마찬가지였을 테다. 어깨를 함께한 채 싸우고 있는 미군과 다른 유엔군이 전쟁 조기 종식과 승리라는 자신감에 빠져 있던 터라 한국군 장병들 또한 그로부터 자유로울 수는 없었다. 그런 분위기에서 우리는 11월 24일 입석을 떠나 박천으로 행군했다.

태천을 지날 무렵까지는 저항이 없었다. 그 북쪽으로 박천을 지날 무렵 우리는 적의 공세에 직면했다. 나는 당시 태천의 야트막한 야산에다가 차려놓은 전방지휘소에서 우리 1사단 장병들의 전투 상황을 지휘하고 있었다. 갑자기 우리 쪽을 향해 총탄이 날아들었다.

1950년 11월 말 '크리스마스 공세'가 벌어지기 전이다. 미군 장병들이 목사의 주도로 예배를 올리고 있는 장면이다.

매복해 있던 적으로부터 날아온 총탄이었다. "휘~익"거리며 날아오는 총탄은 소리를 들어봐도 먼 곳으로부터 오는 게 아니었다. 날아오는 총탄은 거리에 따라 다른 소리를 낸다. 힘차지 않은 소리의 총탄은 몸에 맞아도 치명적이지 않다. 그러나 쇳소리가 강하게 나는 총탄은 사정이 다르다. 그런 총탄 소리였다.

사령부에 날아든 총탄

갑자기 비명소리와 함께 내 옆에 서있던 미군의 공지空地 연락장교 윌리엄 메듀스 대위가 쓰러졌다. 옆으로 고개를 돌려보니 메듀스 대위는 가슴을 쓸어안은 채 나뒹굴고 있었다. 그는 내 옆에 머물면서 미 공군과의 교신을 통해 공중폭격을 유도하는 장교였다.

살펴보니 그의 흉부가 적의 총탄에 뚫렸다. 미 공군기와 연락을 취하고 있다가 어디에선가 날아온 총탄에 맞았던 것이다. 가까이에 있는 내 지프를 불러 그를 급히 신안주에 있던 이동외과병원으로 후송했다. 나중에 확인한 사실이지만, 그는 다행히 신속한 후송으로 목숨을 건졌다.

메듀스 대위와 내가 서있던 곳으로 총탄이 날아들었다는 점은 1사단 사령부 전체가 적과 매우 가까운 거리에 붙어서 격렬한 접전接戰을 펼치고 있다는 사실을 말해주는 대목이다. 곧 박천 일대는 맹렬한 전투현장으로 변했다. 그러나 상황이 아무래도 불길했다.

점차 밀리는 기색이 드러나기 시작하고 있었다. 밀려도 우리가 미리 준비했던 순열順列에 따라 밀린다면 크게 걱정할 상황이 아니었다. 분산分散의 조짐이 보이고 있었다. 우왕좌왕하면서 적의 공격에 체계적으로 반응하지 못한 채 마구 밀리는 조짐이었다.

그대로 두면 아군끼리 퇴로에 몰리며 마구 뒤로 물러서면서 극도의 혼란, 이어 막심한 피해를 당하는 상황으로 번질 수 있었다. 분산을 시작하면 전투부대는 화력을 포함한 모든 전투력을 한 곳에 집중할 수 없는 상황에 놓이게 마련이다. 나는 전방지휘소를 뛰쳐나갔다.

일선의 전투부대 동향을 직접 눈으로 볼 수 있는 거리이기는 했지만, 나는 계속 지프를 탈 수 없었다. 모두 구릉丘陵으로 이어진 지역이라서 지프를 타느니 차라리 뛰는 게 나을 것이라고 판단했기 때문이다. 나는 일정 구간을 지프로 달린 뒤 곧 이리저리 뛰어 다니기 시작했다.

우선 눈에 보이는 연대와 대대 지휘소를 찾아다녔다. 밀리는 기세를 조금이라도 극복하기 위해 그들을 안정시켜야 했기 때문이다. 그러나 좀체 그런 기미를 되돌릴 수 없었다. 나는 안간힘을 다 쏟아야 했다. 입에서는 벌써 단내가 나고 있었다. 헐떡거리면서 전선의 연대, 대대, 그 밑의 중대 지휘소 등을 계속해서 찾아다녔다.

나는 각급 부대 지휘관을 만날 때마다 "당신들 이러면 못써, 여기서 이렇게 밀리면 우리는 끝이야!", "야, 이 사람아 밀리면 안 돼!" 라면서 분전을 촉구하고 또 촉구했다. 평소에도 욕설은 잘 입에 담지 않는다. 비교적 점잖은 말로, 그러나 간곡하게 독전督戰을 거듭했다.

아마도, 반나절 정도는 꼬박 뛰어다녔던 것으로 기억한다. 다행이었다. 무너지는 기미가 어느덧 멈췄다. 전선을 뛰어다니며 거듭 벌인 독전으로 일선의 부대 지휘관들이 마음을 다잡고 전투에 나선 덕분이었다. 전선 전면에 세웠던 2개 연대의 후퇴와 붕괴 기미가 사라지면서 전체 사단의 전열戰列이 다시 다듬어지고 있었다.

참담한 겨울의 협곡

분산이 두려웠던 이유

전선을 이끄는 지휘관으로서, 더구나 전투의 현장에 선 지휘관으로서 가장 무서운 일이 적전敵前에서 우리 대오隊伍가 분산分散의 조짐을 보이는 경우다. 감당할 수 없는 참혹한 결과로 이어지는 일이기 때문이다.

1950년 8월 낙동강 전선 다부동 전투 때에도 그런 조짐이 있었음을 소개했다. 당시에도 수적으로 우세한 북한군의 공세를 맞아 1사단 11연대 1개 대대 병력이 산을 타고 급히 밀려 내려왔던 적이 있다. 산 밑의 계곡에서 방어진을 펼쳤던 미 25사단 27연대 마이켈리스 대령의 강력한 항의, 그를 접수했던 미 8군의 가혹한 질책에 따라 나는 11연대 1대대의 방어지역으로 급히 뛰어가 우리 장병을 설득했던 적이 있다.

적에 맞서다가 여러 요인에 의해 아군이 밀리는 경우는 많다. 전황戰況은 쉴 새 없이 변수變數를 맞아 변하고 또 변하기 때문이다. 적에게 밀리는 경우는 압도적인 적의 공세 외에도 여러 요인이 있다. 아군끼리의 협조가 잘 이뤄지지 않을 경우에도 그런 상황은 발생할 수 있다.

그런 상황을 맞을 경우 지휘관은 전면에 나서야 한다. 상황을 수습하기 위해서는 때로 스스로의 안전을 돌아보지 않으면서 앞으로 나서야 한다. 특히 불확실한 전황으로 부대가 분산의 조짐을 보일 때가 그렇다. 전투는 여러 측면에서의 설명이 가능하지만, 크게 보면 아군끼리의 이음새를 잘 유지하는 일이기도 하다.

전투 부대의 각 단위가 서로 이어지는 곳, 즉 전투지경선戰鬪地境線은 우리의 허점이 잘 드러나는 부분이다. 그곳에는 예외 없이 적의 공격력이 모여든다. 전투는 그런 아군 부대와 부대의 접점이 잘 이어져 있느냐, 아니면 쉽게 허물어지느냐에 따라 승패가 갈리는 경우가 매우 많다.

옆에 서 있던 전우戰友가 제 자리를 지키지 못하고 모습을 감추면 심각한 공황恐慌이 찾아들게 마련이다. 그에 따라 전우가 사라진 다른 쪽 옆의 부대도 곧 후퇴를 한다. 그는 잇따른 파상波狀의 후퇴 국면으로 이어진다. 미리 정해진 순열順列에 따라 후퇴를 하지 못할 경우 전체 부대의 상황은 붕괴崩壞로 다시 발전한다.

속수무책束手無策의 후퇴 상황, 그에 편승하는 적의 공세는 아주 가공可恐할만한 효과로 나타난다. 부대는 그에 따라 돌이킬 수 없는 상황으로 치달아 결국 와해瓦解와 소멸消滅의 결과를 맞이할 수밖에 없다. 60여 년 전 벌어진 전쟁에서 내가 가장 경계하며 두려워했던 일이었다.

부대를 돌려 사흘을 버티다

나는 2개 연대가 적을 맞아 싸우는 현장을 부지런히 돌아다니며 우리의 틈새를 막았다. 일부 장병들은 도주하는 길에 나와 맞닥뜨리기도 했다. 나는 그들을 보면서 간곡하게 타이르고 또 타일렀다. 내가 지금 기억하는 말은 "당신들, 이러면 못써, 우리 큰일 난다"의 내용이었다.

다행히 전선으로부터 이탈해 뒤를 향해 내빼던 장병들은 나의 그런 간곡한 부탁을 외면하지 않았다. 사느냐 죽느냐를 다투는 전투 현장에서 적의 공세를 맞아 등을 보인 때에는 극도의 혼란감과 함께 공포가 엄습하기 마련이다. 그럴 때는 틈새를 막아 거꾸로 향하는 흐름을 막아줄 버팀목, 즉 지주砥柱가 필요하다.

나는 비록 젊은 나이의 사령관이었지만 혹독했던 6.25 개전 초기, 낙동강 전선, 북진의 전투를 거치면서 그 정도의 요체要諦를 나름대로 알았던 상태였다. 아주 다행이었다. 아주 험악한 전쟁터를 함께 누비면서 낙동강을 딛고, 평양에까지 이르는 동안 동고동락했던 전우들의 신뢰로 우리는 곧 안정을 되찾았다.

전면의 2개 연대가 잠시 밀리다가 곧 제자리를 찾았다. 중공군은 예의 그런 기이한 전술과 기만적인 방식으로 우리 1사단의 전면을 세게 두드렸다가 아군의 방어전선에 커다란 구멍이 뚫리지 않자 주춤했다. 그런 상태로 사흘인가를 버텼다. 중공군은 더 이상의 공세를 지속할 수 없었다.

후방에는 마침 우리를 튼튼하게 뒷받침하고 있던 미 제 10고사포 여단의 화력이 버티고 있었다. 윌리엄 헤닉 대령은 우리가 운산 북방에서 접전을 벌이다가 후퇴할 때 대규모 화력을 퍼부어 중공군 공세를 막아내는 데 도움을 줬듯이 그 때에도 효과적인 포격으로 중공군의 앞길을 가로막았다.

우리 1사단이 배속한 미 1군단은 앞에서 말했듯이 미 8군의 주력에 해당했다. 이번에도 프랭크 밀번 군단장이 지휘하는 미 1군단은 무사히 중공군의 공세에 직면했다가 뒤로 빠질 수 있었다. 박천에서 우리 1사단이 중공군 공세에 무너지지 않은 점이 우선 다행이었다.

1950년 11월 말에 시작해 12월 초까지 이어진 당시의 전투를 우리는 '크리스마스 공세', 북상하는 유엔군을 맞아 싸웠던 중공군은 당시의 전투를 '2차 공세'라고 부르는 게 보통이다. 중공군도 이번에는

중공군 1차 공세 때 적의 강습을 막기 위해 한국군 1사단 배속 미 10고사포여단이 적진을 향해 포탄을 날려 탄막을 형성하고 있는 모습이다.

작심하고 싸움에 나섰다. 1차 공세를 통해 전투력 일부를 선보이는 데 그쳤던 중공군은 2차 공세에서 본격적으로 아군의 '유생有生 역량' 을 섬멸할 기세로 덤볐다.

　그런 중공군의 공세에 직면했음에도 미 1군단은 커다란 피해를 보지 않은 채 뒤로 물러날 수 있었다. 먼저 우리 1사단이 박천에서 중 공군과 사흘 정도 접전을 벌이다가 후퇴할 수 있었다. 무질서하면서 혼란스러운 후퇴가 아니라, 적을 맞아 싸우다가 불리할 경우 물러 나도록 했던 작전 계획에 따라서였다. 서부 해안을 따라 진군하던 미 24사단은 우리의 엄호부대로 역할을 수행했다.

우리가 빠진 틈을 미 24사단이 측방에서 엄호하며 지탱했다. 그 시간을 벌면서 우리 1사단은 순조롭게 뒤로 빠졌고, 미 24사단 또한 차분하게 중공군과 소규모 접전을 벌이면서 후방으로 후퇴하는 작전 이었다. 이를테면 지연遲延과 후퇴後退를 반복하는 방식이었다. 적의 공격에 맞서 공방을 벌이면서 조금씩 뒤로 물러나는 일이었다.

The Coldest Winter

이 글의 작은 제목이 '가장 추웠던 겨울'이다. 미국에서 나온 책자 제목 『The Coldest Winter』를 옮긴 내용이다. 그 책은 1950년 11월 말에서 12월 초에 벌어졌던 당시의 전투를 소개하고 있다. 그 책의 제목이 암시하듯이, 당시의 전투에서는 참혹한 결과가 나왔다. 중공군 2차 공세에 아주 참담한 피해를 당한 미군의 이야기가 주요 흐름이다.

실제 그 해 겨울은 우리 아군의 입장에서는 아주 추웠다. 가장 춥다고 해도 좋을 정도로 우리의 심리적 위축감이 극도에 달했기 때문이다. 미 1군단의 예하에 배속했던 우리 1사단의 상황은 그래도 나았다. 직접 중공군의 2차 공세에 제대로 대응하지 못해 참담한 피해를 당했던 부대의 경우가 바로 그랬다.

그들에게는 정말 춥고도 지독한 겨울이었다. 장소는 우리가 10월 말에 진주했던 영변 인근이었다. 앞서 말한 대로 그곳에는 험준한 적 유령산맥과 강남산맥이 지나고 있다. 영변을 중심으로 그 북쪽에 운산이 있었고, 그 동남쪽으로 군우리가 있었다. 그 군우리는 지금 개천開川이라는 이름으로 지명이 바뀐 상태다.

적을 알아 적의 실력을 미리 가늠하면 여러 가지 상황에서 자신을 보전할 수 있다. 적을 알지 못하고서도 적의 실력을 낮춰본다면 참혹한 상황에 직면할 수 있다. 전쟁의 '원칙'에 가까운 말이다. 그러나 1950년 겨울, 적이 도사리고 있던 한반도 북녘 산맥의 깊은 협곡 속으로 행군하던 아군은 그 점을 놓쳤던 듯하다.

여러 가지 부주의不注意가 겹치고 말았다. 우선은 중공군의 2차 공세 의도를 제대로 짐작조차 못했다는 점이 전체 유엔군의 커다란 판단 착오였다. 한 번 잘못 내린 판단은 거듭 잘못된 판단을 부르는 게 정리定理일 것이다. 우리가 보였던 부주의함의 근원은 어쩌면 상대를 얕잡아 보는 이른바 '경적輕敵'이 그 뿌리였을 것이다.

압록강을 도강한 뒤 한 달, 그 시간을 통해 중공군은 이미 병력을 크게 보강한 상태였다. 그럼에도 유엔군 총사령부는 그 상황을 미리 알지 못했다. "크리스마스는 고향에서 보낸다"는 자신감과 흥분은 유엔군 전 장병의 마음속에 이미 자리를 잡은 시점이기도 했다. 장소 역시 고래古來로부터 한반도의 전쟁이 줄곧 벌어지던 영변과 군우리 일대였다.

결과는 이미 예고된 것일 수도 있었다. 참혹함은 곧 아군의 머리 위에 내려앉을 모양새였다. 미 1군단의 동쪽을 맡았던 미 9군단, 그 예하의 미 2사단과 미 24단이 그런 조짐을 전혀 감지도 못한 채 영변과 군우리를 향해 서서히 행군行軍 중이었다.

후방에 침투한 중공군

1950년 겨울의 작전배치

적은 우리를 유인誘引했다. 1950년 11월 말에서 12월 초에 벌어진 우리 측의 '크리스마스 공세', 중공군 측의 '2차 공세' 속 모든 전투가 그렇지는 않았다 하더라도, 큰 틀에서 보면 중공군은 우리를 자신들이 매복한 깊숙한 협곡 속으로 끌어 들이고자 했다.

해발 2,000m가 넘는 준령峻嶺이 솟아있고, 그 안으로 난 협곡은 깊고도 길었다. 1차로 압록강을 도강한 중공군 13병단 25만의 병력은 서부전선, 나중에 강을 넘은 9병단은 동부전선에 늘어선 상태였다. 그들은 우선 평양~원산을 잇는 곳에 진출할 계획이었다.

그들의 주공主攻은 청천강에서 평양으로 이어지는 축선에 집중했다. 조공助攻은 장진호와 함흥, 나아가 원산을 겨냥하고 있었다. 그렇게 공세를 벌인 뒤 평양에서 원산으로 이어지는 라인을 확보하면서 사전에 미리 남쪽으로 침투시켰던 제2선의 부대와 연계해 38도선을 향해 전과戰果를 지속적으로 펼친다는 생각이었다.

아군의 전개도 비슷했다. 전선의 주공主攻은 미 8군이었다. 미 1군단의 예하 미 24사단이 서해안 방면으로 나있던 통로를 따라 신의주 쪽으로 진군하며, 한국군 1사단은 박천을 지나 수풍호로 움직였다. 영연방 제27연대도 그 안에 들어 있었다.

미 8군 예하의 다른 두 군단인 미 9군단은 서부전선의 중앙, 한국군 2군단은 그 동쪽을 맡았다. 이들은 중공군 공세에 가장 큰 피해를 입었던 부대였다. 미군 사단으로는 2, 25사단이 있었으며 터키군 1개 여단이 뒤를 받쳤다. 우리 1사단과 함께 평양을 공격했던 미 1기병사단과 영연방 29여단은 후방에서 예비대로 남아 있었다.

동부전선은 미 10군단이 주력을 맡았다. 미 1해병사단이 동부전선의 좌측, 10군단 예하의 미 7사단이 전선의 중앙을 담당했다. 그 동쪽으로는 수도사단과 3사단을 거느린 한국군 1군단이 진출할 계획이었다. 중공군 참전 이래 최대의 싸움이 불붙을 태세였다.

문제가 생기면서 아군에게 가장 참혹한 피해를 안겼던 전장戰場은 서부전선의 중앙과 우측, 동부전선의 서쪽인 장진호였다. 상처가 가장 깊었던 곳은 서부전선의 중앙과 우측이었다. '장진호 전투'라고 불리면서 미 해병의 악전고투惡戰苦鬪로 알려진 동부전선 좌측의 싸움터는 아주 유명하다.

나중에 소개를 하겠지만, 미 1해병사단의 전투는 인상적이었다. 미 해병의 피해가 깊었으나, 사실 더 다친 쪽은 중공군이었다. 아군에게 참담함을 넘어 참혹하다고 해도 좋을 정도의 결과가 나타났던 곳은 서부전선 쪽이었다. 그곳은 우리 1사단에서 멀리 떨어진 곳이 아니었다.

다양했던 중공군 공격 전술

중공군은 2차 공세에서 다양한 전술을 선보였다. 그러나 전술의 주조主調는 역시 기습과 매복, 그리고 대규모 포위였다. 변칙적인 전술이 큰 특징이었다. 그러나 '인해전술人海戰術'이라는 전법도 이 때 본격적으로 구

중공군 2차 공세 때의 한국군 1사단 작전 지휘부의 표정이다. 나(왼쪽)와 김점곤 12연대장(오른쪽)의
긴장한 얼굴이 보인다.

사했다. 아군의 정면을 돌파해야 할 때, 상황의 필요에 따라 단기적으
로 전과를 확대해야 할 때였다.

　사람 목숨의 희생에는 아랑곳하지 않는 전법이었다. 무수한 사람
이 죽어 넘겨져도 압도적인 병력으로 그저 앞을 향해 밀고 들어오는 방
식이었다. 때로는 그런 무모하다해도 좋을 정도의 인해전술, 그러나 때
로는 보이지 않는 곳에서 우리를 휘감고 들어오는 우회와 매복, 빈틈
을 뚫고 곧장 쳐내려와 아군을 둘러싸는 포위 전술이 모두 등장했다.

　가장 심각한 피해에 직면했던 부대는 미 2사단이었다. 전면에서
공격에 나선 미 25사단과 함께 서부전선 중앙을 맡아 전투를 벌였던
미 9군단의 중심을 이뤘던 부대였다. 군단 담당 전선의 좌측을 맡았
던 미 25사단은 커다란 피해를 보지 않았다. 영변을 거쳐 운산 북방으

로 진출해 압록강으로 향하고자 했던 미 25사단은 중공군 공격에 직면한 뒤 신속하게 후퇴를 결정했다.

그에 비해 군단 전면의 우측을 맡아 구장동을 지나 희천으로 진출할 계획이었던 미 2사단이 맞이한 상황은 전혀 달랐다. 이들은 우리 1사단처럼 11월 24일 미 8군 사령관 워커 장군의 결정에 따라 공격에 나섰다. 그러나 그로부터 닷새 동안, 즉 11월 28일까지 그들은 줄곧 악몽惡夢과도 같은 상황에 놓이고 말았다.

미 8군 사령부의 공격 명령이 내려왔던 11월 24일의 상황은 특기할 만한 게 없었다. 이 점은 서쪽 방면의 전선에 서서 박천을 향해 다가가던 우리 1사단의 상황과 마찬가지였다. 우리도 태천을 지날 때까지는 중공군의 공세 조짐을 눈치 채지 못할 만큼 순조로웠다.

우리가 11월 25일 박천에서 중공군 공세에 직면했던 것처럼 구장동을 지나 군우리로 향하던 미 2사단도 그날 중공군 공세에 길이 우선 막혔다. 미 2사단은 전선 좌측으로부터 우측으로 9연대와 23연대, 38연대를 배치한 채 북상하고 있었다.

미 2사단도 당초 중공군의 반격 가능성을 크게 염두에 두지 않았던 것으로 보인다. 25일에도 중공군 공세가 대단치 않으리라고 봤던 미 2사단은 공격을 서두르고 있었다. 그러나 사단 전면에서 중공군의 저지 공격이 벌어졌다. 심각한 상태는 아니었으나, 일부 연대는 중공군 기습에 적지 않은 희생자가 나오는 피해를 봤다.

후방을 뚫고 들어온 적군

26일 새벽 2시를 넘기자 중공군 공세가 본격적으로 불붙었다. 중공군은 야습夜襲에 매우 능했다. 야음을 틈타 중공군은 미 2사단의 전선 전면을 압박하기 시작했다. 곳곳에서 요란한 포성이 터지면서 중공군의 공격 방향을 제대로 가늠하지 못했던 미군의 희생이 커지고 있었다.

미 2사단 전면에 포진한 중공군은 40군단이었다. 한반도에 참전한 중공군 부대 중에서 그들이 특별히 강한 부대라고는 할 수 없었다. 다른 중공군 병력처럼 야습에 나섰고, 피리를 불며 꽹과리를 치면서 다가왔다. 매복에 뛰어났고, 우회와 기습에 능했다. 다른 중공군 부대와 다를 바는 전혀 없었다.

그러나 이들의 전술은 미 2사단을 지향할 때 크게 효과를 거둔 듯했다. 26일 새벽의 야음을 틈타 덤비기 시작한 중공군은 현란한 전술을 선보였다. 중공군은 미군의 전선 이곳저곳을 뚫고 후방으로 부대 일부를 침투시키는 데 성공했다. 전면前面에 등장한 중공군의 야습에 미 2사단 각 연대가 정신을 차리지 못하는 동안 중공군 일부 병력은 후방 깊숙한 곳으로 발길을 옮겼다.

이는 미 2사단으로 하여금 극도의 혼란을 초래하도록 만들었다. 26일의 전투에서 일부 대대의 경우는 부대원 절반이 희생당할 정도였다. 전면을 뚫고 침투한 중공군은 후방에서 미 2사단 각 연대의 대대 지휘소를 직접 공격할 정도로 아군의 후방 깊숙한 곳에 나타났다. 상황은 좀체 수습하기가 어려웠다. 따라서 후퇴가 필요한 상황이 닥치고 말았다.

미 9군단의 군단장은 콜터(John B. Coulter) 소장이었다. 그는 미 2사단 등이 맞이하고 있는 상황의 어려움을 즉석에서 판단했다. 그는 중공군 공세가 심각하게 아군의 피해로 이어지는 상황을 파악한 뒤 26일 새벽 미 2사단장에게 청천강 방어를 강화하라고 명령했다.

군우리 남쪽의 도로를 따라 순천과 평양으로 향하는 길로 후퇴를 시작해야 했다. 미 2사단장 카이저(Lawrence B. Keiser) 소장은 청천 강 좌측에 9연대, 우측에 38연대를 배치한 뒤 23연대를 예비로 두고 청천강 방어선을 강화할 생각이었다.

유엔군 총사령부가 중공군 공세의 심각성을 깨닫고 압록강으로 의 진출 명령을 철회하는 대신, 모든 전선의 아군에게 후퇴 명령을 내린 시점은 11월 28일이다. 이날 도쿄의 맥아더 유엔군 총사령관은 전선에 있던 워커 미 8군 사령관 등을 불러 회의를 한 뒤 이 같은 명령을 내렸다. 청천강 이남으로 내려와 이곳을 새 방어선으로 삼으라고 지시한 것이다.

뒤늦은 감은 있었으나, 어쨌든 전선 전면에서 물러나 병력과 장비 등을 보전해야 하는 상황이었다. 그에 따라 서부전선의 아군 병력은 모두 청천강 이남으로 이동해야 했다. 그러나 후퇴는 그저 뒤로 물러나는 단순한 일이 아니다. 여러 번 언급하지만, 후퇴 또한 엄연한 작전이다.

길의 이용 권한을 어느 부대에게 먼저 주느냐, 물러설 때의 각급 부대 사이의 순서를 어떻게 짜느냐 등을 엄밀하게 짜놓은 뒤 그를 따라 펼쳐야 하는 게 후퇴다. 그러나 당시의 상황은 전혀 순탄하지 못했다. 중공군은 이미 전선을 우회해 아군의 후방으로 깊숙이 발을 들여놓은 상태였기 때문이다.

죽음의 계곡, '인디언 태형'

중공군 포위망에 들어서다

영변의 동남쪽에 있는 군우리軍隅里, 그곳에서 미군은 중공군에게 6.25
개전 이래 가장 큰 패배를 당하고 말았다. 그 군우리라는 곳은 남북
으로 병력이 지나는 군사적인 요충要衝이라고 해도 좋을 지역이었다.
따라서 과거의 전쟁 길목이었음이 분명하다.

지금은 개천开川이라는 이름으로 바뀌었으나, 예전의 그 이름대로
라면 군사軍事와 관련이 있어 지명에 군軍이라는 글자를 달고 있을 터
였다. 실제 평양에서 순천을 거쳐 북진北進할 때, 또는 북쪽에서 평양을
공격할 때 병력이 반드시 거쳐야 하는 곳이었다.

그 군우리에서 평양을 향해 남쪽으로 후퇴할 때 선택할 수 있는
길은 두 갈래였다. 서쪽인 안주安州 방면으로 난 길, 그리고 순천을 향
해 직접 나설 수 있는 길이었다. 미 2사단이 중공군의 2차 공세에 직
면해 급히 후퇴를 결정할 무렵에는 이미 두 갈래 길 중 하나는 사용할
수 없는 상황이었다. 그곳은 이미 다른 미군 부대와 유엔군으로 붐볐
다. 안주 방면으로 난 서쪽의 우회로였다. 아울러 전화戰禍를 피하기 위
해 길에 나선 피난민들도 그 길로 몰려들고 있었다.

따라서 미 2사단의 후퇴로는 군우리에서 직접 순천 방면으로 이
어진 길고 좁은 협곡의 길 하나만이 있었다. 길이는 10㎞를 넘었다. 길

다고 하면 제법 길다고 할 수 있는 협곡의 지형이었다. 중공군의 강한 공세에 직면한 미 2사단은 달리 선택할 길이 없었다. 이 계곡을 지나 순천 방면으로 남하한 뒤 평양을 향해 걸음을 옮기는 수밖에 없었다.

이 계곡을 두고서는 나중에 여러 별칭이 붙었다. '죽음의 계곡'은 당시 미군이 당한 처참했던 상황을 일컫는 말이다. '인디언 태형笞刑'이 라는 말도 따라 붙었다. 미군이 아메리카 대륙 서부에 산재한 인디언 들과 싸우면서 개척을 벌일 때 인디언에게 붙잡히는 경우가 많았을 것이다.

인디언들은 미군 포로를 잡았을 때 특별한 형벌을 가했다고 한다. 2열로 죽 늘어선 인디언 사이를 미군 포로로 하여금 걸어서 지나가게 끔 하는 방식이었다. 그렇게 늘어선 인디언 사이를 지나가는 미군은 사정없이 두드려 맞는다. 인디언들은 주먹으로, 때로는 몽둥이로 포 로를 마구 때렸다. 그게 바로 '인디언 태형'이다.

1950년 11월 28일 군우리 북쪽까지 진출했다가 후퇴 길에 나선 미 군이 꼭 그렇게 당하고 말았다. 그들은 죽음의 계곡에 들어선 뒤 인디 언에게 두드려 맞듯, 태형의 가혹한 아픔에 맨살을 드러내야 했다. 그 냥 맞고 끝난다면 그런 다행도 없었다. 적지 않은 미군이 목숨을 잃어 야 할 참혹한 상황을 맞이하고 말았던 것이다.

생지옥의 후퇴 현장

좁은 협곡을 빠져나가는 일이 막심하면서도 참담한 병력의 희생으로 이어질 수밖에 없었던 이유는 그곳 계곡의 양쪽 산자락을 중공군 병 력이 이미 차지하고 있었기 때문이었다. 그들은 이미 미 2사단과 한국 군 2군단 사이의 전투지경선을 예리하게 파고 들어와 아군의 후방으로 침투한 상태였다.

아울러 지형地形이 그려내고 있는 군사적 이해利害를 정확하게 파악하면서 미군이 후퇴할 길목을 미리 선점했던 것이다. 중공군은 그 점에서 매우 노련했다. 상대의 허실虛實을 날카롭게 파악해 자신의 전술을 선택했다.

중공군은 군우리에서 순천으로 향하는 가장 직접적인 협곡에 이미 매복을 마친 상태였다. 전면의 강력한 중공군 공격에 당황한 미군은 달리 상황을 따질 겨를도 없이 그 협곡에 거칠게 들어서 후퇴를 서두르고 있었다. 아군은 넓게 쳐놓은 그물에 어쩔 수 없이 걸려든 새, 깊고 미끄러운 독으로 빠져든 쥐와 같았다.

협곡은 좁고 긴 골짜기다. 넓게 트인 개활지開豁地와는 다르다. 후퇴

이른바 '죽음의 계곡'이라는 별칭이 붙었던 군우리~순천 사이의 협곡에서 중공군들이 미 2사단을 공격하는 모습을 연출한 사진이다. 이 전투에서 미군은 참담한 패배를 기록했다.

의 국면에서 협곡에 들어설 때, 그나마 적이 발을 들이지 않는 경우라면 다행이다. 신속하게 대열을 이뤄 순서를 정해 빠져나가면 그만이다. 그러나 적이 이미 높은 곳에서 아군을 겨냥할 수 있는 감제職制의 고지에 매복을 하고 있는 경우라면 상황은 아주 달라진다. 현장에 있었던 미 2사단 장병들의 증언을 실감나게 채록해 당시의 상황을 그렸던 『The Coldest Winter』에는 그 장면이 생생하다.

계곡을 지나는 미군의 트럭은 협곡 위의 고지에서 빗발치듯 쏟아지는 중공군의 사격으로 곧 진행을 멈췄다. 그렇게 멈춘 트럭은 미군 후퇴 대열의 길을 막았다. 길을 막고 서있는 트럭을 밀어내기 위해 미군들이 나설 경우 중공군은 곧장 공격을 벌여왔다.

좁은 길을 빠져나가려는 지프와 트럭은 이미 중공군의 사격을 받아 길에 널브러져 있던 동료 미군의 몸을 밟고 그냥 넘었다고 했다. 심각한 공격, 나아갈 수 없는 후퇴로, 눈앞에서 벌어지는 생지옥과도 같은 장면으로 미군들은 넋을 차리지 못할 정도였다고 한다.

사단장 카이저 소장의 경우도 등장한다. 사단장은 그 골짜기의 남단에 있는 이른바 '죽음의 계곡'(당시 미군들이 붙인 이름이다)을 정찰하려고 걸어가다 길가에 지쳐 누워있던 병사 하나를 밟았다고 했다. 사단장 본인도 너무 지쳐 그만 병사의 몸을 밟았다는 것이다. 그러자 밟힌 병사가 "이 나쁜 자식!"이라며 욕을 했고, 사단장은 자신도 모르게 "미안하네"라고 사과를 했다고 한다.

나아가고 물러설 때

그 당시 전쟁터에 섰던 사람들의 증언을 직접 수집한 내용이니 믿을 만한 기록일 것이다. 사단장과 병사의 그런 대화가 눈에 띈다. 삶과 죽음이 갈라지는 경계에 함께 서 있으니, 그런 절망적인 상황에서 사단장에게 욕한 사병을 탓할 일이 아니다.

마치 포로로 잡은 백인을 인디언들이 죽 늘어서 마구 때리듯, 중공군의 가혹한 총구와 포탄 세례를 받으며 협곡을 지나온 미 2사단의 경우는 아주 참담했다. 미 2사단은 그로부터 중공군에게 계속 밀리면서 결국 서울에 집결할 수 있었다. 이들은 영등포에 모였는데, 당시의 참담함은 필설로 다 형용키 어려울 정도였다.

한 중대의 경우 170명 가운데 10명 정도가 모습을 드러냈고, 한 대대는 600명의 구성원 가운데 150명 정도만 살아왔다. 피해는 아주 심각했다. 가장 큰 피해를 당했던 연대는 9연대였다. 그들은 부대원 절반을 잃었다. 나머지 38연대의 피해도 심각했다. 절반 가까운 병력을 그곳에서 상실했다.

건제建制 병력의 3분의 1 이상을 잃으면 그 부대는 전투력을 제대로 발휘할 수 없는 상태로 본다. 따라서 절반 이상, 또는 절반 이상의 병력을 손실한 미 2사단의 9연대와 38연대는 이미 전투를 수행할 수 없는 부대로 전락하고 말았던 셈이다. 포병대대의 손실도 심각했다. 사단 포병대대가 보유했던 155㎜ 18문은 모두 잃어버렸고, 105㎜는 8대만 건졌다. 포병대대의 인명 피해도 적지 않았다.

개인화기의 손실률은 40%에 달했고, 차량은 35%를 그곳에서 잃었다. 기타 장비의 손실률도 40%에 이르렀다. 최종 병력 손실은 4,000명을 조금 웃돌았다. 그에 따라 미 2사단은 사단의 이름을 걸고는 있었지만 사실상 연대전투단RCT 정도의 전투부대로 전락하고 말았던 것이다.

지금 돌아보면 당시의 전투는 참담한 결과 외에 많은 점을 일깨워

준다. 당시 미 2사단을 이끌었던 카이저 소장의 지휘 능력이다. 물론, 그 하나만을 탓할 수는 없다. 그 때 전투에 나섰던 아군의 지휘관들 모두는 중공군의 전투력을 제대로 가늠하지 못했다. 따라서 그런 중공군의 공세를 제대로 막아낸 사람도 없다.

그럼에도 유념留念하고 싶은 대목이 있다. 나아가고 물러서는 일, 즉 진퇴進退의 문제다. 전쟁터에서 나아가는 일은 순조로울 때가 많다. 일종의 세勢가 만들어지고, 그에 따른 진격일 경우가 많아서 그렇다. 그러나 물러설 때는 신중해야 한다. 나아가다가도 물러서는 경우를 항상 생각해야 옳다. 수많은 장병의 생사를 어깨에 짊어진 전선 지휘관은 꼭 그래야 한다.

나 또한 당시의 상황에서 카이저 소장보다 더 전투를 잘 이끌 수는 없었을 것이다. 그럼에도 당시 카이저 소장은 물러설 때에 꼭 필요한 사항을 놓쳤다. 진격했던 길을 되돌아올 때의 후퇴로를 미리 상정하지 못했다는 점이다. 만약 그가 앞으로 나아갈 때 물러서는 상황을 미리 상정해 협곡 곳곳에 일부 부대를 잔류시켰다면 어땠을까. 카이저는 그를 세밀하게 다루지 못해 큰 피해를 본 경우다. 그러나 그 점이 어디 카이저 소장 한 사람에게만 그치는 잘못일까.

장진호의 혹독한 겨울

영하 40도의 장진호

내가 있었던 전쟁터는 아니었지만 60여 년 전 벌어진 이 땅에서의 전쟁을 회고할 때 언급하지 않을 수 없는 전투가 바로 장진호에서 벌어졌던 미군 해병사단과 대규모 중공군 부대의 싸움이었다. 이 전투는 새삼 언급할 필요가 없을 정도로 많이 알려져 있다.

장진호 일대는 높은 고원지대에 둘러싸여 있는 지형이라 강설降雪이 한반도에서 가장 빠른 지역이다. 아울러 가을에 들어서면서는 기온이 매우 급하게 떨어진다. 일찍 내리는 눈에 강추위가 겹치는 지역이다. 이곳에 진출했던 미군 1해병사단은 막대한 병력을 뒷심으로 삼아 마구 밀려오는 중공군 부대와 싸우면서 이곳의 혹독한 추위와도 다퉈야 했다.

당시의 처절했던 미 해병사단의 후퇴작전은 각종 기록과 필름 등으로 대중에게 알려지면서 1950년 11월 말부터 12월 초순까지 벌어진 유엔군의 대표적인 고전苦戰 사례로 알려져 있다. 미 해병사단의 피해는 막심했다. 따라서 일반인들이 그렇게 장진호 싸움을 이해하고 있더라도 큰 무리는 없다.

그러나 결론부터 말하자면 장진호 전투는 아군의 후퇴 작전 중에서 손꼽히는 성공적 사례라고도 할 수 있는 싸움이었다. 막대한 병력을 앞으로 내세워 밀고 내려오는 중공군은 당시 상승세를 타고 있었다. 전선 너머에 버티고 있는 적을 비교적 수월한 상대로 치부했던 아군 최고 지휘본부의 판단 착오 때문이었다.

앞서 소개했던 군우리 전투는 미군이 기록한 전투 중에서 매우 치욕스런 결과를 빚고 말았다. 미군 2사단은 2개 연대가 절반에 가까운 병력 손실을 입으면서 그야말로 참패慘敗를 당했기 때문이다. 당시 2사단 전선 가까운 곳에 있었던 나는 그들과 함께 미 8군의 예하여서 그 분위기를 잘 아는 편이다.

장진호 전투는 미 8군 관할지역이 아니었다. 미리 소개했듯이 당시 미 1해병사단은 원산으로 상륙해 한반도 동북부 지역의 싸움을 지휘하던 미 10군단 알몬드 소장의 지휘를 받고 있었다. 따라서 나와는 직접적으로 이어지지 않는 전투였다. 아무튼 비슷한 상황에서 미 2사단은 참패했고, 미 1해병사단은 분투를 거듭하며 다른 결과를 낳았다.

장진호는 인공으로 만들어진 내륙 호수다. 발전發電의 필요를 위해 만들어졌다. 그 동쪽으로는 부전호가 있다. 특히 장진호는 서쪽으로 강계와 이어지는 전략적 요충에 해당했다. 당시 강계에는 북한 김일성의 전쟁 지휘부가 들어서 있었던 까닭에 장진호 방면으로 진출하는 일은 매우 중요했다.

아울러 장진호는 북에서 동남쪽으로 흥남과 원산을 잇는 길목이기도 하다. 북쪽에서 압록강을 도강해 한반도 동부의 전선으로 향하는 중공군에게 매우 중요한 전략적 지점이기도 했다. 일제 때인 1930년대 만들어진 장진호는 수력발전이 가능해 다량의 전기를 공업지대였던 흥남과 원산에 공급하고 있던 터라 여러모로 이목을 끌 수밖에 없던 지역이기도 했다.

함흥에서 장진호로 이어지는 곳은 2,000m 높이의 연봉들이 즐비하다. 남북으로 뻗는 낭림산맥이 지나가는 곳이다. 동서로는 부전령산맥이 지나간다. 황초령이라는 곳에서 낭림산맥과 부전령산맥이 만난다. 산세가 매우 험한 황초령 이북지역이 한반도의 지붕이라고 호칭하는 개마고원이다. 그 이남지역은 함경도에서 가장 평탄한 지형을 보이고 있다.

뛰어났던 미 해병대 지휘관

원산으로 상륙해 북상하고 있던 미 1해병사단의 목표는 압록강의 강계 지역이었다. 그에 앞서 미 해병사단은 장진호 방면으로 접근해 서쪽의 미 8군 지역 동쪽 경계선에 이르러야 하는 임무를 지녔다. 부지런히 그곳으로 진출해 미 8군 가장 동쪽을 보완해야 했다. 전투지경선을 이루는 곳에 도착해 그 틈을 노리는 중공군의 공세를 막아야 하는 임무였다.

11월 말, 이어 시작하는 12월에 들어서며 이곳의 추위는 이상할 정도로 강했다. 평균 기온을 보면 그 무렵은 영하 30도 정도에 머물러야 정상이었다. 그러나 해병대에게는 행운 대신 불행이 먼저 닥쳤다. 장진호 방면으로 진출하고 있던 당시의 미 해병사단은 영하 40도에 이르는 강추위에 먼저 시달려야 했기 때문이다.

중공군은 우선 수적으로 아군을 압도했다. 한반도 동북부의 장진호 지역으로 진출한 중공군은 9병단 산하의 7개 사단이었다. 병력은 적어도 6만 명 정도였다. 중공군은 미 10군단 예하 미 1해병사단이 이곳으로 진출하는 것을 막는 한편, 공세를 지속해 흥남과 원산으로 진출하는 것을 공격의 목표로 세워두고 있었다.

역시 중공군은 매복을 노렸고, 우회와 포위를 머리에 두고 있었다. 장진호 일대의 협곡에 매복해 미 1해병사단의 병력이 다가오는 것을 기다렸고, 일부는 동남쪽으로 진출해 미 해병대의 후방을 공격한 뒤 포위 작전을 벌이려는 구상이었다. 장진호 전투는 11월 27일 본격적으로 불붙어 12월 11일까지 약 2주 동안 벌어졌다.

당시 미 1해병사단의 사단장은 올리버 스미스(Oliver P. Smith) 소장이었다. 당시 아군 전선에는 심각한 문제 하나가 있었다. 서부전선을 담당한 미 8군과 동서東西로 연계를 해서 남진하는 중공군을 막아야 했음에도 전투지경선에 약 8마일 정도의 공백이 생기고 만 점이었다.

따라서 미 8군과의 연계에 나서야 했던 미 1해병사단에게 미 10군

1950년 11월 장진호에 진출하기 위해 원산에 상륙했던 미 1해병사단 장병들이 식사를 하고 있다. 미 국립문서기록보관청의 사진이다.

단 지휘부는 급속한 진출을 재촉하고 있던 상황이었다. 더구나 스미스 소장은 군단장 알몬드 장군과 의견충돌이 있었다고 한다. 알몬드의 성급한 작전 지휘를 스미스 소장이 잘 받아들이려 하지 않았기 때문이었다는 것이다.

우선 중공군과의 접전은 장진호 서쪽에 있는 유담리에서 벌어지기 시작했다. 유담리는 서쪽으로 강계와 이어지는 교통로 상의 중요한 길목에 해당했다. 미 1해병사단은 이곳에 예하 5연대와 7연대를 진출시켰다. 나머지 1연대는 후방의 하갈우리에 배치했다.

입에 물어 녹인 모르핀

나중의 전투 결과를 보면 등장하는 대목인데, 미 1해병사단의 스미스 소장은 야전에서 매우 뛰어난 지휘력을 보였던 장군이다. 그 역시 중공군의 수적인 우세에 밀려 후퇴를 반복해야 했지만, 자신이 거느린 부대의 희생을 최소화하면서 적에게는 격렬한 반격을 펼쳐 심각한 손실을 끼쳤다.

물러날 때 물러나더라도 자신의 역량을 총동원해 적에게 타격을 입힐 수 있었던 뛰어난 군인이었다는 얘기다. 그는 진공進攻의 요로要路를 거치면서 혹시 적에게 밀려 후퇴할 때의 상황을 면밀하게 감안했다. 그에 따라 그는 진격하는 과정에서도 도처에 거점據點을 만들어 일부 병력을 잔류시키는 용의주도함을 선보였다.

육군본부 육군군사연구소가 펴낸 『1129일간의 전쟁 6.25』는 당시의 상황을 자세히 소개하고 있다. 미 해병사단의 공격도 초반에는 별다른 저항 없이 펼쳐졌다고 한다. 그러나 중공군의 공세는 시간이 흐르면서 강도가 아주 높아지고 있었다.

우선 먼저 닥친 문제가 있었다. 역시 한반도의 지붕, 개마고원 일대를 일찌감치 감싸고 있던 강한 추위였다. 기록에는 당시의 기온이 이미 영하 35도를 가리키고 있었다고 나온다. 중공군은 역시 밤에 집중적으로 등장하고 있었다. 그 특유의 전법을 또 선보였다는 것이다.

유담리 일대의 일부 고지를 점령하는 데 성공했던 미 해병사단 장병들은 중공군의 야습夜襲에 대비하기 위해 야전삽으로 참호를 파려고 했지만 땅은 파이지 않았다. 추위에 이미 얼어붙을 대로 얼어붙었기 때문이었다.

육군본부 전사에는 당시의 미군 병사 한 사람의 증언이 실려 있다. "바위처럼 얼어붙은 땅에 참호를 파기 위해 야전삽으로 땅을 파자 삽이 부러졌다. 그래서 폭약을 음료수 캔에 넣어 땅에 묻고 폭발시켰다"는 내용이다. 다른 한 미군 간호사는 "중대 위생병들은 모르핀이 얼지 않도록 입속에 넣고 부상자가 있는 곳으로 뛰어 다녔고, 혈액이 얼어 많은 전우가 눈앞에서 죽어가는 고통스러운 모습을 봐야만 했다"고 했다.

장진호 전투는 자연이 가져다주는 그런 엄혹한 환경에서 벌어지고 있었다. 그는 미 해병사단의 고난苦難을 미리 예고하는 조짐이기도 했다. 그러나 추위는 사람을 가리지 않는 법이다. 중공군도 같은 환경에 놓일 수밖에 없었다. 그러나 중공군은 수적으로 미군을 우선 크게 압도했다. 이튿날인 28일 사단장의 결단에 따라 미 해병사단의 후퇴가 시작됐다. 혹독한 겨울 날씨 속의 고난에 찬 행군이었다.

강추위와 눈보라 속 격전

비행기 활주로를 만들다

장진호 서쪽에 있는 유담리는 미 1해병사단이 진출한 전선이었다. 이곳에서 후방으로 차례대로 있는 곳이 하갈우리, 그로부터 다시 후방으로 내려오면 고토리가 있다. 미 해병대는 원산으로 상륙한 뒤 장진호 방면으로 병력을 전개하면서 고토리~하갈우리~유담리 선을 따라 진출했다.

미 1해병사단의 사단장 스미스 소장은 나아가면서도 물러설 때를 상정해 자신이 지휘하는 병력을 보전할 줄 알았던 지휘관이었다. 그점에서 그의 안목, 경륜은 탁월했다. 그는 특히 병력 집결지로서 후방기지 역할을 할 수 있는 곳으로 하갈우리를 꼽았다.

원산으로 상륙하면서 이끌고 온 사단 중장비를 동원해 스미스 소장은 하갈우리에 비행장을 우선 만들었다. 지나오는 길의 주요 경로에는 일부 병력을 잔류시켰다. 모두 물러설 때를 대비한 노련한 포석布石이었다. 당시의 정황으로 볼 때 중공군의 참전 가능성은 분명했다. 비록 맥아더 장군의 도쿄 유엔군총사령부가 중공군 1차 공세를 본격적인 참전이 아닌 탐색전 정도의 수준으로 간주하고 있었음에도, 전선곳곳에서 드러난 징후는 달랐다.

낙엽 하나에 가을이 왔음을 알아차리는 사람이 있다. 온 산의 수

많은 잎사귀가 물기를 잃어 시들어갈 때도 가을이 왔음을 깨닫지 못하는 사람이 있다. 전선의 지휘관은 징후를 무시할 수 없는 위치에 있는 사람이다. 천 번 만 번을 경계해도 조그만 틈새를 비집고 들어온 위기의 칼끝은 사람을 늘 겨누기 마련이다.

막대한 병력과 화력, 장비를 이끌고 죽느냐 사느냐를 다투는 전선의 지휘관은 따라서 그런 위기의 조짐에 늘 대비하면서 절치부심해야 하는 법이다. 스미스 소장은 그런 점에서 탁월한 전선 지휘관이라고 해도 좋을 장군이었다. 그는 용의주도했고 면밀했다.

이른 강설降雪, 살을 에는 듯한 강추위에 아랑곳하지 않은 채 먼 길을 이끌고 온 중장비를 동원해 하갈우리에 비행장을 닦은 스미스 소장의 판단은 탁월했다. 그는 낯선 곳으로 진출하는 군대의 지휘관답게 혹시 몰아닥칠지도 모를 최악의 상황을 미리 염두에 뒀던 것이다.

그로써 미 해병은 느닷없는 적군의 출현, 예상치 못한 상대의 공세, 거스를 수 없는 지형과 추위에 시달려 후퇴하더라도 피해를 최소화하면서 물러날 방도를 마련할 수 있었다. 아울러 지나왔던 요로要路 곳곳에 아군의 병력 일부를 잔류시킴으로써 퇴로退路의 줄기를 세울 수 있었다는 점은 정말 다행이었다.

혹독한 추위

길은 미끄럽고 야전삽으로 파는 땅은 꽁꽁 얼어붙었던 상태였다. 낯선 땅으로 행군하는 미 해병대에게는 아주 불리한 환경이었다. 진출한 곳에 진지陣地를 만드는 일 자체가 아주 곤란했다. 기록에 따르면 당시 장진호 일대의 땅은 지표로부터 35㎝가 얼어 있었다고 했다. 강설로 인한 적설량은 많게는 60㎝에 달했다고 했다.

강한 서북풍이 불면 눈이 날렸고, 시선을 가로막는 눈보라도 심했다고 한다. 바람과 함께 눈보라가 휘몰아치는 날에는 시계視界가 15m에 지나지 않았다는 것이다. 길을 오가는 미군 차량이 원활한 운행을 할 수 없었고, 사병들은 진출한 곳에 진지를 파기 위해 폭약으로 언 땅을 깨뜨렸지만 몸을 가릴 만큼의 참호 구축에는 실패했다.

그 점에서 중공군도 예외일 수는 없을 것이다. 그러나 그들은 우선 수적으로 미 해병사단을 압도했다. 아울러 모진 추위를 참아가며 부지런히 길을 걸어 장진호의 유담리는 물론, 미군의 후방지역인 하갈우리 일대를 포위하고 있었다. 문제는 미군에게 더 겹쳤다.

미 1해병사단 스미스 소장이 1950년 11월 장진호로 진격하면서 하갈우리에 만든 비행장으로 미군 수송기가 물자를 실어온 뒤 하역하고 있다. 비행장은 미 해병사단의 후퇴에 결정적인 기여를 했다.

탄약의 폭발이 불발로 이어지는 경우가 많았기 때문이었다. 미군은 강력한 무기체계와 막대한 화력으로 적을 제압하는 개념의 군대였다. 장비도 탁월했지만 우선은 강력한 화력이 큰 장점이었다. 그러나 장진호에서는 경우가 조금 달랐다. 지나칠 정도의 추위 속에서 탄약의 불발이 잦아지면서 강력한 화력으로 버텼던 전술상의 우위가 사라질 수 있었기 때문이다.

쇠붙이에 한 번 손을 잘못 대면 그곳에 손이 얼어붙을 정도의 추위였다. 식량도 문제였다고 한다. 꽁꽁 얼어붙은 음식을 허겁지겁 먹어야 했던 전투 환경에서 장병들은 배탈을 계속 앓아야 했기 때문이다. 싸움도 환경이 받쳐줘야 하는 법이다. 이런저런 점을 다 따져볼 때 1950년 11월 말 장진호에서 벌어졌던 전투는 최악의 수준이랄 수 있었다.

11월 27일 아침 하갈우리에서 공격을 펼쳐갔던 미 해병대의 초반 전투는 순조로웠다. 유담리까지 진출하는 데는 성공했지만 그 뒤가 문제였다. 오후에 접어들면서 중공군의 반격이 점차 강도를 더 해갔다. 중공군은 79사단, 89사단, 59사단이 전면에 등장했다. 이들은 북쪽과 서쪽, 그리고 하갈우리와 유담리를 잇는 후방의 능선에서 공격을 펼쳤다.

이튿날인 11월 28일 미 1해병사단의 스미스 소장은 진격을 포기했다. 미 10군단장 알몬드 소장이 지시한 강계로의 진출을 포기하고 후퇴를 결심했던 것이다. 전면에 등장하는 중공군의 숫자가 워낙 압도적이라고 판단했기 때문이었다. 이 시점도 적절했다. 우선 하늘이 내리는 때, 천시天時는 강추위와 적지 않은 강설로 인해 불리했다. 지형에서의 이점, 지리地利도 미군에게 따르지 않았다.

그러나 미군의 후퇴는 생각만큼 만만치 않았다. 길이 미끄러워 기동이 쉽지 않은데다가 중공군의 공격이 끊임없이 밀려드는 파상_{波狀}의 형태를 보이고 있기 때문이었다. 11월 30일에는 도쿄의 유엔군총사령부로부터 공식 철수 명령이 떨어졌다. 서부전선을 비롯한 전선 모두에서 대규모의 중공이 출현하고 있었고, 전선의 대부분이 밀리는 형국을 보였던 까닭이다.

미 해병대의 전우애

그에 따라 유담리에 진출했던 미 1해병사단 5연대와 7연대가 철수를 시작했다. 그러나 첩첩산중이었다. 중공군은 이미 병력을 우회해 유담리의 후방인 하갈우리와 고토리로 접근하고 있었기 때문이다. 모든 병력은 우선 함흥과 흥남으로 후퇴해 집결하는 게 목표였다.

후퇴로는 험악하기만 했다. 중공군은 곳곳에 매복해 있다가 미 해병대를 노리면서 달려들고 또 달려들었다. 정식으로 사단장에게 철수 명령을 받은 뒤 미 1해병사단의 5, 7연대가 유담리 남쪽으로부터 후방인 덕동 고개라는 곳까지 이르는 데도 상당한 시간을 거쳐야 했다.

육군본부의 기록에 따르면 유담리에서 하갈우리까지 미 해병대가 이동했던 시간은 77시간이었다. 30km에도 미치지 못하는 그 거리를 3일이 넘는 시간 동안 움직여야 했던 셈이다. 사방팔방에서 다가서는 중공군과 싸우고 또 싸워야 했던 까닭이다. 1km를 가는 데 3시간 반의 시간이 걸렸던 것이다. 전사자는 164명, 실종은 55명, 부상자 921명 등 모두 1,140명의 전투력 상실이 생겨났다.

이 싸움에서 눈여겨 볼 대목이 하나 있다. 미 해병대는 제 몸조차 가누기 힘들고 어려웠던 환경 속에서 들것에 실린 부상자 600여 명의 전우를 모두 옮겼다는 점이다. 밤낮을 가리지 않고 줄곧 벌어지는 가혹한 추위와 동상凍傷의 전쟁터 속에서 움직이기가 불가능한 부상 전우를 옮기는 일은 말처럼 쉽지 않다. 적 앞에서 한 몸으로 뭉치는 부대의 전우애가 있지 않고서는 불가능한 일이다.

부상자만 옮긴 것도 아니라고 한다. 미 해병대는 전쟁터에서 숨진 전우들의 시신도 옮겼다. 군화의 발목 부위를 잡고 끌고 오거나, 차량에 싣지 못할 경우에는 자주포의 포신砲身에 전우의 시신을 매달아 옮길 정도였다는 것이다.

하갈우리에는 미 1해병사단의 사단본부가 있던 곳이었다. 그러나 이곳에도 중공군은 지속적으로 공격을 펼쳤다. 가까스로 사단본부가 있는 하갈우리를 지켜냈지만 문제는 그곳으로부터 후방으로 철수하는 일이었다. 가장 심각했던 점은 이미 해병대의 전상자들이 넘쳐나고 있었다는 사실이다.

12월 6일 하갈우리를 떠나 흥남으로 향하는 철수작전이 벌어졌다. 병력은 약 1만 명, 피난민은 1,000명 정도, 아울러 길에는 1,000대 정도의 트럭 등 차량이 움직여야 했다. 그런 혼란스러운 상황에서 4,300명에 달하는 부상자 운반이 심각한 문제의 하나였다. 결코 두고 갈 수는 없는 전우들이었다.

미리 닦기 시작했던 하갈우리의 비행장 활주로가 어떻게 보면 이 심각한 문제를 해결할 유일한 법보法寶였다. 그러나 공정이 40% 정도에 불과했다. 그럼에도 달리 방법이 없었다. 미 해병사단은 공군과 연락해 부상자를 실어 나를 수 있는 대형 수송기 C-47을 착륙시켜 보기로 했다.

항공로 후퇴를 거부했던 미 해병사단장

항공 후퇴로가 뚫리다

미 1해병사단 지휘관 스미스 소장의 절치부심이라는 지성至誠이 통했는지, 미 공군이 보낸 C-47은 무사히 하갈우리 활주로에 안전하게 내려앉을 수 있었다. 장진호의 가혹한 겨울 추위, 수적으로 압도적 우세를 보이고 있는 중공군의 공격에서 미 해병대가 비교적 순탄하게 후퇴할 수 있는 서광曙光이 잠시 비쳤다. 그러나 흥남으로 갈 길은 아직 멀고도 어둡기만 했다.

1950년 12월 강추위와 많은 적설積雪 속에서 압록강을 넘어온 중공군 대군大軍에 둘러싸여 사투死鬪를 거듭해야 했던 미 해병대는 사실 고래로부터 잔혹하게 벌어졌던 한반도 군대와 외적外敵의 싸움터 한복판에 서 있었다. 이곳 또한 앞서 지나왔던 서부전선의 평안북도 운산, 안주 등과 함께 한반도의 군대가 밖으로부터 경계를 넘어섰던 외부의 적과 늘 싸우던 지역이었다.

해병대는 흥남으로 철수하기 위해 우선 황초령黃草嶺을 넘어 남쪽으로 내려가야 했다. 해발 1,200m 높이의 황초령은 험준한 부전령赴戰嶺 산맥의 남쪽 끝에 해당한다. 이곳을 넘어야 함흥과 흥남, 원산으로 내려올 수 있다. 갔던 길을 되돌아오는 코스였던 셈이다.

부전령산맥 자체가 사실은 함경남도의 지형을 크게 둘로 가르는 분계선分界線에 해당했다. 함경남도 해안가 지역의 평원과 산맥을 서북쪽으로 넘었을 때 펼쳐지는 개마고원의 중간 가름 장벽이라는 얘기다. 이 산맥을 경계로 해안가의 함경남도 지역은 평원, 서북쪽은 험준한 지형의 개마고원이다.

부전령산맥의 이름 자체가 싸움터를 향해 달린다는 뜻의 부전赴戰이다. 황초령의 동북쪽에는 1,355m 높이의 부전령赴戰嶺이 있고, 그 동북쪽에 다시 1,676m의 금패령禁牌嶺이 버티고 있다. 이 세 고개를 넘어 함경남도 동남쪽의 해안가 사람들은 부전령 서북쪽의 개마고원 지대로 향한다. 세 고개는 그래서 다 유명하다. 세 고개 모두 함경남도에서 서북쪽으로 진출하는 중요한 길목이었기 때문이다.

특히 두만강과 압록강을 넘어 이곳으로 진출하려 했던 외부의 적에 맞서 싸우기 위해 한반도의 군대는 이곳에서 싸움터를 향해 달려갔던 모양이다. 그래서 얻은 이름이 부전령이었을 것이다. 그런 점을 감안하면 이곳 또한 고래로부터 격렬한 싸움이 불붙었던 땅이라고 봐도 무방했다.

미 1해병사단은 황초령을 넘기 위해 하갈우리를 떠나 남쪽의 고토리에 집결해야 했다. 그런 과정이 순탄했을 수 없었다. 압도적인 숫자로 다가섰던 중공군의 대규모 병력이 일찌감치 하갈우리와 고토리를 잇는 전선 곳곳에 매복해 있었기 때문이었다. 따라서 미 1해병사단의 후퇴 또한 사투가 줄곧 이어지는 험난한 여정이었다.

어려운 길을 택하다

그럼에도 하갈우리에 이어 유담리로 진출했던 미 1해병사단의 사단장 스미스 소장은 일찌감치 사단 본부가 있던 하갈우리에 서둘러 비행장 활주로를 닦았다. 동토凍土의 얼음장 같던 지표면을 닦아 채 이루지는 못했어도, 이 비행기 활주로는 미 해병대의 후퇴에 결정적인 역할을 할 수 있었다.

당시로서는 대형 수송기였던 C-47을 불러 내릴 수 있었기 때문이다. 대형 수송기가 활주로를 통해 내려앉을 수 있다는 점은 절체절명의 위기 속에서 병력 모두를 안전하게 건질 수 있다는 얘기와 같았다. 특히 미 해병대는 4,000여 명에 달하는 부상자를 옮기는 데 이 공중 수송로를 활용할 수 있었다.

미 해병대가 적을 두고 잠시 물러서서 가야 할 길은 아주 멀고 험난하기만 했다. 그럼에도 전우애戰友愛에 충실한 미 해병대원들은 부상한 동료들을 그대로 두고 갈 수 없었다. 따라서 이들을 옮겨야 했던 해병대원들의 전투력은 크게 떨어질 수밖에 없었다. 하갈우리 비행장에 도착했던 C-47 수송기는 이런 문제의 해결에 결정적인 수단이었다.

그러나 문제는 또 남았다. 중공군이 곳곳에 매복함으로써 고단한 전투를 벌이며 흥남으로 후퇴하는 미 해병사단이 육로로 계속 험난한 길을 가야 하느냐, 아니면 수송기를 통해 보다 편안하게 후퇴하느냐를 선택하는 문제였다. 해병사단 모두에게는 수송기에 탑승해 전선으로부터 벗어나는 일이 훨씬 쉬웠다.

그러나 그럴 경우에는 전선에 진출하면서 자신들이 이끌고 왔던 수많은 장비와 물자를 포기해야 했다. 병력을 안전하게 후퇴시키는 대신 아주 값비싼 대가를 치러야 하는 점이 문제였다. 당시 수송기를 운용하던 미 공군에서는 해병사단장 스미스 소장에게 그런 후퇴방법을 제안했다고 한다.

그러나 스미스 소장은 이를 거부했다고 한다. 미 해병대의 역사에 그런 불명예스러운 후퇴는 있을 수 없다는 이유를 댔다는 것이다. 항공으로 철수한다고 해도 적의 공격을 막기 위해 적어도 2개 대대를 잔류시켜야 한다는 점도 한 이유였다고 한다. 게다가 미 해병대를 따라 남쪽으로 움직이려는 피난민의 문제도 무시할 수 없다고 했다.

당시 미 해병사단을 따라 장진호 일대로 진출한 사람들 중에는 외신 종군기자들이 많았다. 그런 이유 때문인지 미 해병사단의 고투苦鬪는 미국은 물론이고 전 세계에 자세히 알려졌다. 잔혹한 추위의 사지死地에 몰렸고, 수를 헤아리기조차도 어려울 정도로 몰려든 낯선 중공군의 포위에 갇혔던 미 해병사단의 분투는 현지에 있던 종군기자들의 필설筆舌에 실려 서방세계에 전해졌다.

1950년 11월 장진호 진출에 나섰다가 후퇴로에 접어들었던 미 1해병사단이 습격해오는 중공군에 반격을 가하고 있다.

"후퇴가 아닌 새로운 공격"

항공편 철수를 거절했던 스미스 소장은 그런 말도 했다고 한다. "사단은 후퇴하는 것이 아니다. 후방의 적을 격멸하고 함흥까지 진출하기 위해 새로운 방향으로 공격에 나서는 것이다"는 내용이다. 하갈우리에 이어 고토리, 다시 황초령을 남쪽으로 넘기 위해 철수준비를 하던 해병사단 장병들에게 내린 훈시였다.

하갈우리에 여러 노력을 기울여 닦은 비행기 활주로 덕분에 미 해병사단은 그동안의 전투에서 부상을 당해 스스로 발걸음을 옮길 수 없었던 동료들을 비행기에 태웠다. 그로써 손이 가벼워진 미 해병사단의 나머지 장병들은 12월 6일 새벽 집결명령 지역이었던 흥남을 향해 움직이기 시작했다.

개마고원의 험준한 산악지대 곳곳을 누비며 남하했던 중공군 병력은 그러나 이미 미 해병사단의 철수로 곳곳에 몸을 숨기고 있는 상태였다. 기록에 따르면 중공군 20군(군단)이 철수로를 차단하면서 공격을 펼칠 준비에 들어갔고, 후방에 예비로 뒀던 26군이 미 해병대 철수병력의 후미後尾를 따라 공격을 벌일 계획이었다고 한다.

사단장 스미스 소장은 결연하게 후퇴에 나섰다. 그의 말대로 적의 공세에 밀려 그저 뒤로 물러나는 것이 아니라 새로운 공격의 개념으로 나선다는 자세였다. 그럼에도 중공군 공격은 집요해 미 해병사단의 철수로 곳곳을 막았다. 육군본부가 펴낸 전사戰史에 따르면 첫날 미 해병사단의 철수는 결코 순조롭지 못했다.

후퇴에 들어선 뒤 얼마 지나지 않아 중공군 공세가 벌어졌고, 6일 밤 10시가 넘어서야 비로소 선두 부대가 하갈우리 남쪽 5㎞ 지점에 도착할 정도였다. 이어지는 협곡은 철수부대로서는 높은 경계심을 지녀야 하는 길목이기도 했다. 중공군은 그런 협곡 지형 곳곳에 매복해 공격의 기회를 노리고 있었다.

이튿날 새벽 선두부대가 겨우 고토리에 진입하는 데 성공했다. 뒤를 따랐던 후속 부대 또한 천신만고 끝에 고토리에 당도했다. 피난민 1,000여 명과 함께였다. 그러나 해병사단은 100여 명의 전사자, 506명의 부상자가 생겼다. 피를 말리는 후퇴작전이었다. 그럼에도 미 1해병사단은 또 하나 큰 난관에 봉착하고 말았다. 후퇴가 성공하느냐, 좌절하느냐를 가르는 중요한 고비였다.

중공군은 추격전에서 실패했다. 미 해병사단은 비록 적지 않은 사상자를 냈지만 중공군의 매복 지역을 뚫고 고토리에 일단 집결하는 데 성공했기 때문이다. 따라서 중공군 지휘부의 독촉과 성화도 당시 상황에서는 제법 대단했을 것으로 보인다.

그러나 고토리에 도착할 무렵의 미 해병사단 장병들은 기진맥진한 상태였다. 마지막 관문인 황초령을 넘어서기 위해서는 눈물과 피로 나서야 하는 또 다른 고투苦鬪가 기다리고 있었다. 중공군이 이미 차지하고 있는 큰 고개를 돌파해야 하는 일이 우선이었다. 더 큰 문제는 협곡을 건너는 다리가 그대로 끊어진 채 있었다는 점이었다. 흥남으로 가는 길은 아직 험난하기 짝이 없었다.

그럼에도 해병사단 장병들은 길에 나섰다. 중공군이 차지하고 있던 1081고지를 향해 공격을 벌였고, 마침내 거센 화력을 동원해 길을 뚫었다. 고지를 차지하고 있던 중공군은 해병대원의 공격에 밀려 고지에서 도망쳤다. 중공군에게도 황초령 일대의 강추위는 여지없이 파고들었다.

중공군 좌절시킨 미군의 보급

한계 드러낸 중공군

영하 40도에 두텁게 내려앉은 강설降雪. 후퇴로는 모두 고지高地를 지나야
했던 까닭에 추위는 깊었고 지표를 뒤덮은 눈은 단단했다. 상대방과
의 싸움에 앞서 이런 추위와 눈을 이겨야 했던 게 당시 미군과 중공군
이 당면한 큰 과제였다. 그럼에도 서로의 공방전은 모질게 이어졌다.

지형 때문에 생기는 애로隘路는 도처에 있었다. 협곡의 지형으로 길
은 계속 좁아진 채 이어졌고 그 중간 어딘가에 미리 매복한 중공군이
나타날 경우 싸움은 여지없이 불붙었다. 고토리에서 황초령을 넘어서
면 진흥리라는 곳이 있었다. 그 진흥리를 향해 후퇴하던 미군은 황초
령 고개의 애로에서 다시 한 번 걸음을 멈춰야 했다.

미 1해병사단을 꺾기 위해 7개 사단을 동원한 중공군은 이미 황
초령 일대에 매복한 상태였다. 미 1해병사단의 퇴로를 막아서기 위해
깊고 어두운 개마고원 지대를 줄곧 남하한 뒤 험준한 황초령 인근의
1081 고지에 다가서서 몸을 숨긴 상태였다. 따라서 미 해병사단은 이
곳을 먼저 점령해야 했다.

고지를 탈환하지 못한다면 사단의 본대가 황초령을 넘을 때 막심
한 인명피해를 감내해야 했기 때문이다. 먼저 이곳에 도착한 부대는
미 1해병사단 제 1연대 제 1대대였다. 몇 차례의 공격을 시도해도 고

지는 좀체 해병대의 수중으로 들어오지 않았다. 그러나 중공군 매복에도 한계가 있었던 모양이다.

날씨가 너무 추웠던 까닭이었을 테다. 영하 40도가 넘는 강추위에 충분한 동계 복장과 장비, 물자를 지니지 못한 채 매복을 하는 일은 사실 초인적인 인내력을 동반해야 했다. 중공군에게는 그런 강추위 속의 오랜 매복을 이겨낼 만한 물자와 장비가 부족했다. 소련에서 급히 만든 고무 운동화, 두터운 누비옷 정도가 중공군 각 장병에게 주어진 전부였다.

미숫가루 1주일 분량의 식량을 지녔기 때문에 이동은 재빨랐는지 몰라도 강추위 속에 몸을 보전할 만한 영양식은 꿈조차 꾸기 어려운 형편이었다. 그런 부실한 복장과 장비, 매우 불량한 영양 상태로 며칠 동안 영하 40도 이하로 내려가는 황초령과 개마고원의 추위를 이겨내며 매복을 견딜 사람은 많지 않았을 것이다.

그 점은 미 해병사단 본대가 도착하기 전 1081 고지를 점령해야 했던 1연대 1대대 해병대원들에게는 아주 다행이랄 수밖에 없었다. 강력한 화력을 동원해 몇 차례 공격을 벌이다 실패했으나 1대대 해병대원들은 결국 1081 고지를 점령하는 데 성공했다. 고토리에서 이동한 미 해병사단 본대가 황초령 초입에 발을 들여놓기 직전이었다고 한다.

800피트 상공서 던진 교량

기록에 따르면 황초령 일대에 매복했던 중공군의 상당수가 꽁꽁 얼어붙은 시체로 그냥 땅바닥에 나뒹굴고 있었다고 한다. 설령 얼어 죽지 않았더라도 대부분의 중공군 장병은 오랜 이동과 긴 매복, 밤이면 영하 40도 이하로 내려가는 강추위 속에서 거의 전의戰意를 상실했다고 한다.

그러나 고개 너머 남쪽의 진흥리에 진입하기 위해서는 다른 관문이 또 버티고 있었다. 수문교라고 하는 다리였다. 이곳은 원산으로 상륙해 장진호를 향하던 미군이 넘어선 뒤 끊어진 상태였다. 협곡에 놓인 다리여서 장비와 물자를 끌고 이동하는 미 해병대원에게는 달리 우회로가 없어 반드시 지나야 했던 곳이다.

미 1해병사단이 보여준 1950년 12월 크리스마스 공세 때의 장진호 지역 전투에서 사람들의 입에 자주 오르내리며, 아울러 현대전의 전쟁 양상 중 핵심 개념을 보여주는 장면이 이 끊어진 다리를 해병대원들이 어떻게 극복했느냐는 과정에서 등장한다.

중공군은 이 수문교를 폭파하는 데 일단 성공했다. 미 1해병사단의 후퇴로를 절단하기 위한 작전이었다. 고토리 남쪽 6km 지점에 있는 다리의 이름은 수문교. 전장 450m 구간 중 일부를 중공군이 끊는 바람에 미 해병사단은 어떻게 해서든지 다리를 복구하는 데 힘을 집중할 수밖에 없었다. 그러나 자재가 있을 턱이 없었다. 급한 후퇴의 과정에서 다리 복구를 위한 자재와 설비를 챙길 수 없었기 때문이었다.

미 1해병사단이 이 다리를 복구하지 않는다면 문제는 여러모로 심각해졌다. 병력을 이동시키는 과정이 우선 큰 어려움에 봉착하지 않을 수 없었고, 다른 무엇보다 40대를 웃도는 전차와 1,400대에 달하는 차량을 적진敵陣에 그대로 남겨

둘 수밖에 없었기 때문이다.

　유일한 방도는 조립교를 미 공군이 옮겨오는 일이었다. 거대한 공수空輸작전이었던 셈이다. 미 1해병사단 공병대대장은 흥남에 있는 공병창工兵廠에 연락해 수문교의 끊어진 다리를 복구할 수 있는 조립교를 공수해 달라고 요청했다. 그러나 말처럼 쉬운 작전은 아니었다.

1950년 장진호 전투에서 미 해병대의 후퇴로가 중공군의 다리 폭파로 끊겨야 했던 구간의 모습. 이를 넘어서기 위해 대규모 공수작전이 벌어졌다.

도쿄에 있던 유엔군총사령부는 기술진을 흥남에 급파했다고 한다. 기술적으로 상당한 노하우를 필요로 하는 작전이었기 때문이다. 험준한 산악지대를 향해 막중한 교량 자재를 투하하는 일이었다. 공중에서 투하하는 자재와 설비는 땅에 닿는 순간 발생하는 충격으로 부서지기도 쉬웠다. 조밀한 산악지형이라서 정확한 투하지점을 잡아내는 일도 결코 쉽다고 할 수 없었다.

그러나 미군의 움직임은 매우 신속하고 정교했다. 투하 때의 충격으로 자재와 설비가 부서지는 상황을 감안해 미군은 모두 8개의 조립교 자재를 준비했다고 한다. 이어 C-119 수송기에 자재와 설비를 실은 뒤 800피트 상공에서 준비해 간 8세트의 조립교 자재와 설비를 투하했다.

밤중에 넘어선 황초령

기록에 따르면 조립교 세트 중 1개는 적진에 떨어졌다고 한다. 1개는 땅에 닿는 순간의 충격으로 부서졌다. 8개 중 6개가 결국 황초령을 넘어서려는 미 1해병사단의 수중에 들어왔다. 그에 따라 미 1해병사단 공병대대는 긴급 보수에 나섰고, 12월 9일 오후 3시 경 다리 복구를 끝낼 수 있었다.

현대전은 강한 화력, 장병들의 정신력과 전투력에만 의해 벌어지지 않는다. 대규모의 물자를 전선 곳곳에 투입하는 능력, 즉 보급의 문제가 현대전쟁의 승부를 가르는 중요한 변수다. 그에 못지않게 현대전은 '공병전工兵戰'으로도 부를 수 있다.

공병의 업무는 병력이 이동하는 하천과 산악에 먼저 다가가 이동로를 닦는 일이다. 아울러 후방의 보급로 개척과 보수 또한 공병의 몫이다. 병력의 전진前進이 어려운 곳에 먼저 강력한 장비로 길을 터주는 일도 그의 역할이다. 보급을 신속하게 펼치기 위해 비행장을 닦아 공로空路를 통해 병력과 물자를 이동시키는 일도 공병의 업무다. 상륙작전 때 상륙 주정舟艇을 동원하고, 끊어진 물길을 잇기 위한 부교浮橋 설치도 그의 일에 속한다.

따라서 공병은 현대전에서 결코 빼놓을 수 없는 존재다. 어느 경우에는 공병의 활약 여부에 따라 현대 전쟁의 승패가 쉽게 갈리기도 한다. 공병의 운용은 따라서 그 군대를 지니고 있는 국가의 이면裏面 실력을 엿볼 수 있는 가늠자이기도 하다. 미군은 그런 점에서 매우 강했다.

수문교 자재와 설비를 신속하게 현지에 투입하는 일은 훈련에 훈련을 거쳐야 가능한 일이었다. 미군은 전쟁의 여러 수요에 대비해 그런 훈련을 반복해서 실시했던 셈이고, 결국 퇴로 상의 매우 엄중한 기로岐路에 놓여있던 미 1해병사단에게 조립교의 자재와 설비를 성공적으로 투하할 수 있었던 것이다.

중공군의 '체력'은 이미 바닥을 보이고 있었다. 그런 상황에서 수문교 복구를 위해 미군은 매우 인상적이면서도 입체적인 작전 수행능력을 보여줬다. 수문교 인근에 매복 중이던 중공군은 그런 상황을 지켜보면서 사기가 떨어졌을 법하다. 수문교는 신속하게 이어졌고, 마지막으로 공격을 펼치려던 중공군은 미 1해병사단 7연대 1대대의 반격으로 속절없이 물러나고 말았다.

미 해병사단의 수많은 차량과 전차는 다리 위에 선 유도병의 안내를 받으면서 12월 9일 밤중에 수문교를 지날 수 있었다. 중공군은 의외로 이 시점 이후부터는 제대로 공격을 펼치지 못했다. 미 1해병사단은 험난한 고개였던 황초령을 통과했고 결국 무사히 진흥리에 진입할 수 있었다.

중공군은 늘 같은 패턴을 보이고 있었다. 초반의 공세가 변칙적이면서 화려했고, 또 강했으나 결국 뒷심이 부족했다. 물자와 장비, 화력의 부족 때문이었다. 공격에 실패해도 줄곧 단일한 공로攻路에 집착하는 점도 드러났다. 차분하게 들여다보면 중공군의 밑천이 드러날 수도 있는 대목이었다. 그러나 시간과 여유 부족이 당시로서는 문제였다.

5만 중공군 전투력 상실

스미스 미 해병사단장

순탄한 길에 들어서면 앞으로 나아가는 여정은 수월하게 풀리기 마련
이다. 굽이가 많아 형편이 좋지 않은 길에 들어서면 나아가는 일은 많
은 곤란에 닿는다. 생활 속에서의 많은 경우가 대개 그렇다. 전쟁에서
도 그런 상황은 마찬가지다.

1950년 11월 말에 벌어진 유엔군의 크리스마스 대공세, 중공군이
그를 맞아 벌인 2차 대공세의 상황에서도 그랬다. 아군의 전체 대오
는 굽이가 많아 꼬임이 자주 빚어지는 길에 들어섰던 모양이다. 우선
주변을 에워싼 큰 흐름, 형세形勢의 읽기에서 실패했다는 점이 무엇보
다 먼저 눈에 띈다.

중공군의 대규모 병력이 한반도 북부 낭림, 적유령, 묘향, 강남산
맥 등에 가득 들어차 호시탐탐 아군의 진출을 기다리고 있었다는 점
을 간과했다. 아울러 그들이 지닌 전투력을 보잘 것 없는 수준이라고
판단하는 우를 범하고 말았다. 날씨는 한반도 북부를 일찍이 감싸버
리는 강추위로 이어졌고, 부산으로부터 올라오는 보급선은 작전상의
판단 착오와 적군이 설치한 장벽에 흔들리면서 불안한 모습을 보이
고 있었다.

그런 전체 상황 속에서 고전에 고전을 거듭하면서도 장진호 일대

로부터 병력을 무사히 이끌고 내려온 올리버 스미스 미 1해병사단장을 거론하지 않을 수 없다. 그는 맥아더 장군이 이끌었던 제2차 세계대전 중의 태평양 전쟁에서 용감한 전투력을 과시했던 장군이다. 팔라우 전역戰役에서도 격렬하기로 유명했던 펠렐리우 전투를 이끌었고, 일본군의 최후 저항으로 참담한 피해를 감수해야 했던 오키나와 전투도 일선에서 지휘했다.

쌍방이 모두 혹심한 피해를 입었던 펠렐리우 싸움에서 결코 꺾이지 않는 집념으로 일본군을 몰아냈던 전쟁터의 지휘관답게 그는 야간이면 영하 40도까지 내려가는 장진호 일대의 강추위, 짐작키 어려운 병력과 전법으로 포위와 매복 및 우회를 거듭하는 낯선 군대 중공군에 맞서 싸웠다.

장진호 전투에 앞서 그가 한국 전선에서 몸을 드러냈던 장소는 바로 인천이었다. 인천상륙작전의 선두로 월미도에 먼저 상륙했던 미 해병대의 지휘관이었으니 그는 이름을 떨칠 법도 했다. 그러나 스미스 소장은 그 뒤에 벌어진 작전 판단의 혼선으로 이름이 잘 알려지지 않고 말았다.

서울 탈환을 마친 미 해병사단을 원산으로 다시 상륙시키도록 한 맥아더 사령부의 작전지시 때문이었다. 거의 한 달이 지나 원산으로 다시 상륙한 미 해병사단에게는 달리 넘어야 할 산이 많았다. 서북부의 험준한 개마고원 일대로 진출하면서 속도까지 붙여야 한다는 지시가 내려왔기 때문이다.

맥아더 사령부는 당시 한반도 전쟁 지휘권을 양분했다. 서부전선은 월튼 워커 미 8군 사령관, 동부전선은 맥아더 참모부에 있다가 한국에 온 미 10군단장 에드워드 알몬드 소장에게 맡겼다. 그러니까, 미

1해병사단장 스미스 소장은 알몬드 소장의 10군단 예하로 배치를 받았던 셈이다.

미 10군단장 알몬드

앞에서도 소개했던 『The Coldest Winter』라는 책에는 알몬드 소장에 대한 극히 부정적인 평가가 많이 나온다. 맥아더 사령부를 매우 비판적으로 바라보는 저자의 시점 때문이다. 그에 따르면 알몬드 소장은 전선 자체를 잘 이해하지 못하는 지휘관이다. 전선 지휘관으로서 현장에서 드러낸 개인적 사치와 방만함도 지적했다. 그러나 책의 모든 비판에는 선뜻 다 동의할 수는 없다.

그는 나름대로 유럽 전선에서 활약했던 장군이다. 비록 전과戰果가 대단하다고는 할 수 없더라도 전선 자체를 이해하지 못하는 지휘관이랄 수는 없다. 그 역시 6.25전쟁에 참여했던 대다수의 미군 지휘관들처럼 한국의 상황, 중공군의 개입 징후 등에 밝지 못했다.

맥아더 참모부의 출신이라서 그곳으로부터 내려오는 명령에 충실할 수밖에 없기도 했다. 따라서 그 또한 맥아더 사령부의 참모들처럼 전쟁을 쉽게 끝낸다는 확신, 그로써 신속한 공격을 가해야 한다는 강박에 사로잡혔던 듯하다. 그런 알몬드 군단장과 비교할 때 스미스 소장의 전투태세는 훌륭했으며 매우 탁월했다.

그 점은 뒤에 다시 소개할 기회가 있을 것이다. 아무튼 그의 탁월한 지휘력으로 인해 미 1해병사단은 황초령을 남쪽으로 넘어 진흥리에 안착했다. 길고 험악했던 전투였다. 그로써 중공군 9병단의 발길이 결정적으로 묶이고 말았다. 미 1해병사단, 그 우익을 담당했던 미 7사단의 거듭 이어진 분투로 인해 물이 밀려날 때처럼 혼란스러울 수 있

인천상륙작전 뒤 유엔군 총사령관과 악수를 나누고 있는
미 1해병사단 스미스 소장(왼쪽).

었던 후퇴 상황은 숨을 고르면서 차분하게 벌어질 수 있었다.

중공군의 공세가 멈칫거리기 시작하면서 미 10군단장 알몬드는 침착하게 함흥 일대의 전선을 안정시킬 수 있었다. 후퇴한 미 1해병사단, 미 3사단, 미 7사단, 그리고 함경도 동해안 일대를 따라 북상했던 한국군 1군단을 동원해 함흥에다가 비교

적 짜임새 있는 교두보를 구축하는 데 성공했던 것이다.

한국군 1군단을 포함해 흥남 부두를 통해 철수시켜야 했던 병력만 10만 명이 넘었다. 차량은 모두 1만 8,000여 대, 적에게 남겨둘 수 없어 옮겨야 할 각종 물자는 3만 5,000톤이었다. 교두보를 구축해 적인 중공군의 발길을 묶는 것 외에 결코 쉽지 않은 대규모의 철수작전이 필요했던 상황이었다.

당초 미군이 철수작전을 서두르면서 배를 이용해 옮기려고 했던 민간인은 아주 적은 숫자에 불과했다. 이 절체절명의 고비에서 김백일 1군단장 등 여러 사람이 "피난민을 그냥 두고 갈 수 없다"는 진언을 알몬드 군단장에게 했고, 그는 결국 이를 수용했다. 그로써 10만에 달하는 아군 병력, 그와 비슷한 규모의 피난민, 그리고 대량의 장비와 물자가 함께 부두를 떠나는 '흥남 철수작전'이 펼쳐졌던 것이다.

그 작전이 남긴 풍부한 휴먼드라마는 지금까지 사람들의 입에 오르내릴 정도로 감동적이기 짝이 없다. 전쟁의 참화를 피하기 위해 목숨을 걸고 남행길에 오른 피난민들의 눈물 젖은 스토리 또한 아무리 읽어도 늘 감동적이기만 하다.

전투력 상실한 중공군

많은 사람의 피와 눈물, 땀이 섞인 노력이 있어서 가능했던 일이다. 국군 1군단의 눈부신 전진도 빼놓을 수 없는 전과였고, 미 7사단의 분전도 결정적이었다. 그럼에도 인상적인 전투를 꼽으라면 아무래도 미 1해병사단의 전투를 거론하지 않을 수 없다.

중공군 9병단 예하의 7개 사단은 장진호 일대의 강추위와 강설 속에서 몸을 숨기며 미 1해병사단을 쫓고 또 쫓았다. 전쟁이 끝난 뒤에도 중공군은 이 전투를 자랑스럽게 이야기하기를 피한다. 공식적으로는 미 1해병사단을 꺾었다고 말할지는 몰라도 속으로 입은 피해가 매우 컸던 까닭에 드러내놓고 이 전투를 자랑하지 못한다.

장진호 일대에서 벌어진 전투를 통해 미 1해병사단은 600여 명의 전사자를 기록했다. 막강한 화력과 정신력, 전투력으로 무장했던 미 1해병사단의 위상을 감안하면 뼈아픈 피해라고 하지 않을 수 없다. 부상 또는 실종으로 기록할 수 있는 병력은 약 3,000명에 달한다. 역시 미 해병대의 전통으로 볼 때 큰 피해였다. 아울러 미 1해병사단은 3,700여 명이 강추위로 인한 동상에 걸렸다.

그러나 중공군의 피해는 이보다 훨씬 컸다. 9병단 예하 각 부대의 사상자는 모두 2만 5,000명 정도에 달하는 것으로 추정한다. 부상 또는 실종자는 약 1만 2,500여 명에 달한다. 동상환자는 미군의 약 3배에 달하는 1만 여 명이다.

중공군 9병단은 동부전선의 주축이었다. 이들의 예기銳氣가 꺾이면서 전선 전체의 동향에도 결코 작다고 할 수 없는 변수가 생기고 말았다. 우선 미 10군단을 비롯해 동부전선에 진출한 아군의 병력, 물자와 장비, 그리고 적지 않은 피난민이 흥남을 통해 남쪽으로 무사히 빠져나갈 수 있었다.

그러나 더 큰 변수는 중공군 9병단이 공세를 지속할 수 없을 정도로 전투력을 손실함으로써 향후 38선을 향해 벌였던 중공군의 대규모 공세가 완전한 모습을 갖출 수 없는 상태에서 펼쳐져야 했던 점이다.

중공군 9병단은 장진호 일대에서 입은 피해로 3개월 정도 부대의 재편성이 필요했다. 그는 아군이 마구 밀리기만 했던 1951년의 1.4후퇴 상황에서 동부전선의 작지 않은 공백이 존재함을 의미했다. 따라서 중공군의 38선과 수도 서울을 향한 공세는 제한적일 수밖에 없었다. 수도 서울을 점령한다고 해도 지속적으로 공세를 펴기에는 동부전선 9병단이 초래한 공백이 매우 컸다는 얘기다.

그런 중공군 9병단의 전력 손실을 크게 이끌어낸 주인공이 바로 미 1해병사단과 그 지휘관 스미스 소장이다. 그들은 낯선 적을 경계했지만 두려워하지 않았다. 불굴의 투지가 돋보였고, 낯선 곳으로 나아갈 때 지녀야 할 신중함을 결코 잊지 않았던 부대였으며 지휘관이었다.

미 UDT가 일으킨 흥남부두 큰 불기둥

치밀한 철수

세계에서 유례를 찾아보기 힘든 흥남 철수작전은 그런 와중에서 급박하게 벌어졌다. 그러나 대량의 병력과 물자, 장비, 그리고 끊임없이 자유의 품을 향해 몰려드는 수많은 피난민들을 이동시키는 철수작전은 상당한 경험과 노력을 필요로 했다.

미 10군단장 알몬드 장군은 침착하게 그 작전을 벌였다. 미 1해병사단 스미스 소장과의 갈등, 맥아더 사령부 참모 출신으로서의 판단 착오 등 그에게 따르는 불명예가 있지만 그는 나름대로 최선을 다해 흥남에서의 대규모 철수작전을 이끌었다.

중공군 9병단 산하의 7개 사단 중 미 해병사단의 후미를 쫓아 계속 공격을 펼쳤던 중공군 5개 사단, 게다가 혜산과 청진으로부터 국군의 뒤를 추격해 온 북한군도 흥남을 향해 공세를 벌이고 있었다. 알몬드 군단장은 함흥과 흥남 외곽에 교두보를 마련했다. 아울러 해상 철수작전이 유일한 방법이라고 판단했다.

당시 미 3사단은 원산에서 흥남으로 이동 중이었다. 후방에서 전선으로 올라오는 길이었다. 따라서 흥남에서 원산으로 육로를 향해 병력과 장비를 후퇴시키는 일은 마땅치 않았다. 결국 맥아더 유엔군 총사령부의 재가가 떨어지면서 흥남 부두를 통한 해상 철수 작전이 최종 결정됐다.

작전은 12월 14일부터 24일까지 약 10일 동안 펼쳐졌다. 미 3사단은 후방에서 올라와 병력 손실이 없는 상태여서 흥남의 최후 저지선에 섰다. 전선에서 후퇴해 흥남으로 집결한 부대는 미 1해병사단, 미 7사단, 국군 수도사단이었다. 따라서 미 3사단이 최후까지 접적接敵 지역의 방어를 맡는 사이 미 1해병사단, 국군 수도사단, 미 7사단 순서로 승선한 뒤 철수하기로 했다. 최후 승선 병력은 물론 미 3사단이었다.

중공군과 북한군은 장진호 일대를 비롯한 동부전선 전역에서의 공세 실패를 만회하기 위해 흥남 저지선을 뚫으려 안간힘을 쓰면서 덤벼들고 있었다. 알몬드 군단장은 저지선을 전초선부터 제1~3주저항선까지 설정했다. 적의 공세를 순차적으로 막아내며 마지막까지 병력 모두를 철수시키기 위한 구상이었다.

흥남을 중심으로 반경 10㎞의 타원형 저지선, 그로부터 최후 2~3㎞까지 좁아지는 방어선 개념이었다. 모든 일은 정해진 순서에 따라 행해졌다. 축차적으로 병력과 장비를 승선시켜 질서 있게 후퇴하기 위함이었다. 미 1해병사단이 우선 승선 순서에 꼽힌 이유는 부대가 입은 피해 때문이었다. 그 다음이 수도사단, 다음이 미 7사단, 최후에는 미 3사단의 순서였다.

피난민을 모두 실어라

중공군과 북한군은 공세를 늦추지 않고 지속적으로 공격을 펼쳐왔다. 그러나 미 3사단은 방어선을 굳게 지킬 수 있었다. 흥남 앞바다에 모여든 미 함대의 함포 사격이 빛을 발휘했기 때문이었다.

육상에 남아있던 미 포병부대의 화력과 함께 흥남 앞바다의 수많은 미군 함선들은 함포사격으로 전방에 다가서는 중공군과 북한군에게 포탄을 퍼부었다. 미군 함재기들도 부지런히 적의 머리 위를 강타했다. 입체적인 작전이 벌어지면서 적군은 함부로 아군의 저지선에 다가서지 못하고 있었다.

12월 14일 미 1해병사단이 가장 먼저 승선했다. 미 해군이 지닌 LST 등 함정 외에 당시에는 적지 않은 상선商船이 철수를 도왔다. 그중에는 꽤 많은 일본 함선과 인원들이 현지에 와서 미군과 피난민들의 철수를 거들었다. 중공군의 공세는 그 와중에 더욱 거세졌다.

그러나 미군은 함포지원전단을 구성해 흥남을 중심으로 양쪽으로 10마일을 늘어서 포탄을 퍼부었다. 해군 함재기들도 쉬지 않고 부지런히 적의 머리 위로 날아올라 근접 항공지원을 벌였다. 함흥의 북쪽으로 그어진 교두보 전초선은 그런 아군의 강력한 입체작전에 따라 때로는 흔들렸으나 끝내 뚫리지 않았다.

북한군 일부 병력은 강원도 오대산과 설악산 일대에 출몰했다. 후방에 게릴라를 보내는 이른바 '제2 전선'을 형성하기 위한 의도였다. 정규군이 남하할 경우에 대비해 거점을 확보하려는 계획의 일환이었다. 이에 따라 알몬드 군단장은 국군 수도사단을 흥남에서 배로 이동시킨 뒤 묵호에 상륙시켜 그들의 의도를 분쇄했다.

피난민이 흥남부두에 몰려들기 시작했던 때는 12월 10일 경이었다. 수는 급속하게 불어나고 있었다. 12월 18일에는 저지선을 좁혔다. 북한군은 아군의 교두보 일부를 흔들기도 했으나 곧 강력한 함포와 함재기의 폭격으로 접근로가 막히고 말았다. 국군 1군단은 피난민의 후송을 적극적으로 모색하고 있었다. 12월 19일 중공군과 북한군은

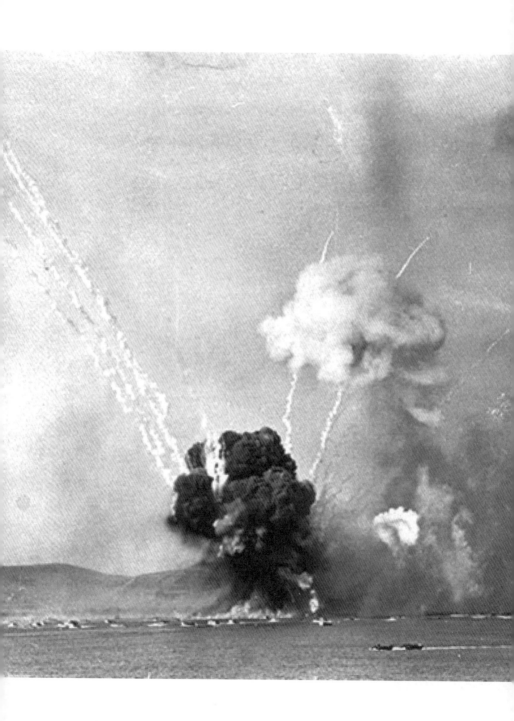

흥남 철수작전 이래로 가장 강력한 공세를 펼쳤다.

그러나 역시 견고한 아군의 해상 함포 화망火網을 돌파하기에는 역부족이었다. 공세 뒤에 그들은 후퇴로까지 끊기는 경우도 있었다. 12월 20일 알몬드 군단장은 군단 지휘소를 해상의 함선으로 옮겼다. 최후의 방어를 맡았던 미 3사단은 흥남부두를 중심으로 2~5km 밖에 방어선을 설정했다.

그에 따라 피난민 수송 작전도 본격적으로 벌어졌다. 함경남도 일대의 피난민들은 공산 치하治下의 고통을 피하기 위해 계속 몰려들었다. 미 10군단 참모부장 에드워드 포니(Edward H. Forney) 대령이 당초 예상했던 피난민 수송 인원은 2만 5,000명 정도였다고 한다. 그러나 피난민이 계속 몰려들자 포니 대령은 생각을 바꿔 그들을 가능한 한 모두 수송키로 했다.

15일 동안 발 묶인 중공군

그는 결국 LST 2척과 빅토리호 등 상선 3척을 지휘해 모두 10만 명에 달하는 피난민을 배에 실어 거제도와 부산으로 옮길 수 있었다. 수많은 병력과 장비 등이 부두에 남아 있던 당시의 정황

흥남 철수작전 마지막 단계인 항구 폭파 작전의 광경.
미 UDT 부대원들이 상륙해 항구에 남았던 설비와 물자 등을 폭파하는 장면이다.

에서 피난민 후송은 많은 문제에 봉착했으나 국군 1군단 등 한국 측의 강력한 요구, 미군의 인도적인 배려에 따라 결국 10만 명의 피난민이 적의 치하를 벗어날 수 있었다.

모든 철수 준비가 끝난 시점은 12월 24일 오전 8시였다. 흥남의 해안은 모두 네 가지 색으로 분류했다. Yellow, Green, Blue, Pink였다. 네 가지 색깔의 해안은 다시 7개 지점으로 세분했다. 육상에 남아있던 미 3사단의 상륙을 위해서였다. 오후 2시 무렵 정해진 지점을 통해 미 3사단의 거의 모든 병력이 승선을 완료할 수 있었다.

미 3사단 잔여 병력이 승선하는 것과 동시에 미 해군 기동함대 소속의 폭파 전담 요원인 UDT 대원들이 상륙했다. 15분 뒤 미 기동함대의 함장은 이들 UDT 대원들에게 부두의 주요시설, 해안가에 남겨뒀던 400톤의 다이너마이트, 50만 파운드에 달하는 폭탄을 폭파하라고 지시했다.

마지막 수송전단의 함선들이 흥남의 외항外港을 빠져나올 무렵 거대한 폭발음과 함께 흥남 일대의 미군 잔류 물자들이 일제히 굉음을 내면서 폭발했다. 방파제를 비롯한 흥남부두의 주요 시설도 거대한 불기둥, 연기와 함께 공중으로 날아올랐다.

미군의 강력한 입체 작전이었다. 견고한 방어선을 유지하며 중공군 공세를 묶어 놓은 미군은 10만 5,000여 병력과 1만 7,000여 대의 차량, 10만에 달하는 피난민, 35만 톤의 화물을 모두 옮겼다. 더 주목할 대목은 동부전선을 공략하던 중공군 9병단의 병력이 이곳에서 15일을 지체했다는 점이다. 이들은 흥남에 이어 원산, 다시 한반도 중부로 진출해서 서부전선의 13병단과 함께 유엔군을 다시 사지死地로 몰아넣을 수 있었던 병력이었다.

그에 따라 38선 이북을 향해 움직이려던 중공군의 전체 작전구상에도 차질이 빚어질 수밖에 없었다. 우선은 장진호 일대에서 고전을 거듭하면서도 7개 중공군 사단을 맞아 싸우고 또 싸웠던 미 1해병사단의 분투가 돋보인다. 전체적으로 밀리는 흐름에 있으면서도 입체적인 작전을 구사해 중공군 대병력의 발을 묶어 놓았던 미 10군단의 흥남 철수작전도 우리가 적극적으로 평가하지 않을 수 없다.

1950년 11월 말에서 한 달 동안 벌어진 당시의 전쟁은 숱한 인명人命의 희생을 도외시했던 중공군의 전술, 한 사람의 목숨이라도 건져야겠다는 아군의 결심과 실행이 극명한 대비를 이뤘다. 따라서 1950년 12월에 아주 많은 감동의 스토리를 낳으며 벌어졌던 흥남 철수작전을 우리는 유심히 살펴볼 필요가 있다.

그는 자유를 향한 출항出航이었다. 위대한 작전을 성공적으로 이루기 위해 흘렸던 아군의 피와 땀이 또한 그렇듯 흥건했다. 우리는 그로부터 배울 게 참 많았다. 적과 맞서 싸우면서 물러설 때 어떤 마음가짐, 어떤 전술, 그를 총체적으로 뒷받침하기 위해 우리 국가는 무엇을 해야 하는지 등 모두를 생각게 하는 장면이었다.

제15장

2군단의 해체

묘향산서 도망친 국군

기록적인 국군의 패배

한반도 서북부, 평안북도와 평안남도에 걸쳐 있는 유명한 산이 있다.
해발 1,900m가 넘는 우람하면서도 아름다운 산이다. 산 전체에 어떤
향내가 풍기는지는 모르겠으나, 그윽한 경치와 아름다운 산과 계곡
으로 인해 묘향妙香이라는 그럴 듯한 이름을 얻었다.

이 산은 평안북도 구장, 평안남도 영원에 걸쳐 있다. 1950년 11월
말의 묘향산은 그러나 이름 그대로 경치가 아름답지만은 않았다. 이
곳에서는 그해 그 무렵, 한반도 북부의 어느 전쟁터와 마찬가지로 피
의 냄새가 물씬 풍겼다. 이른바 '덕천-영원 전투'라는 싸움이 우리 국
군과 압록강을 넘어섰던 중공군 사이에서 벌어졌기 때문이다.

전쟁은 늘 승패가 갈린다. 잘 싸운 쪽은 승리를 거머쥐고, 그렇지
않은 쪽은 패배로 가슴앓이를 해야 한다. 이기고 지는 일이 병가兵家의
상사常事라고 했지만 지는 쪽의 참담한 슬픔과 아픔은 겪지 않은 사람
이 함부로 입에 올릴 일은 아니다.

지휘관의 입장에서 보면 전쟁터에서의 패배는 헤아릴 수 없는 많
은 것의 상실喪失, 그 이상도 이하도 아니다. 그러나 헤아릴 수 없는 상
실이라는 것이 얼마나 살을 저미는 아픔일 것인가는 생각해야 한다.
거느렸던 수많은 장병의 목숨이 사라지는 일은 정말 슬프고 안타깝

다. 남의 집 가장과 아들로 하여금 전쟁터에서 숨을 거두게 했으니 그렇다.

그 고통은 헤아릴 수 없는 깊이로 다가온다. 그 뿐이 아니다. 차지했던 지역을 적에게 내줘야 하는 아픔 또한 필설筆舌로 다 형용키 어렵다. 그에 그치면 그나마 다행이다. 끌고 다녔던 장비와 화력의 손실損失은 뼈를 찌르고 들어올 만큼 날카롭기 그지없다. 거기에 절망絕望 또한 깊어진다. '다시 일어나서 적과 싸울 수 있을까'라는 번민은 좀체 벗어날 수 없을 정도다.

사정이 그러하니 전선을 이끄는 지휘관에게 패배는 고통 그 자체다. 1950년 벌어진 6.25전쟁에서 국군은 잘 싸웠으나 그를 충분히 가리고도 남을 만큼의 적지 않은 패배에 직면했다. 참담한 패배가 현실로 나타나면서 당장에는 전선의 붕괴로 이어져 인접 아군에게는 옆구리를 뚫림으로써 궁지에 몰리도록 하는 결과를 안겼다.

그럼에도 우리는 당시 국군의 패배를 제대로 적어야 할 필요가 있다. 우리는 어떻게 싸우다가 어떻게 이겼으며, 또 어떻게 패배를 맞이했고, 다시 일어설 수 있었느냐를 잘 적어야 한다는 말이다. 그럼으로써 우리는 그 과정에 담긴 진지한 교훈을 후세에 잘 전해야 한다.

장진호에서 미 1해병사단이 고전에 고전을 거듭하면서 흥남 철수 작전을 수행하기 위해 후퇴 길에 오르기 전, 그리고 미 2사단이 군우리의 좁은 협곡 속에서 인디언이 포로를 잡아 매몰차게 매를 때리던 방식처럼 중공군에게 가혹한 '태형笞刑'을 당하기 전 우리 국군은 먼저 전선을 뚫리고 말았다.

중공군이 친 덫에 들어서다

앞서 적은대로 과감한 공격을 펼쳐 압록강에 도달함으로써 전쟁을 끝내려던 유엔군의 선두 부대는 11월 24일 공격명령을 내려 전선을 북상시켰다. 미 1군단이 서쪽, 미 9군단이 서부전선 중부, 국군 2군단이 서부전선 동쪽 견부肩部를 형성했다. 동부전선에서는 미 10군단 예하의 미 1해병사단이 동부전선의 서쪽 견부, 미 7사단이 동부전선의 중앙, 한국군 1군단이 함경도 해안가인 동쪽 견부를 맡았다.

당시의 상황을 기술하면서 나는 우선 군우리 협곡에서 '인디언 태형'을 당하면서 참담한 패배를 기록했던 미 2사단, 그 뒤 장진호에서 눈물겨운 고투苦鬪를 감행하면서 끝내 흥남부두의 거대한 철수작전을 성공시킨 미 1해병사단의 전투를 소개했다.

1950년 11월 말 묘향산 일대를 두르고 있던 덕천과 영원이라는 곳에서 한국 군대가 벌여야 했던 전투는 그 둘과 관련이 아주 깊다. 이곳에는 한국군 2개 사단이 앞에 섰다. 2군단 예하의 7사단과 8사단이었다. 7사단은 덕천 지역을 맡았고, 8사단은 영원과 맹산으로 진출하는 임무를 담당했다.

덕천과 영원은 지금 우리에게는 다소 낯선 이름이기는 하지만 한반도 서북부의 명산名山인 묘향산이 거대한 산맥 줄기 속에서 아름다움을 뽐내고 있는 지역이라고 설명한다면 한결 알아듣기 쉬울 것이다. 그러나 이곳은 삼림이 우거진 곳이기도 했다.

빽빽한 나무로 울창한 숲을 이루고 있는 곳이라면 이 지역에 숨은 적을 공격하기 위해 다가서는 사람에게는 아무래도 작지 않은 걸림돌이랄 수밖에 없었다. 그러나 이곳을 지키기 위해서 몸을 숨기려는 사람에게는 마치 바람을 가리는 병풍屛風이랄 수 있었다.

1950년 11월 철수하고 있는 아군의 도로를 통제하는 병력이 지휘소와 통화하고 있다.

게다가 중공군은 기만欺瞞의 전술에 아주 능했다. 중공군은 그해 10월 말에서 11월 초까지 벌어진 자신들의 1차 공세 뒤에 제 모습을 감쪽같이 감추고 말았다. 간혹 그림자를 보이다가도 아군의 추격이 벌어질 경우에는 재빨리 깊은 숲과 어두운 협곡 속으로 모습을 감추는 경우가 많았다.

11월 말부터 12월 중순까지 벌인 자신들의 2차 공세를 위해 아군을 유인하는 모양새였다. 물론, 이런 분석은 세월이 한참 흐른 뒤에나 입에 올릴 수 있는 내용이었다. 당시 전선에 섰던 미군과 참전국 군대, 그리고 국군은 그런 정황을 제대로 알 수 없었다.

아무튼 11월 말에 들어서 유엔군이 본격적인 '크리스마스 대공세'를 펼치기 전에 중공군은 전선에서 제대로 활약을 보이지 않았다. 그에 앞서 벌인 중공군의 1차 공세를 잠정적이면서 일시적인 작전으로 간주하도록 유엔군 총사령부를 기만하려 했던 중공군 지휘부의 방침이었을 것이다.

허약한 국군의 체력

전체적으로 우리 아군은 그런 중공군의 덫에 강하게 걸리고 말았다. 서부전선을 이끌고 있던 미 8군 예하의 미 2사단이 군우리에서 매복과 우회를 노린 중공군에게 말려 가혹한 '인디언 태형'을 당하면서 2개 연대의 전투력을 상실하고 말았다. 제2차 세계대전의 가장 강력했던 군대였던 미군으로서는 씻을 수 없는 모욕이었다.

그에서 그치지 않는다. 미 1해병사단의 용감한 분투로 흥남 철수작전을 성공적으로 이끌기는 했으나 동부전선의 미 10군단 역시 참담한 후퇴를 해야 했다. 병력 손실은 물론이고 적의 수중에 넘겨주지 않기 위해 수많은 물자와 장비, 탄약 등을 스스로 폭파하면서 전선으로부터 물러나야 했다.

중공군은 한반도 북부의 동서를 가르는 전선을 넘어오면서 결국 38선을 향해 공세를 펼치고 만다. 그 뒤에 벌어진 일은 누구나 다 잘 안다. 바로 개전 후 두 번째로 대한민국 수도 서울을 적의 수중에 다시 넘겨주는 1.4후퇴였다. 적은 수도 서울을 넘어 북위 37도선까지 내달았고, 아군은 또 한 번 부산의 교두보를 상정하면서 조마조마한 마음으로 적의 공세에 대응해야 했다.

당시의 국군은 걸음마를 막 뗀 아기가 억지스런 성장기를 거쳐 성년成年의 복장을 걸쳐 입은 모습과 다름이 없었다. 일제 강점기 일본군이 지녔던 38식, 99식 소총으로 무장하고 가죽 군화軍靴 대신 일본군의 각반脚絆을 발에 두른 채 출범했던 국군은 체계적인 군사훈련과 지식으로 무장할 틈도 없이 김일성이 일으킨 동족상잔의 참화慘禍속으로 발을 디디고 말았던 것이다.

따라서 전투력은 전체적으로 보잘 것이 없었다. 그럼에도 국군은 풍전등화風前燈火의 운명을 맞아 가물거리는 조국을 지키기 위해 주저 없이 전선에 나섰다. 그러나 역량은 아직 태부족일 수밖에 없었다. 그런 이유로 6.25전쟁 3년 동안 국군이 담당한 전선에서는 차마 적기조 차 민망한 패배가 속출했다.

그 하나가 바로 1950년 11월 말의 덕천~영원, 향기가 그윽하게 느 껴질 정도로 아름답다는 묘향산 일대에서 벌어진 전투였다. 싸우려는 의지가 없었던 것도 아니다. 지휘관이 그저 형편없다고 욕할 일도 아 니었다. 화력과 무기에서는 미군에 비할 바 아니었으나, 국군은 적이 다가서면 그를 쓰러뜨릴 최소한의 무기는 손에 쥐고 있었다.

그럼에도 국군 2군단 예하의 7사단과 8사단은 쉽게 등을 보이고 말았다. 이들이 쉽게 물러남으로써 유엔군 전체 전선에는 커다란 구 멍이 뚫렸다. 그런 틈을 중공군은 노련하게 잡아냈다. 뚫린 틈으로 그 들은 막대한 병력을 집어넣고 말았다. 미 2사단이 참혹하게 얻어맞았 던 '인디언 태형', 곳곳에서 출몰하는 중공군에게 둘러싸이고 말았던 미 1해병사단의 경우가 다 이로부터 비롯했다고 할 수 있다.

파상공세의 중공군

심상찮은 국군 연대의 이동

여러 전선이 동시에 흔들리는 국면이었다. 내가 서부전선의 미 1군단 예하의 한국군 사단으로서 태천을 향해 공격을 펼칠 무렵이었다. 압록강을 향해 공세를 펼치라는 이른바 맥아더 사령부의 '크리스마스 대공세' 명령은 1950년 11월 24일 내려졌다. 그에 따라 북위 40도선에 진출해 있던 아군의 전선 총병력은 압록강과 두만강을 향해 움직이기 시작했다.

서부와 동부에 섰던 당시의 아군 상황은 여러 차례에 걸쳐 소개한 그대로다. 중공군은 한반도 동부와 서부를 종횡으로 지나는 낭림과 강남, 적유령 등 산맥 곳곳에 매복해 있었다. 그로써 아군이 자신들의 공격 시야에 들어오기를 기다렸다. 그런 매복과 우회, 포위에 걸려 아군은 심각한 피해를 입고 말았다.

그렇게 전선 전체가 요동치는 국면이었으니 세부적으로 1개 연대가 움직이는 상황이 눈에 잘 들어올 수는 없었다. 그럼에도 꽤 주목을 끄는 한 '사건'이 벌어졌다. 국군 7사단의 3연대가 서쪽으로 인접해서 중공군을 향해 진격하던 미 2사단의 작전 권역으로 넘어온 일이었다. 모두 북쪽을 향해 진군하는 마당에 벌어진 심상찮은 국군의 이동이었다.

지금 전해지는 공식 자료를 통해 추정해보면 그 시점은 11월 26일이다. 미 2사단은 11월 30일부터 12월 1일까지 군우리의 험한 협곡에 갇혀 중공군에게 혹심하기 짝이 없던 '인디언 태형'을 당하고 만다. 그러니까 미 2사단의 2개 연대가 그런 가혹한 중공군 공격에 몸을 드러내기 4일 전쯤에 국군 7사단의 3연대가 미 2사단의 작전 권역에 넘어온 셈이다.

　이는 상식적으로는 설명을 할 수 없는 부분이다. 엄격한 군령軍令에 따라 벌어지는 일이 작전이다. 사람의 목숨이 걸려 있으며, 적과 전체 전쟁 국면의 승勝과 패敗를 걸고 벌이는 게 작전이다. 그렇게 아군 진영의 전군全軍에 공격 명령이 내려졌음에도 자신의 작전 권역을 넘어 아군의 다른 작전 권역으로 전술의 기초 단위에 해당하는 1개 연대가 넘어왔다는 점은 이해하기 힘든 대목이 아닐 수 없다.

　결론적으로 말하면, 국군 7사단의 3연대는 인접한 미 2사단의 38연대 작전 지역으로 넘어왔으며, 향후 국군 7사단이 승호리라는 곳에 모여 재편성을 할 때까지 그 둘은 함께 움직였다. 그렇다면 당시 국군 7사단의 작전 지역에서는 무슨 일이 벌어졌다는 말일까.

　공식적인 전사戰史 기록을 보면 유엔군 서부전선의 가장 동쪽을 맡아 낭림산맥 일대를 통해 평북 희천을 거쳐 압록강으로 진출하려던 국군 2군단은 11월 24일 맥아더 사령부의 '크리스마스 대공세' 작전 명령이 떨어지기 전에 기동을 시작했다. 처음에는 그 작전이 순조로웠던 것으로 적혀 있다.

　진출하는 지역에서 중공군과 산발적인 전투를 벌였으나 중공군은 퇴각을 거듭했던 모양이다. 싸우는 척하면서 뒤로 내빼는 형국이었던 듯하다. 국군 7사단이 기동을 시작한 시점은 11월 22일, 그 뒤에 벌어진 전투는 그런 중공군의 노련한 전술적 의도에서 벌어졌다고 보인다.

사단 사령부도 적에 노출

일부 중공군 병력이 국군 7사단의 진격로에 가끔 모습을 드러냈으나 사단은 그들을 순조롭게 격퇴했다는 것이다. 문제의 7사단 3연대는 사단의 공격 배치에서 가장 서쪽의 일선을 담당한 상태였다. 이들이 벽에 맞닥뜨린 시점은 11월 24일이었다.

이튿날에 접어들면서 사단 전체는 중공군의 강한 반격에 직면하기 시작했다. 묘향산 일대의 삼림 지대에 출몰하던 중공군은 곧 거대한 병력으로 변해 사단의 전방과 후방을 공격하고 있었다. 26일 새벽 2시에 접어들면서 중공군의 공세는 더욱 강렬해지고 있었다.

연대의 일선 지휘소는 말할 것도 없이 사단의 지휘소도 적의 공격에 노출되기 시작했다. 사실은 그 때가 결정적인 시점이었던 것으로 보인다. 국군 7사단 정면을 압박해오던 중공군은 전사 기록에 따르면 중공군 13병단 소속의 42군으로 알려져 있다. 당시 중공군의 1개 사단 병력 편제가 대략 9,000~1만 명 정도였으니, 어림잡아 3만 명의 군단 급 중공군이다.

중공군의 '인해전술人海戰術'이라는 것은 아는 사람은 다 아는 전법이다. 아군에 비해 그들이 가장 우위를 보였던 게 바로 병력의 숫자였다. 압도적인 병력으로 밀고 들어오는 전법 말이다. 1950년 추수감사절 공세와 크리스마스 공세 때 아군은 중공군의 그런 인해전술에 크게 밀렸다. 중공군은 예외 없이 모든 전선에서 압도적인 병력을 무기로 삼아 아군을 압박했다.

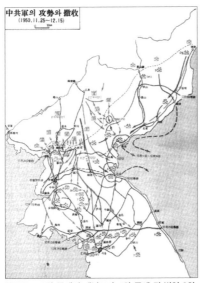

中共軍의 攻勢와 撤收
(1950.11.25~12.15)

중공군 1, 2차 공세의 개념도다. 1차 공세 뒤 벌인 2차 공세에서 중공군은 서부 축선의 유엔군을 꺾고 평양 이남으로 진출하는 데 성공했다.

어두컴컴한 밤과 동이 트기 전의 새벽에 이상한 피리 소리와 꽹과리 소리를 내면서 다가오는 중공군의 전법은 상대의 심리적 장벽을 무너뜨리려는 일종의 교란 전술이었다. 그럼에도 당시까지 매우 낯설기만 했던 중공군의 그런 전법은 아군, 특히 화력과 훈련이 매우 부족했던 국군에게는 공포 그 자체였다.

유감인 점은 우리 정부가 공식적으로 발행하는 공간사公刊史에는 당시 덕천과 영원 일대에서 국군 7사단과 8사단이 당면했던 전투의 실제 모습이 자세히 드러나지 않는다는 사실이다. 전선의 한 축을 담당하면서 서부전선에서 함께 싸웠고 나중에 육군참모총장을 두 차례나 역임하는 나였지만 당시 전투의 실상을 알고 싶어도 잘 알 수 없는 점이 안타깝기만 하다.

1.4후퇴로 인해 급히 서울을 내주고 안성 인근까지 내려왔다가 다시 반격을 펼치면서 숨을 돌리는 사이에 나는 당시 덕천과 영원에서 벌어졌던 전투의 실상을 들을 수 있었다. 간단하게 말하자면 매우 심각한 패퇴였다. 전투력이 모자라서 그저 적에게 밀렸다면 굳이 '심각한'이라는 표현을 달 수 없을 것이다. 당시의 전투에는 우리가 한 번이라도 제대로 따져보고 넘어가야 할 전훈戰訓이 담겨있다고 나는 생각한다.

신속한 전진, 급속한 패퇴

그런 이유 때문에 나는 우선 1950년 11월 26일 자신의 작전지역을 넘어 인접한 미 2사단 38연대의 작전지역으로 넘어간 국군 7사단 3연대의 이야기를 꺼낸 것이다. 공간사에서 비교적 간략하게 다루고 있는 당시의 정황 때문에 사실 관계를 전부 이야기하기는 힘들다.

단지, 중공군의 대병력을 전면에서 맞이하고 있던 국군 7사단의 당시 상황이 예하의 1개 연대가 엄격한 군령에 의해 그어진 전투지경선戰鬪地境線을 넘어 인접한 미 2사단의 작전 지역으로 넘어설 정도로 급박했다는 점만은 분명하게 알 수 있다. 실제 공간사 기록을 보면 연대는 물론 사단 사령부 자체도 적의 공격에 노출됐다는 점이 드러난다.

문제는 더 심각했던 듯하다. 국군 7사단을 정면에서 압박하던 중공군 42군이 국군 7사단 3연대와 8연대를 동시에 공격하다가 7사단과 동쪽으로 인접한 국군 8사단 사이의 전투지경선戰鬪地境線을 넘었기 때문이다. 그로써 "덕천 동측방의 전선이 위기에 처했다"는 게 국방부가 펴낸 『6.25전쟁사』의 표현이다.

상황은 그로써 아주 심각한 상태로 흐른 듯하다. 7사단의 전선 2개 연대, 즉 3연대와 8연대는 그 이후 전방의 적과 후방의 적을 맞아 싸워야 했다. 전투지경선은 늘 강조했지만, 전투에서 적을 막아 제대로 싸울 수 있느냐 없느냐를 가르는 중요한 분계分界다. 이곳이 뚫릴 경우 적은 후방으로 포위를 해올 수 있다. 따라서 적을 맞아 싸우는 사람으로서는 이 전투지경선을 결코 적에게 내줘서는 안 된다.

이미 대대 규모의 중공군이 후방으로 침투해 7사단 사령부의 공격에 나선 상황이었다고 한다. 사령부가 있던 덕천 읍내는 중공군이 쏘아 올리는 신호탄이 마구 날아다녔다는 묘사도 공간사에 등장한다. 사단 사령부는 예비로 뒀던 5연대의 병력을 동원해 후방 사령부에 접근하던 중공군의 공세를 막아보려고 안간힘을 썼지만 그들을 좌절시킬 수 없었다고 했다.

이미 퇴로退路도 끊겼다. 그나마 사령부는 온갖 가용 병력을 동원해 혈로血路를 뚫었던 모양이다. 사단 사령부 본대, 포병대대의 1개 포대가 후방으로 침투해 이미 퇴로를 막고 서있던 중공군의 포위망을 겨우 빠져 나왔다고 한다.

8연대와 예비였던 5연대는 사령부의 후퇴 상황을 모른 채 후퇴에 나섰다가 이미 후방에서 아군을 둘러싼 중공군의 공격을 받은 뒤 뿔뿔이 흩어졌다. 2개 연대가 전투력을 한 곳에 모으지 못한 채 각기 살 길을 찾아 나서면서 혼란을 가중하는 심각한 분산分散의 상황에 도달했던 셈이다.

국군 2군단 와해, 유엔군 긴급 철수명령

신병이 많았던 국군 7사단

전쟁에서의 패배는 아주 깊은 후유증으로 부대의 장병들에게 남는다. 격렬한 공방攻防을 벌이다가 지는 전투는 나름대로 괜찮다. 전비戰備의 상황이야 각기 다르겠지만 적에게 일방적으로 밀리지 않았다면 제 자신의 실력을 우선 알고, 상대의 상황도 대강 알기 때문이다. 단지 싸움에서의 패배로 받아들이면서 다음의 기회를 노릴 수 있어서 그렇다.

참혹하게 무너지는 경우가 문제다. 깊게 파인 상처는 좀체 아물지 않는다. 심리적인 공황은 더 심각하다. 적의 실체를 잘 모르는 상황에서 그냥 처참하게 얻어맞아 무너졌을 때는 두려움이 매우 커진다. 따라서 부대 전체는 적에게 다시 밀리는 상황에 도달하면 공포감이 급증해 제풀에 꺾인 채 등을 보이면서 마구 무너진다.

1950년 11월 말 평안남북도 묘향산 일대에서 중공군에게 무너진 7사단의 형편이 그와 무관치 않다. 7사단은 김일성 군대가 그 해 6월 25일 전면적인 남침을 벌일 때 서울 북방의 동두천과 의정부 일대를 막았던 사단이다. 국군은 김일성의 기습적인 남침에 제대로 대응할 수 없었다. 준비가 부족했기 때문이었다.

나름대로 분투한 사단이 있었지만 국군은 전반적으로 김일성의 기습에 당황했고 대다수 전선에서 상당한 타격을 입었다. 7사단도 예외일 수 없었다. 그들은 비교적 빠른 시간 안에 김일성 군대에게 등을 보였다. 적의 주공主攻에 해당했던 병력이 동두천~의정부를 공략했고, 7사단이 빠르게 무너지는 바람에 수도 서울은 곧 인민군의 발길에 놓이고 말았다.

낙동강 전선에서 적의 공세를 막아내던 무렵, 그리고 아군의 모든 부대가 북진 대열에 뛰어들던 시점에 7사단은 후방인 대구에서 급히 모집한 신규 병력으로 채워지면서 재편성을 마쳤다. 따라서 11월 말에 접어들어 중공군과의 대규모 접전을 벌일 무렵이라고 해도 7사단의 많은 병력은 전기戰技가 충분치 않은 인원이 다수를 이루고 있었다.

그에 앞서 10월 말에 벌어진 전투 상황에서도 7사단을 비롯한 국군 2군단 예하 6사단, 8사단은 모두 중공군의 대규모 공세 앞에 전선으로부터 급히 물러나야 했다. 전투의 속성을 잘 알지 못한 채 급히 재편성을 위해 끌어 모았던 병력이 많았던 7사단은 따라서 적 앞에 설 때의 두려움이 컸을 것이다. 아울러 사단이 위기에 처했을 때의 상황은 더욱 심각했을지 모른다.

앞에서도 자주 거론했던 내용이다. 부대의 후퇴는 엄연한 작전에 속한다. 대오를 정렬하면서 정해진 순서에 따라 축차적으로 물러선다면 아군의 피해는 최대로 줄일 수 있다. 그렇지 못한 경우가 바로 분산分散이다. 이리저리 나뉘고 쪼개진 상태로 어지러이 뒤로 빠지는 경우다. 일정하게 적의 공격에 대응하면서 물러나는 일은 이런 상황에서는 불가능하다.

궤멸적인 패배

당시의 7사단 후퇴 상황은 분산에 해당한다고 볼 수 있었다. 먼저 전선 동쪽을 맡았던 5연대와 8연대는 중공군 군단 병력이 몰려들면서 급격하게 무너지고 말았다. 사단본부와 연대 본부가 적의 공세에 직접 노출되면서 상황은 더 나빠졌다. 사단과의 통신은 모두 끊겼고, 덕천의 퇴로退路에는 이미 중공군이 서 있었다.

앞과 뒤에서 적을 맞아야 하는 상황이었다. 따라서 일종의 포위 상태였다고 볼 수 있었다. 사단 전체의 분산은 더 심각해지고 있었으며, 후방으로 진입해 포위망을 구축한 중공군의 공세는 더욱 맹렬해지고 있었다. 5연대와 8연대가 무너지는 상황을 알았던 3연대는 급기야 군단 전투지경선을 넘어 미군 2사단 38연대로 후퇴했다.

결국 3연대는 미 2사단 38연대와 함께 움직여야 했다. 미 2사단의 상황도 물론 좋지 않았다. 앞서 소개한 그대로다. 그들은 순천 지역으로 후퇴하면서 좁은 협곡 지형에 몰려들다가 중공군의 가혹한 공격을 받아야 했다. 아무튼 국군 7사단 3연대는 그나마 미군의 연대와 함께 후퇴하면서 7사단 3개 연대 중에서는 가장 적은 피해를 기록할 수 있었다.

이들은 결국 평양의 동쪽인 강동군 승호리라는 곳에 집결한 뒤 재편성에 들어갔다. 후퇴 뒤의 재집결은 당연한 수순이었으나 부대가 심각하게 분산의 상황을 맞아 후퇴했던 바람에 재편성이 결코 쉽지는 않았다. 전선 지휘관이 했어야 할 단계별 조치는 전혀 이뤄지지 않았던 까닭이다.

같은 2군단 예하의 국군 8사단의 상황도 그와 다를 바 없었다. 2군단은 6, 7, 8사단을 거느리고 있던 부대였다. 6사단은 일찌감치 벌어진 압록강 초산진 전투로 인해 예비로 머물렀다. 이들은 10월 말 신속한 기동으로 압록강 바로 앞인 초산에 먼저 진출했었다. 그러나 이미 압록강을 넘어 들어와 적유령, 강남산맥 등에 몸을 숨긴 중공군의 매복과 포위에 걸려 치명적인 타격을 입고 말았다.

6사단은 재편성을 시도했지만 약 한 달에도 미치지 못하는 짧은 시간에 작업을 마무리할 수 없었기 때문에 11월 말에 벌어진 '크리스마스 대공세' 때는 군단의 예비로 남아있었던 것이다. 전선에는 지금까지 소개한 7사단과 8사단이 섰다. 7사단은 덕천, 8사단은 영원과 맹산을 향해 나아갔다. 역시 묘향산 일대의 지명들이다.

8사단은 원리院里라는 곳에 사단 전방지휘소를 만든 뒤 11월 23일부터 공격에 들어갔다. 묘향산 동쪽에 있는 영원과 맹산을 발판으로

6.25전쟁에 참전한 중공군들의 동굴회의 모습이다.

진출해 압록강이 흐르는 만포진을 점령한다는 계획이었다. 8사단이 진출을 시작할 무렵의 중공군은 이미 야간을 이용한 산악 기동으로 11월 20일 경 이미 **빽빽한** 삼림이 우거진 지역 일대에서 병력을 산개散開 해 놓은 채 아군을 기다리고 있었다.

포로로 잡힌 연대장 둘

8사단이 맞이하는 상황은 대개 7사단과 거의 비슷했다. 11월 24일 전선의 모든 유엔군과 국군에게 공격명령이 떨어졌고, 초반에는 순조로운 출발을 보였다. 24일 당일에는 당초의 공격목표인 덕천과 영원, 맹산으로의 진출이 쾌조快調였다. 그러나 25일에 접어들면서 아군은 적인 중공군의 대부대와 조우遭遇하기 시작했다.

그저 만나서 싸우는 정도는 아니었다. 중공군의 출현이 곳곳에서 벌어지고 있었다. 전선 어딘가가 뚫려 그 틈으로 적이 물밀듯이 밀고 들어오는 낌새였다. 25일은 도처에서 아군의 분산에 이은 마구잡이 후퇴가 벌어졌던 듯하다. 연대는 연대의 대오를 갖추지 못했고, 대대 또한 마찬가지 상황이었다.

적의 기습에 당황한 아군은 부대가 대오를 갖추지 못한 분산으로 이리저리 나뉘면서 마구 밀렸다고 한다. 연대장과 각급 대대장 등이 그런 상황을 돌이키기 위해 안간힘을 써보았지만 적은 이미 아군의 후방에까지 내달아 포위와 기습을 반복하고 있었다고 한다.

당시 벌어진 전투는 대개 '덕천~영원 전투'라는 이름으로 알려지고 있다. 당시 전력과 정신력 등 모든 전쟁준비에서 미군과는 현격한 차이를 드러내고 있던 한국군 군단 차원의 싸움이었는데, 패배는 아주 컸다. 먼저 소개했듯이 2군단은 미 8군 예하의 서부전선 가장 동쪽을 맡았다.

따라서 서부전선을 총괄하는 미 8군과 동부전선을 담당했던 미 10군단의 경계 지점에 섰던 군대가 바로 국군 2군단이었다. 크게 이르자면, 미 8군과 미 10군단의 전투지경선에 국군 2군단이 섰던 셈이었다. 이 경계선이 국군 2군단의 급속한 후퇴로 무너지면서 생긴 결과는 자못 심각할 수밖에 없었다.

미 8군의 오른쪽 견부肩部가 빨리 무너지면서 중공군의 대규모 병력이 그 틈으로 전진할 수 있었기 때문이다. 이는 아군 전체의 전선을 강력하게 위협하는 날카로운 칼과 다름이 없었다. 7, 8사단의 연대장 두 명은 이 전투에서 적에게 포로로 잡혔다.

연대장이 적에게 잡힐 정도였다면 당시 국군 7, 8사단의 후퇴상황이 도대체 얼마나 심각했는지를 알 수 있다. 승호리 등에서 재집결 뒤 다시 편성했다고는 하지만 병력이 온 데 간 데 없이 사라진 정황도 여러 증언을 통해 드러난다. 국군 7, 8사단에 파견 나와 있던 미군 군사고문 등은 국군의 급속한 와해에 상당히 경악했던 모양이다.

급기야 11월 28일에는 도쿄의 맥아더 사령부가 아군 전체에 후퇴명령을 내린다. 이는 국군 2군단의 급속한 와해에 따른 것으로 볼 수 있었다. 미 8군 전선의 오른쪽 견부가 급격하게 무너져 내리자 맥아더 사령부는 매우 당황했을 것이다. 국군에 대한 미군의 시선이 아주 싸늘해질 수밖에 없었던 상황이기도 했다.

싸울 의지가 부족했다

어느 날 사라진 국군 군단

결론부터 말하자면, 국군 2군단은 슬그머니 사라지고 말았다. 유엔군과 국군이 중공군의 공세에 밀려 서울을 내줘야 했던 1.4후퇴의 과정에서였다. 미 8군의 동쪽 어깨를 형성했던 국군 2군단의 와해는 중공군의 서부전선 공세에 커다란 힘을 보탰다.

당시 우리 아군이 급속히 무너져 38선까지 일거에 밀려 결국 수도 서울까지 내준 데에는 여러 요인이 있다. 겉으로 먼저 드러나는 요인 중에 단연 손에 꼽을 만한 게 바로 국군 2군단의 붕괴였다. 중공군에게는 국군 2군단의 와해가 대거의 병력을 전진시켜 서부전선의 유엔군 배후를 압박할 수 있는 커다란 구멍과도 같았다.

이곳으로의 중공군 침투는 서쪽으로 인접한 미 2사단 등 미 9군단의 철수를 재촉했다. 연쇄적으로 서부전선의 미 8군은 그 때까지 북상했던 모든 전선을 내주고 평양에 이어 38선 이남으로 서둘러 후퇴를 해야 했다. 이는 중공군 지휘부가 의도한 작전의 일부였다.

중공군은 미군 대신 한국군을 골랐다. 화력이나 장비, 물자 등에서 미군에 비해 보잘것없던 국군을 본보기 삼아 먼저 무너뜨림으로써 모든 전선을 요동치게 만들어 유엔군과의 싸움 국면을 일거에 전환시키고자 했던 것이다. 그런 중공군 수뇌부 의도에 국군 2군단이 먼저 걸려들었던 셈이다.

서부전선에서 유엔군과 함께 중공군을 상대로 싸운 국군 사단은 미 1군단 배속 국군 1사단, 그리고 국군 2군단 소속의 6, 7, 8사단이었다. 내가 이끌고 있던 국군 1사단은 미 1군단 예하에서 병력과 장비를 거의 잃지 않은 채 후퇴할 수 있었다. 그러나 2군단은 1.4후퇴 과정에서 슬그머니 그 존재가 지워지듯이 없어졌다. 패배의 후유증을 극복할 수 없을 정도로 손실이 매우 컸던 까닭이다.

나는 앞서도 이야기했듯이 1950년 10월 말 북진 공세에서 며칠 동안 2군단장으로 가 있었다. 촌각을 다퉈야 했던 전시 중에 났던 이상한 인사발령이었다. 나는 며칠 동안 2군단장으로 가 있는 동안 압록강에 진출한 6사단이 벌써 중공군에게 둘러싸여 궤멸적인 타격을 받고 있던 상황을 알았다.

7사단과 8사단의 상황도 좋지 않았다. 급기야 약 한 달 뒤에 벌어진 '크리스마스 대공세' 때 덕천과 영원을 거쳐 만포진으로 향하려던 7사단과 8사단은 중공군에게 참혹한 패배를 당하고 말았다. 내가 계속 2군단장으로 남아 있었다면 나는 그런 상황을 피할 수 있었을까.

그 점은 장담할 수 없다. 나 또한 어지러운 패배를 계속 당하면서 처절한 후퇴를 할 수밖에 없었을 것이다. 그만큼 7사단과 8사단은 전투 경험에서 단련을 거치지 못한 상태였다. 부대는 훈련을 바탕으로 성장한다. 전투의 경험도 중요하다. 그런 모든 요소를 당시 7사단과 8사단은 충분히 갖추지 못했던 상태였다.

전선의 급격한 붕괴에 이어 38선으로까지 아군의 전선이 모두 밀린 데에는 다른 요인도 있다. 당시의 미군 역시 침착하지 못했다. 서둘러 후퇴로에 올랐던 당시의 나로서는 알 수 없는 점이었으나, 뒤에 정리한 사료들을 보면 미군 최고 지휘부의 당혹감 역시 급속한 전선 붕괴를 불렀던 한 요인임에 분명하다.

미군도 겁에 찌들었다

중공군의 실체를 과대하게 평가했던 것이다. 낯선 군대의 매우 기이한 전법에 일부 아군 전선이 무너지자 중공군의 실체를 과도하게 부풀려 상상함으로써 거대해진 공포감이 미군 지휘부의 냉철한 작전지휘를 가로막았던 듯하다. 역시 후퇴를 예상해 미리 상정할 수 있었던 방어선을 제대로 설정하지 못했다는 점이 그 이유다.

만약 한반도 북부에서 방어선을 설정한다면 평양과 원산을 잇는 라인이 가장 적당했다. 아군은 공세를 벌일 때에도 간과했던 그 라인을 후퇴 국면에서도 역시 놓치고 말았다. 전장 약 270km인 평양~원산 라인에 후퇴한 병력을 축차적으로 투입해 견고한 방어선을 구축했다면 아군의 급속한 38선 후퇴를 막을 수 있었을 것으로 보인다.

나중에 드러난 자료들을 보면 미 8군은 중공군에게 38선까지 밀리면서 낙동강 방어선을 다시 상정했다. 낙동강 방어선을 다시 설정함으로써 부산 교두보를 지키고, 이어 유엔군 병력을 일본 등으로 철수시킨다는 구상이었다. 뒤에 벌이는 가정이기는 하지만, 미 8군이 1~2차에 걸친 중공군 공세를 보면서 중공군의 실력을 냉정하게 파악했다면 이런 낙동강 방어선 설정과 해상으로의 철수는 매우 성급한 판단이랄 수밖에 없었다.

아무튼 미군 또한 급격한 북진, 낯선 중공군과의 조우, 이어 벌인 패퇴의 국면에서 현실과는 매우 동떨어진 공포감에 사로잡혀 있었던 셈이다. 중공군은 그런 아군의 등을 보면서 결국 38선까지 내달았고,

미군의 무기를 노획한 중공군이 이를 다루면서 기뻐하고 있다.

아주 손쉽게 공세를 벌인 뒤 마침내 1951년 1월 4일 수도 서울을 다시
우리의 수중으로부터 빼앗았다.

그럼에도 우리가 먼저 봐야 할 점은 국군의 상태였다. 미군도 그
런 공황감에 빠져 마구 밀린 점이 분명하지만 역시 우리의 근본적인
문제는 당시 국군 사단의 후퇴 및 붕괴 상황에서 찾는 게 옳다. 국군
2군단이 해체의 상황에까지 이른 데는 나름대로 충분한 이유가 있다.

2군단 예하의 6사단은 나름대로 건제를 유지하고 있었다. 1950년
10월 말의 북진에서 서둘러 압록강에 진출한 뒤 매복한 중공군에게
크게 당했지만 한 달 여의 재정비, 군단 예비로의 전환 등을 거쳐 나
름대로 병력과 장비 등을 보충할 수 있었기 때문이다.

문제는 7사단과 8사단이었다. 이 두 사단의 병력은 좀체 수습하기

가 힘들었다. 후방으로 마구 밀려 내려오는 병력은 차분한 수습의 과정을 거쳐 다시 모이도록 해야 했다. 그러나 재집결 자체가 어려울 정도로 사단은 무너진 상태였다. 평양 동쪽의 강동군 승호리에 집결했다고는 하지만 그 병력은 많지 않았다.

두 사단의 연대장 둘이 적에게 포로로 잡힐 정도였다면 그 부대의 붕괴 수준은 대단할 수밖에 없는 것이다. 역시 병력 수습이 매우 어려웠던 모양이다. 7사단의 경우는 약 6,800명 정도가 모여들었고, 8사단은 그보다 적은 5,700명 정도가 수습이 가능했던 병력이었다.

사단장이 있어야 했던 곳

그런 와중에서 사단을 이끌고 있는 사단장은 어떻게 처신해야 옳을까. 사단장은 제가 거느렸던 병력을 결코 떠날 수 없는 법이다. 사단장의 권위와 역량은 제가 거느린 부대와 생사를 함께 할 때 크고 대단해진다. 사단장이 사단 병력을 통솔치 못해 서로 떨어진다면 그 사람은 더 이상 사단장이라고 할 수 없다.

나아갈 때도 그렇고, 물러설 때는 더욱 그렇다. 제게 운명을 맡긴 병력과 생사고락을 함께 할 수 있어야 진정한 지휘관이다. 그 점에서 당시 7, 8사단의 사단장은 원칙에 충실하지 않았다. 국방부가 편찬한 『6.25전쟁사』를 보면 8사단장은 황해도 시변리와 경기도 연천을 잇는 도로가 아군의 공중 폭격으로 곳곳이 끊긴 사실을 알고서는 전선의 지휘를 한 연대장에게 맡겼다고 한다.

이어 사단장은 먼저 사단본부와 중장비, 환자 등을 실은 차량을 이끌고 먼저 철수했다고 한다. 사단장이 당시 있어야 할 곳은 마지막까지 후퇴하는 병력을 집결시킬 수 있는 곳이어야 한다. 그 점이 우선

돈보이는 문제다. 그 뒤에 사단장은 서울에 왔던 모양이다.

7사단도 상황은 별반 다른 게 없다. 공간사에는 제대로 적은 기록이 없다. 그러나 내가 1.4후퇴 뒤 전투를 치르면서 들은 바로는 7사단장 역시 제 병력을 뒤에 두고 서울에 체류하다가 문제가 생겼다. 내가들은 내용에 따르면 두 사람은 서울에서 헌병대에 의해 체포당했다. 이어 곧 군법회의에 넘겨졌다.

두 사람 모두 군법회의에서 아주 무거운 중형을 받았지만, 당시가심각한 전시戰時라는 이유 때문에 감형을 받고 다시 군문軍門에 복귀할수 있었다. 7사단은 군단이 해체되면서 강원도 홍천에서 정비를 거친뒤 춘천으로 이동해 육군 예비로 운명이 바뀌고 말았다. 8사단은 국군 3군단에 배속돼 화천 저수지 남쪽을 지키는 임무를 맡았다.

이 모두가 준비도 없이 전쟁을 맞이한 국군이 보여줄 수 있었던솔직한 상황이었다. 지휘관 개인의 책임으로만 떠넘기기에는 당시 우리 국군은 모든 것이 형편없었다. 훈련도 부족했고, 화력과 장비는 턱없이 부족했다. 그래도 싸울 의지만은 잃지 말아야 했다. 슬그머니 사라진 국군 2군단은 많은 교훈을 우리에게 일깨운다.

제16장

횡성의 대패

전선 분위기 바꾼 리지웨이

암울했던 1.4후퇴

중공군의 3차 공세는 유엔군과 국군이 평양 이북의 모든 전선에서 밀려 내려오던 시기에 벌어진 것이었다. 그로써 우리는 38선까지 내주고 서울을 또 다시 적의 수중에 넘겨야 했다. 안타까운 패배였지만 전쟁터에서의 대세大勢는 그렇게 기울어지고 있었다.

아군은 결국 북위 37도선까지 후퇴한 뒤 반격을 준비해야 하는 상황이었다. 커다란 변화가 있었다. 6.25전쟁 개전 초반의 아주 힘들었던 형세를 반전시키는 데 혁혁한 공로를 세웠던 월튼 워커 미 8군 사령관이 불의의 교통사고로 의정부 도로에서 세상을 떴다.

그 뒤를 이은 사람이 매슈 리지웨이 사령관이었다. 그는 앞에서도 자주 소개했듯이 미 공수부대를 이끌고 제2차 세계대전에서 용맹을 떨쳤던 강인한 지휘관이었다. 그는 전임이었던 월튼 워커 장군이 1950년 12월의 중공군 공세에 밀려 부산 교두보 후퇴에 이어 최종적으로는 철수까지 고려했던 것과는 달리 강력한 반격작전을 구상했다.

그러나 의지만 있다고 해서 바람이 현실로 반드시 이어진다는 법은 없다. 당시 유엔군을 비롯해 아군 모두는 중공군의 실체가 어느 정도인지에 대한 두려움이 매우 컸다. 특히 국군이 중공군에게 지니는 공포심은 대단했다. 나 또한 적에게 밀려 서울을 내주고 안성 일대로 후퇴하면서 자괴감이 커지고 있었다.

부끄러움 정도를 넘어서는 두려움도 자못 커져가는 때였다. 미군이 이 땅에서 물러날지도 모른다는 생각 때문이었다. 임진강에서 물러나 서울을 다시 내줄 무렵에 우리 국군 사이에서도 "미군이 부산 교두보를 설정한 뒤 축차적으로 철수하면서 한국을 떠날 가능성이 크다"는 말이 떠돌았다. 실제 낙동강 전선의 다부동 전투에서 나와 함께 호흡을 맞췄던 마이켈리스 대령도 내게 비슷한 말을 전해줬다.

서울을 내준 뒤 안성 인근의 입장에 사단 사령부를 차릴 무렵 그런 불안감이 늘 내 머릿속을 짓누르고 있었다. '이제 미군마저 떠난다면 우리 대한민국의 운명은 어떻게 될 것인가'라는 초조감, 두려움이었다. 안성을 향해 후퇴하던 때였을 것이다. 나는 부관 김판규 대위를 불렀다.

"자네, 『정감록_{鄭鑑錄}』 알지 않는가? 어디 가서 그 『정감록』 잘 보는 사람이 있는지 알아보고, 그런 이가 있다면 도대체 우리가 어디까지 후퇴할 것인가를 한 번 알아보게"라고 했다. 오죽 답답했으면 점_占이라도 한 번 쳐보려 했던 것일까. 당시 나는 그 정도로 심사가 답답했다. 실제의 전선 지휘관이 점에 의존할 수는 없는 법이다. 그러나 점이라도 한 번 보려고 했던 것은 우리를 짓누르는 스트레스가 아주 대단했기 때문이었다.

『정감록』의 예언

김판규 대위는 용케 『정감록』에 아주 능한 사람을 만날 수 있었다고 했다. 이어 그는 "다행히 적군은 안성 이남까지는 절대 내려올 수 없다고 한다"는 말까지 전했다. 나는 부관이 침울함에 젖어 있던 상관을

1.4후퇴로 서울을 내주고 안성으로 밀렸을 무렵 반격을 준비하다가 지프가 뒤집히는 사고를 당한 직후의 내 모습이다. 큰 사고였으나 리지웨이는 "사단장은 전선에 있어야 한다"며 복귀를 주문했다.

안심시키기 위해 만든 말일지도 모른다고 생각했다. 그럼에도 나는 조금의 위안을 얻었던 듯하다.

매슈 리지웨이 신임 8군 사령관은 호락호락하지 않은 인물이었다. 특히 국군의 통수권자였던 이승만 대통령에게 그랬다. 앞의 어딘가에서 잠시 소개한 내용이지만 그는 한국에 도착했을 때의 첫 인상을 "인분 냄새가 가득한 이 땅을 우리가 왜 지키려고 왔는지 모르겠다"고 한 사람이었다. 그러나 그는 '미합중국의 적법한 명령을 수행하기 위해 싸우러 왔다'고 부연했다.

그만큼 그는 군인으로서 자신의 조국인 미국 행정부의 명령, 그로써 얻어지는 명예와 전공戰功을 매우 존중하는 지휘관이었다. 그러나 전쟁터에서의 맹렬한 지휘관답게 그는 당시 한국군이 보이고 있던 전투력에 아주 가혹할 정도로 불만을 마구 드러내는 사람이기도 했다. 그는 이승만 대통령을 찾아가 "국군 통수권자인 대통령께서 전투력이 허약한 한국군의 어지러운 군기를 그대로 방치하신다면 우리는 한국군을 지원할 수 없다"고 다그치기도 했다.

따라서 이승만 대통령은 리지웨이 장군을 결코 좋아하지 않았다. 나중의 일이지만 이 대통령은 리지웨이와 월튼 워커 장군 등 자신을 타박했던 미 지휘관을 거론할 때는 "나쁜 친구들"이라며 끌탕을 치기도 했다. 그러나 우리가 미군의 그런 강압적인 언사를 받아들이지 않을 방법은 없었다. 달리 길이 없었기 때문이다.

그런 리지웨이의 호통 때문이었을 것이다. 그때부터 전선 부대를 찾아오는 고관高官들이 많았다. 이승만 대통령을 비롯해 장면 국무총리, 신성모 국방장관 등의 일선부대 방문이 잦아졌다. 신성모 국방장관이 당시 안성 부근의 입장에 있던 우리 1사단 사령부를 찾아왔던 기억이 난다.

그의 별명은 '낙루落淚 장관'이었다. 연설을 하다가 눈물을 흘리는 경우가 많아 붙여진 별명이었다. 우리가 37도선까지 밀려 내려가 있던 당시의 상황도 대한민국 정부의 입장에서 볼 때는 매우 암울했다. 그런 분위기 때문이었을까. '낙루 장관' 신성모 국방장관은 우리 1사단을 방문해 연설하다가 다시 또 눈물을 흘리고 말았다. 그를 듣고 있던 부대 장병들의 눈시울도 따라 붉어졌던 장면이 지금까지 눈에 선하다.

리지웨이는 독했다. 그는 부임하자마자 의정부 전선을 시찰했다. 그곳에서 한국군 6사단과 미 25사단이 중공군에게 밀려 마구 후퇴하는 것을 보고 충격을 받았다고 했다. 특히 평양 이북에서 중공군에게 먼저 등을 보여 아군 전선에 치명적인 틈을 내주고 말았던 한국군의 전력에 매우 심한 불신감을 지녔던 듯하다.

그런 그의 감정이 아무래도 이승만 대통령을 찾아가 윽박지르는 행위로 이어졌을 것이다. 아무튼 암울한 국면에 등장한 새로운 지휘관 리지웨이는 활발하게 움직였다. 그는 아군 부대와 부대를 쇠사슬과 같은 강인한 연대로 묶고자 했다. 적에게 더 이상 틈을 허용하지 않기 위한 방책이었다. 따라서 아주 높은 수준의 군기軍紀가 필요하다고 봤다.

반격에 나선 리지웨이

좀 더 시간이 지난 뒤의 일이지만 나는 수원 인근에서 자동차 사고를 당한 적이 있다. 신성모 국방장관을 수행해 미 1군단 사령부를 방문할 때였다. 그 때 차가 뒤집혔다. 신성모 장관은 다치지 않았으나 내가 제법 심각한 부상을 입었다. 허리를 쓸 수 없을 정도였다. 나는 당장 미군 병원에 입원했고, 사람들은 "일본으로 후송해야 할 정도"라고 걱정했다. 그 때 리지웨이 사령관이 내 병실을 찾아왔다.

그는 내 병세를 잠시 들여다보더니 "지금은 사단장이 일선에 서 있어야 할 때"라고 말했다. 그리고서는 내 의사를 물었다. 나는 "좋다. 일선에 서겠다"고 했다. 그는 만족한 표정을 지어보이고 병실을 나갔다. 그는 그렇듯 전의戰意를 강조하는 지휘관이었다. 나는 하루 뒤 퇴원해 일선에 복귀했고, 당시 누군가가 가져다 준 웅담을 먹으면서 버텼다.

나중에 중공군 전사戰史를 뒤적여보면 그런 리지웨이가 중공군에게는 가장 위협적인 지휘관이었음이 드러난다. 중공군은 강력한 화력火力을 바탕으로 견고한 부대 운용에 나섰던 리지웨이가 자신에게 어떤 위협으로 다가오는지를 전전긍긍하면서 지켜봤던 것이다.

　신임 미 8군 사령관은 평양 이북으로 진군할 때 갈라졌던 한반도 전쟁에서의 지휘권을 하나로 묶었다. 서부전선이 미 8군 사령관, 동부 전선이 미 10군단장의 책임구역으로 나뉘어져 있던 지휘권 분할을 하나로 묶어 자신이 전체를 지휘하는 체계로 다잡았다.

　게다가 강력한 전의戰意와 군기軍紀로 아군 전선 부대의 자세를 바로 잡기에 적극적이었다. 그는 예하 각 지휘관들에게 '2단계 하급下級 제대梯隊 지휘'를 강조했다. 예를 들면, 사단장은 밑으로 연대聯隊와 대대大隊까지 직접 통제하라는 말이었다. 연대장은 따라서 대대와 중대中隊까지 직접 챙기라는 얘기였다.

　그 자신도 일선에 서기를 마다하지 않았다. 당시 미 8군 사령부는 대구에 있었다. 그러나 리지웨이는 늘 대전에 와 있었다. 대전에는 프랭크 밀번 장군이 이끄는 미 1군단 사령부가 있던 곳이다. 둘은 사이가 별로 좋지 않았다. 밀번 장군이 웨스트포인트 선배였으나 진급에서 늦어 웨스트포인트 후배였던 리지웨이의 명령을 들어야 하는 처지였다.

　그럼에도 리지웨이는 늘 대전의 미 1군단 사령부에 머물며 전선 상황을 챙기고 또 챙겼다. 그런 리지웨이의 강인한 성격과 실행력 덕분에 전선의 분위기는 달라지고 있었다. 중공군 3차 공세로 많이 무너졌던 아군의 기강과 전투력이 차츰 눈에 띌 정도로 높아지는 분위기였다.

실체 드러내는 중공군

깊어지는 중공군의 고민

중공군은 한강에서부터 이남 지역으로 적어도 80㎞는 치고 내려온 상황이었다. 따라서 아군은 북위 37도선에서 겨우 전열을 재정비했다. 중공군의 공세는 언제까지 이어질 수 있을까. 강인한 전의戰意로 무장한 신임 8군 사령관이 등장하면서 당초 미군이 마음에 뒀던 부산 교두보로의 후퇴 염려는 사실상 사라지고 말았다.

그럼에도 중공군 공세가 언제까지 지속할 수 있을까에 관한 의구는 여전히 남아 있었다. 이 점이 사실은 커다란 문제였다. 중공군 전사戰史를 보면 그들은 당시에 이미 더 이상의 추격을 펼칠 만한 역량을 모두 소진한 상태였다. 수도 서울을 점령하고 경기도 중부 일원과 원주 북쪽까지 내려왔지만 더 이상의 공세는 펼치기 힘들었다.

전선이 남쪽으로 내려오면서 중공군의 보급선이 길어진 점이 가장 큰 이유였다. 게다가 함흥에 머물고 있던 중공군 제 9병단의 추가 배치가 어려웠다. 제 19병단은 신규로 한반도 전선에 참여할 부대였다. 만주로부터 이동해 한강 이남으로 내려와야 하는 새 병력이었으나, 충분한 경제력을 갖추지 못한 중국의 후방 사정으로 또한 진출이 미뤄지고 있었다.

따라서 중공군 총사령관 펑더화이彭德懷는 1951년 1월 8일자로 전 중공군에게 유엔군 추격 정지 명령을 내렸다. 일단 숨을 고르면서 후방 보급사정과 병력 추가 배치가 이뤄진 뒤에 다음 공세를 펼치려는 심산心算이었다. 아울러 걱정도 많았다.

도쿄東京에는 아직 맥아더 장군이 총사령관으로 버티고 있던 상황이었다. 그는 당시 세계적인 명장名將이었고, 특기가 바로 상륙작전이었기 때문이었다. 따라서 중공군은 보급선이 길어지는 국면과 함께 언제일지 모르지만 한반도 동서東西 해안으로 미군 부대가 다시 상륙을 감행할 수도 있다는 두려움을 안고 있었다.

펑더화이 등 중공군 수뇌부는 그에 따라 전선이 남하하는 상황에 맞춰 일부 대규모 병력과 북한군을 동원해 동서 해안 경계에 부쩍 신경을 쓸 수밖에 없는 상황이었다. 서울을 우리에게서 빼앗은 3차 공세까지는 성공했지만, 1~2차 공세를 펼치는 동안 한반도 북부의 강력한 추위에 시달린 중공군의 많은 병력 중에는 동상凍傷 환자도 적지 않았다.

따라서 길어진 보급선, 언제 닥칠지 모르는 미군의 상륙작전, 기동력이 크게 둔화한 중공군 병력 등이 다 문제로 떠올랐다. 따라서 펑더화이의 입장에서는 달리 선택의 길이 없었다. 일단 쉬어야 전투를 계속 이어갈 수 있다는 판단이 정확했던 셈이다. 따라서 그런 중공군의 속사정을 읽어야 했던 게 아군의 가장 중요한 일이었다.

리지웨이가 내민 탐침

당장은 낯선 상대가 불러일으키는 당혹감과 두려움으로부터 벗어나는 일이 시급했다. 도대체 중공군의 진짜 실력은 어느 정도일까. 우리는 그 점을 알면서 지금의 상황에까지 몰렸던 것일까. 아니면, 상대의 허실虛實을 제대로 짚지도 못한 채 뒤로 물러서기만 했던 것일까.

1950년 11월 말부터 12월 초에 적에게 밀리기 시작해 대한민국 수도 서울을 내주고 북위 37도선으로 후퇴한 1951년 1월 초의 상황은 아군에게 전체 전쟁국면을 크게 전환시킬 수 있는 매우 중요한 시기였다. 그러나 능력이 따라야 했다. 어설픈 판단으로 국면을 잘못 읽는다면 추가적인 후퇴에 이어 낙동강 전선으로 다시 몰려야 하는 위험도 있었다.

리지웨이는 그 국면에서 자신의 능력을 보란 듯이 드러낸 명장名將이라고 할 수 있었다. 그는 우선 중공군을 두려워하기 전에 그들의 실체가 어떤지를 알아보려는 지휘관이었다. 그는 사실 중국에서 체류한 적이 있던 군인이었다. 초급 장교 시절 중국 톈진天津에서 근무했던 경험이 있던 터라 중국인이 전혀 낯설지 않은 편이었다.

그 점이 주효했을지도 모르겠다. 그러나 다른 점도 있었다. 풍부한 실전實戰 경험, 제2차 세계대전에서 미군의 대규모 공수강하 작전을 주도했던 날카로운 공격력이 그의 특징이었다. 따라서 그는 용감했고, 치밀했다. 상대가 낯설어 마구 커지기만 하는 두려움에 그냥 굽힐 군인이 아니었다는 얘기다.

그는 우선 '탐침探針'을 준비했다. 정밀한 탐침을 적의 한가운데로 집어넣은 뒤 적군이 그를 어떻게 물리치는지를 우선 보고자 했다. 사실 이는 병법兵法의 원칙에 해당했다. 그러나 원칙이라는 것은 잘 알지만 지키기가 쉽지는 않다. 그런 원칙이란 다른 것이 아니다. 상대의 실체를 제대로 알아야 한다는 점이었다. 지피지기知彼知己라는 말이 그냥 나오지는 않았을 것이다.

전선의 분위기를 다진 뒤 리지웨이 신임 미 8군 사령관이 벌인 일은 탐색이었다. 군대의 전문용어로는 '위력威力 수색'에 해당하는 작업이었다. 크게 강화한 화력을 선두에 선 수색 임무의 부대에 보태고서는 그를 적진敵陣 깊숙이 들여보내는 게 우선이다. 아울러 적이 그런 위력 수색을 물리치기 위해 어떻게 대응에 나서는지를 정밀하게 관찰하는 작업이 뒤를 따른다.

리지웨이는 중공군 대규모 병력이 서울에서 남하해 수원 일대에 체류하고 있는 사실을 알았다. 더 이상 남하하지 못하는 중공군이었다. 리지웨이의 날카로운 탐침은 그곳을 바로 겨누고 들어갔다. 일명 '울프하운드Wolfhound'라고 불리는 작전이었다.

미 1군단 예하에서 강력한 화력을 지닌 연대전투단RCT: Regimental Combat Team을 구성하고 미 9군단에서 1개 대대전투단을 보강했다. '연

북위 37도선까지 밀린 아군이 반격 준비에 나섰다. 미 1군단 예하 전차부대와 국군 1사단 보병이 서울 탈환을 위해 북상하던 때의 사진이다.

대전투단'이란, 사단과는 별도로 단독 작전을 수행할 수 있도록 전투 기능을 대폭 보강한 전투 단위다. 연대전투단의 핵심은 미 25사단 27연대였다. 낙동강 전선의 다부동 전투에서 우리 1사단과 함께 싸움에 나섰던 마이켈리스가 연대장이었다.

'늑대'에 이어 '벼락'이 나섰다

리지웨이가 겨누는 칼끝은 매우 예리하고 강했다. 기존의 작전 개념과는 다른 차원의 싸움을 준비했기 때문이다. 그는 이전까지 벌어졌던 지역 확보 우선의 작전개념에서 탈피했다. 대신 중점을 상대 병력에 대한 '살상殺傷'에 뒀다. 적군을 눈에 띄는 대로 섬멸殲滅하겠다는 구상이었다.

중공군이 리지웨이를 두려워했던 이유는 바로 그 점에 있었다. 보병步兵과 전차戰車, 포병砲兵을 일컫는 보전포步戰砲의 강력하고 치밀한 화력火力에 상대를 압도했던 미군의 공군력을 덧붙여 중공군 병력을 보이는 대로 살상하겠다는 작전개념이었기 때문이다.

울프하운드 작전은 1월 15일부터 22일까지 1주일 동안 펼쳐졌다. 이 작전을 통해 중공군은 수원 이남으로 내려오지 않았다는 점이 분명하게 드러났다. 아울러 중공군은 미군 연대전투단을 피해 산속으로 숨어들어가는 모습을 보였다. 따라서 강력한 화력 앞에 중공군의 인해전술人海戰術식 싸움 방법이 더 이상 통하지 않는다는 점도 분명해졌다.

리지웨이는 이와 함께 몇 가지 작전상의 중요한 지침을 예하의 각 부대에게 내렸다. 적과 접전 뒤 후퇴할 때라도 반드시 적과의 접촉선을 유지해야 한다는 점, 공격 때에는 아군의 인접 부대와 횡적인 연결선을 그대로 이어가야 한다는 점 등이었다. 이런 지침의 분명한 지향 하나는 적에게 막대한 출혈出血을 요구한다는 점이었다.

울프하운드 작전은 그런 점에서 큰 성공이었다. 한반도 북부의 싸움터에서 아군에게 막심한 피해를 안겼던 적, 중공군의 실체가 크게 드러나기 시작했기 때문이다. 아울러 경기도 중북부와 강원도에 걸쳐 형성된 전선은 험준한 산악과 협곡이 발달한 한반도 북부와 차이가 있었다. 매복과 기습에 뛰어난 중공군으로서는 아무래도 불리한 지형이었다.

리지웨이의 날카로운 탐침은 계속 중공군의 허점을 향해 뻗었다. 미군은 울프하운드 작전에 이어 다음에는 썬더볼트 작전Operation Thunderbolt을 펼쳤다. 앞의 울프하운드는 굳이 번역하자면 '늑대'일 것이다. 그보다 이름이 더 강력했던 다음 작전은 우리말로는 '벼락'일 것이다. 이 작전은 수도 서울이 있는 한강 이남까지로 수색 범위를 설정했다.

울프하운드로 위력 수색을 벌인 뒤 중공군이 미군의 강력한 화력에 당황한 틈을 타 더 강력한 수색작전을 벌인 셈이었다. 중공군을 향한 리지웨이의 '벼락'은 울프하운드 작전을 마친 22일 직후인 23일 뻗어나갔다. 중공군으로서는 매우 당황스러운 작전이었을 것이다. 중공군은 적잖이 흔들리고 있었다. 중공군으로서는 고민이 깊어지지 않을 수 없는 상황이었다.

용감한 터키군의 백병전

투르크 후예들의 용맹

썬더볼트 작전이 펼쳐지는 동안 유명해진 부대가 있다. 미 1군단 예하 미 25사단에 배속해 있던 터키 여단이었다. 이 부대는 아군이 처참하게 무너졌던 평북의 군우리 전투에서도 이름을 드러낸다. 그러나 중공군 공세에 맥없이 물러났다는 부끄러운 기록과 함께였다.

그러나 썬더볼트 작전이 펼쳐지면서 터키 여단은 결코 다시는 물러서지 않았다. 그들의 싸움터는 당시 김량장으로 불렸던 용인 일대였다. 터키 여단은 김량장리와 신갈을 향해 진격했다. 미 1군단 오른쪽 전선을 담당한 터키 여단은 썬더볼트 작전의 개시일인 1월 25일 첫날에는 진격이 순조로웠다. 그러나 이곳을 방어하고 있던 중공군은 인근 야산에 이미 강력한 진지를 구축한 상태였다고 한다.

이튿날인 26일 터키 여단의 선두부대는 곳곳에서 중공군과 격전을 펼쳐야 했다. 적지 않은 손실에도 불구하고 터키 여단 선두는 중공군의 공격을 맞받아가며 싸움을 벌였다. 매우 격렬한 싸움이었다. 터키 여단의 이름이 아군 진영에서 오르내렸던 이유는 당시 벌어진 중공군과의 처절한 백병전白兵戰 때문이었다.

터키 군대는 군우리에서의 패배를 설욕하기 위해서인지 한 걸음도 다시 물러서지 않았던 모양이다. 필요에 따라 중공군이 이미 견고

한 진지를 형성한 고지에 공습을 요청한 뒤 터키군은 그곳을 점령하기 위해 나아갔고, 그에 따라 진지를 사수하려는 중공군과 백병전이 불붙었다고 한다. 지금의 용인 시가지와 인근 신갈 일대는 따라서 뜨거운 격전장으로 변했다.

터키 여단은 썬더볼트 작전이 개시된 25일 이후 이틀이 지나면서 김량장과 신갈을 점령하는 데 성공했다고 국방부가 발간한 『6.25전쟁사』는 소개하고 있다. 중공군의 피해가 아주 컸다고 한다. 터키 여단이 후방에서 진격해 온 우리 1사단에게 김량장과 신갈을 이양한 뒤 수원을 향해 이동할 때 그 전과戰果가 자세하게 드러났다.

중공군은 27일에 이르면서 김량장과 신갈 일대에서 모습을 감추고 말았다. 백병전은 직접 총칼로 벌이는 육박전이다. 김량장과 신갈 일대의 중공군이 점령했던 고지에는 그들의 시신이 처참한 모습으로 널려 있었다. 김량장과 151고지라는 곳에서 발견된 중공군의 시신은 머리와 턱이 깨지고 총검銃劍에 찔린 모습이었다고 한다.

특히 151고지에서의 백병전은 약 30분 동안 펼쳐지면서 당시 현장에 있었던 종군기자들에 의해 생생하게 알려졌다. 이 고지에서 397명의 중공군 전사자가 발생했다. 터키 군대의 희생은 그에 비해 아주 적었다고 한다. 이로써 터키 군대는 유엔군 사이에서 '백병전까지 무릅쓰고 중공군을 물리친 강력한 군대'라는 명예를 얻었다는 것이다.

관악산까지 진격

리지웨이의 날카로운 공격 구상은 점차 빛을 더 해가고 있었다. 터키 여단은 끝내 물러서지 않는 용감함으로 백병전까지 무릅쓰면서 중공군을 격퇴해 이름을 드높인 데 이어 미 25사단과 함께 더 진격을 펼쳐

수원과 인천 방면의 이동로를 감제할 수 있는 수리산까지 점령했다. 2월 초의 상황이었다.

그 무렵 우리 1사단도 15연대(연대장 김안일 대령)가 전면으로 진출하면서 과천을 지향할 수 있는 모락산을 점령하는 데 성공했다. 2월 4일이었다. 따라서 중공군은 계속 몰려야 하는 상황이었다. 이제까지 등을 보이면서 후퇴하는 유엔군과 국군을 추격하면서 그들이 벌였던 공세와는 전혀 다른 양상이 나타나고 있었다.

따라서 중공군은 점차 궁지에 몰리는 형국이었다. 그러나 그대로 당할 수만은 없었을 것이다. 중공군은 나름대로 반격을 구상하고 있었다. 서울을 다시 내줄 것인가는 부차적인 문제였다. 북위 37도선인 안성과 삼척을 잇는 전선에서 반격해오는 유엔군의 기세가 심상치 않았기 때문이다.

이를 방치할 경우 중공군은 힘들여 진격했던 38도선을 다시 내줘야 하는 형국이었고, 경우에 따라서는 전체 전선의 붕괴까지 생각하지 않을 수 없는 상황이기도 했다. 중공군은 따라서 한강 남쪽에 병력을 대규모로 배치하지 않은 상태에서 전선을 어떻게 형성할 것인지 고민하기 시작했던 듯하다.

2월 10일 경에 이르러서는 미 25사단이 한강 진출선을 확보한 데 이어 우리 1사단의 15연대가 서울을 눈앞에 두고 있는 관악산 점령에 성공했다. 중공군으로서는 이제 수도 서울을 내주고 후퇴할 것인가를 진지하게 고민해야 하는 상황이었다. 서부전선은 그런 기세로 중공군을 압박하는 모양새였다.

울프하운드, 썬더볼트 작전에 이어 펼쳐진 것이 라운드업Roundup 작전이었다. 이는 중동부 전선의 상황을 감안한 작전이었다. 중공군은

6.25참전 터키군. 1.4후퇴 뒤 서울을 수복하는 작전에서 백병전으로 중공군 고지를 유린하는 용맹성을 보이며 이름을 떨쳤다.

서울이 있는 서부전선에서 앞서 이야기한 대로 점차 불리한 상황에 몰리고 있었다. 이를 만회하기 위한 중공군의 구상 중 하나가 강력한 화력을 지닌 서부전선의 유엔군을 피해 중동부 전선을 노리자는 것이었다.

당시 중공군의 주력이 강원도 홍천을 향해 집결하고 있다는 정보가 들어왔다. 이에 맞서기 위해 리지웨이는 중동부 전선의 미 10군단 등을 동원해 새로운 작전을 펼쳐야 했다. 그 작전의 이름이 '라운드업'이었다. 미 10군단의 요청에 의해 작전은 만들어졌고, 리지웨이는 그를 승인했다.

당시의 전선 배치 상황은 이랬다. 서쪽으로부터 미 1군단, 중서부 전선에는 미 9군단, 중동부 전선에는 미 10군단, 그 오른쪽에는 국군

3군단, 동해안에는 국군 1군단이 섰다. 국군 3군단은 미 10군단장 알몬드 소장의 지휘를 받아야 했다.

중공군으로서는 제4차 공세를 펼쳐야 하는 상황이었다. 그러나 리지웨이가 신임 미 8군 사령관으로 부임하면서 전선 상황에 많은 변화가 생기고 말았다. 서부전선은 한반도에서 벌어지는 전쟁의 전체적인 승패가 갈리는 곳이었다. 따라서 이곳에 서있는 미군은 화력이나 장비, 병력 등의 모든 면모에서 가장 셌다.

강원도로 기동한 중공군

그런 서부전선의 미 1군단은 리지웨이의 강력한 명령을 제대로 수행해 마침내 중공군이 점령하고 있던 대한민국 수도 서울의 코앞까지 바짝 다가선 상태였다. 일찌감치 소개한 내용이지만, 당시의 중공군 총사령관 펑더화이는 다음에 펼칠 공세를 두고 큰 고민에 빠진 상태였다.

중공군의 보급이나 화력, 장비, 기동력에서 이미 유엔군과 제대로 싸움을 벌일 만한 역량이 갖춰져 있지 않다고 봤기 때문이었다. 이 문제를 두고 펑더화이는 전쟁 전체를 이끌고 있던 베이징北京의 마오쩌둥毛澤東과 심각한 갈등을 벌였다. 마오쩌둥은 공세를 지속하도록 펑더화이를 압박했다.

그러나 펑더화이는 전선의 상황을 너무나도 잘 알고 있던 야전의 최고 지휘관이었다. 그는 모든 면에서 다음 공세를 정식으로 펼쳐가기에는 역량이 매우 부족하다는 점을 잘 알았다. 그러나 최고 전쟁 지휘부의 독촉은 계속 그를 압박했다. 결국 펑더화이는 리지웨이가 펼치고 있는 대규모 반격에 다시 대응을 할 수밖에 없던 상황이었다.

중공군의 그런 상황을 모두 감안해 펑더화이가 결정한 내용이 아군의 중동부 전선을 강타하자는 계획이었다. 중공군은 대한민국 수도 서울의 방어에 전력을 기울일 형편이 아니었다. 어차피 해빙기解氷期에 접어들면서 차량과 장비, 병력의 이동이 어려워 3월 이후에는 서울로부터의 철수가 어렵다는 판단을 했다.

따라서 서부전선의 강력한 유엔군을 상대로 해 지키기 힘든 수도 서울에 매달려 있는 대신 다른 돌파구를 마련해 병력을 집중시키는 방법이 필요했다. 그는 서부전선의 강력한 유엔군을 피하는 대신 중동부 전선의 한국군을 노리는 전략을 택했다. 나름대로의 '우회'였다.

6.25전쟁 3년 동안 대부분의 아군 전선배치는 맥락이 같았다. 한반도 전쟁의 승패를 크게 가르는 서부전선에는 대개 강력한 군대를 세웠다. 미 8군 예하에서 가장 센 미 1군단은 따라서 요지부동의 서부전선 담당 부대였다. 동쪽으로 갈수록 그에 비해 다소 힘이 떨어지는 군대가 섰다. 따라서 중동부 전선으로는 국군 담당 지역이 점차 늘어가는 흐름이었다.

미 10군단 알몬드 소장은 북진 과정에서 탁월한 지휘력을 선보이지 못했던 지휘관이었다. 그러나 흥남 철수작전에서 나름대로 침착한 면모를 보였다. 그럼에도 전선 지휘는 다소 불안했다. 그 미 10군단 예하에는 국군 8사단이 있었다. 북진했다가 묘향산 부근 영원과 맹산이라는 곳에서 중공군에게 참패를 당했다가 가까스로 재편성에 성공한 부대였다. 그러나 그곳에는 새 먹잇감을 노리는 중공군의 대부대가 몰려들고 있었다.

중공군 11만 명 홍천으로 급거 이동

성급했던 미 10군단장

그 무렵의 일이었다. 중공군은 앞서 말한 대로 중동부 전선을 향해 서부전선의 공격을 담당하던 13병단 예하의 7개 사단을 이동시켰다. 방향은 그렇게 정했으나, 어느 곳을 향해 선공先攻의 칼을 겨눠야 하는지는 정론定論이 없었다.

그곳은 모두 미 10군단 예하의 부대들이 지키는 곳이었다. 우선은 횡성과 경기도 가평 부근의 지평리가 논의의 대상이었다. 중공군 지도부는 그 두 곳 중의 하나를 택해 선제공격을 감행해야 한다는 생각이었다. 그러나 횡성을 먼저 칠지, 아니면 전략적으로 더 큰 요충에 해당하는 지평리를 공격해야 할지 자신이 없었다.

중공군 전사戰史에 따르면 그를 두고 펑더화이를 중심으로 한 중공군 지도부는 퍽 열띤 논의를 벌였다고 한다. 그러나 전쟁에서의 그런 논쟁은 사실 결론이 뻔하게 나기 쉽다. 가장 약한 곳을 향해 전력戰力을 집중하는 게 보통이기 때문이다. 중공군은 따라서 열띤 논의를 벌였지만 결국 국군이 선공先攻 부대로 나선 횡성 지역을 공격키로 결정했다.

미 10군단장 알몬드 소장이 구상해 8군 사령관 리지웨이 장군으로부터 승인을 받은 '라운드업 작전'은 평범한 내용이 아니었다. 선두에 국군 부대를 올려놓은 뒤 그 후방을 강력한 미군 지원 부대로 받친다는 구상이었다. 팀워크가 잘 맞아 떨어질 경우 서부전선 일대에서 리지웨이 장군이 감행한 '울프하운드', '썬더볼트' 등의 위력 수색 작전에 손색이 없을 수도 있었던 내용이다.

그러나 전쟁터에서의 싸움은 적정敵情과 함께 스스로 지닌 힘의 장단長短과 강약强弱을 잘 따져야 하는 법이다. 당시 미 8군 정보 참모 대리였던 로버트 퍼거슨(Robert G. Ferguson) 대령은 중공군의 이동 사실을 제법 상세히 알고 있었다고 한다. 약 11만 명 이상의 중공군 병력이 중동부 전선으로 이동하고 있다는 내용이었다.

아울러 퍼거슨 대령은 그런 중공군의 대규모 병력이 양평과 홍천 일대에 집결한 뒤 원주를 향해 공격을 펼칠 것으로 보인다는 점도 정확히 판단했다. 그는 또 중공군이 원주를 지향하다가 종국에는 서쪽으로 방향을 돌려 충주 지역을 향해 공세를 벌일 것이라고 봤다.

이는 나중에 중공군이 보인 대부분의 지향指向과 일치하는 판단이었다. 따라서 매우 뛰어난 정보 수집, 분석, 판단에 해당하는 내용이라고 볼 수 있었다. 문제는 미 10군단이었다. 중공군 대규모 병력이 몰려들고 있는 전선 전면前面 상황을 제대로 파악했느냐가 우선 중요했다.

그러나 여러 정황으로 보면 미 8군의 정보 판단 내용이 전해졌음에는 분명해 보이지만 횡성으로부터 홍천을 지향하는 미 10군단의 공세 의도에서는 아무래도 전면의 적군을 깊이 관찰하지 않은 듯한 흔적이 여럿 드러난다. 미 10군단장 알몬드 소장의 독촉이 이어졌다는 점이 특히 그랬다.

당시 전선에 서서 싸움을 지휘했던 지휘관으로서는 적의 사정을 제대로 파악하는 일과 함께 스스로 지닌 역량의 바른 모습을 옳게 알아야 했다. 미 10군단장 알몬드 소장은 횡성에서 홍천을 향해 공격을 펼치는 주공主攻으로 국군 8사단과 5사단을 내세웠다.

허약한 국군을 전면에 세워

라운드업 작전의 좌측 전방에 세운 국군 8사단이 작전의 주공을 담당하기에 적절했느냐의 여부가 문제였다. 국군 8사단은 앞에서 여러 번 소개한 내용처럼 아군의 북진에 이은 '추수감사절 공세', '크리스마스 공세'에서 영원 지역으로 진출해 압록강으로 향하려다가 중공군 매복에 걸려 커다란 패배를 당했던 부대였다.

1951년 초 활발하게 펼쳐졌던 아군의 반격작전에 따라 미 24사단 19연대가 산악으로 기동하고 있는 사진이다.

참담한 패배를 기록한 뒤 재편에 들어갔고, 제 역량을 채 추스르기도 전에 다시 전선에 서야 했던 부대였다. 한반도 북부인 영원 일대에서 기록적인 패배를 맞아 전투 역량의 상당 부분을 잃었던 데다가, 재편에 성공했다고는 하지만 전투 경험이 전무全無했던 신규 병력이 다수를 이루고 있어 여러모로 주공을 담당하기에는 힘이 크게 부족했다.

그럼에도 미 10군단장은 홍천을 향한 공격을 서둘렀다. 중동부 지역으로 몰려드는 중공군의 의도가 아무래도 원주를 향하고 있다는 판단에서였다. 그 길목에 해당하는 홍천을 서둘러 점령해 원주를 지향하는 중공군의 발길을 묶어두겠다는 생각이었다.

당시 국군 8사단장 최영희 준장은 그런 알몬드의 독촉을 자주 받았다고 회고한 적이 있다. 국방부의 『6.25전쟁사』를 보면 알몬드는 전화로 독촉하는 데 그치지 않고 하루에도 여러 번 국군 8사단의 지휘소를 찾아와 8사단의 발 빠른 기동機動을 주문했다고 한다.

라운드업 작전은 1951년 1월 말에 구상하고 기획한 뒤 미 8군 승인을 거쳐 2월 5일 공세에 나서는 내용으로 짜여 있었다. 공격력이 약한 국군 8사단과 5사단을 전선 좌우의 주공主攻으로 내세우는 대신 후방의 방어진지 구축을 벌이고 있던 미 2사단과 미 7사단으로부터 포병과 전차를 동원해 그를 지원하는 것으로 공격의 틀을 짠 상태였다.

그에 비해 중공군의 전선 지휘는 펑더화이 최고 사령관 밑에서 2인자로 있던 덩화鄧華가 이끌었다. 그는 중공군 4차 공세가 펼쳐졌던 1951년 2월로부터 5개월이 흐른 뒤인 7월의 첫 휴전회담에서 중공군을 대표해 회의 테이블에 나타났던 사람이다. 나 또한 첫 휴전회담 한국 대표로 나서서 그를 마주한 경험이 있다.

그는 전형적인 '차이니즈 스마일Chinese Smile'을 보여주던 지휘관이었다. 사세事勢를 끊임없이 저울질하고 또 저울질하면서 기쁘거나 슬픈 감정 따위를 전혀 겉으로 내비치지 않는 사람이었다. 그는 펑더화이와 함께 6.25전쟁에 뛰어들었던 중공군을 줄곧 지휘했던 인물이었다.

아울러 국민당 정부와의 싸움인 국공國共 내전, 이후 벌어진 항일抗日 전쟁에서 숱한 야전의 경험을 쌓기도 했다. 따라서 전법戰法에 관한 한 매우 밝은 지휘관이었다. 중공군 전사戰史를 보면 그는 1951년 2월의 공세를 펼치기 전 횡성과 지평리를 지향하던 예하 중공군 부대에게 현실적인 지침을 내린다.

당시 덩화가 내린 지침은 여러 가지에 이르지만 그 핵심은 '분할分割'이었다. 싸움의 상대인 아군이 여러 단위로 쪼개질 수 있도록 정면과 함께 측면과 후방을 공격하라는 내용이었다. 아울러 아군이 그들의 공세에 밀려 등을 보일 때에도 역시 '분할'에 중점을 두면서 다면多面을 공격하라는 내용이었다.

중공군의 '쪼개기' 전법

이 점은 1951년 2월에 벌어지는 중공군 제4차 공세의 중요한 전법 개념에 해당했다. 그리고 덩화의 그런 지침은 매우 정확했다. 적어도, 횡성으로부터 홍천을 향해 움직이던 국군 8사단을 공격할 때는 그랬다. 그러나 덩화의 그 같은 전법은 국군에게는 통했지만 그 직후에 벌어진 지평리 싸움에서는 결코 먹혀들지 않았다.

그럼에도 '분할'을 노리고 들어오는 중공군의 날카로운 공세는 첫 먹잇감으로 국군을 향했다. 여러모로 여의치 못한 보급 사정이 있었음에도 불구하고 중공군은 제4차 공세를 벌여 리지웨이 부임 뒤 몰리고 있던 국면局面을 전환하기 위해 날카로운 공격력을 다듬은 상태였다.

그들 또한 1951년 2월의 첫 공세에서 국면 전환을 위한 계기를 만들지 못할 경우 자신들이 힘들여 밀고 내려왔던 38선을 유엔군에게 다시 내줘야 한다는 생각에 몰렸다. 따라서 어떻게 해서든지 2월 첫 공세에서 국면 전환을 위한 발판을 마련해야 한다는 입장이었다.

일촉즉발一觸卽發이라는 말은 아무래도 그런 상황을 두고 만들어진 성어일 것이다. 중공군은 나름대로 리지웨이 부임 후의 수세守勢를 극복하면서 국면을 바꿔야 하는 입장에 있었고, 미 10군단장 또한 홍천을 미리 점령해 원주를 향할지 모를 중공군의 발길을 묶어 리지웨이가 펼쳤던 '울프하운드', '썬더볼트' 등의 작전에 호응하는 일이 필요했다. 그는 결국 국군 8사단을 직접 찾아가 발 빠른 북상을 독촉했고, 중공군은 덩화의 지침을 받아 '분할'이라는 명제를 숙고하면서 북한강을 넘어 홍천 일대로 접근하고 있었다.

국군 8사단의 초반 진격은 적의 큰 저항이 없어 순조로웠다. 모두 18km에 이르는 넓은 정면正面이 문제이기는 했으나 스타트는 쾌조快調라고 해도 좋을 정도였다. 2월 5일 기동을 시작한 8사단은 별다른 접전 없이 북상하고 있었다. 전면에 출현했던 적도 있었다. 그러나 그들은 곧 등을 보이면서 달아났다.

그럼에도 사실은 많은 것을 따져야 하는 상황이었다. 부대의 허약함은 그런 순조로운 길에서는 좀체 모습을 드러내지 않는 법이다. 잠시 나타났다가 곧 등을 보이는 적군 또한 주력은 아니었다. 13병단 예하로 중동부 전선으로 급히 이동하며 아군의 '분할'을 기도했던 적군은 아직 8사단의 정면에 모습조차 나타내지 않고 있었다.

8시간 만에 포위당한 국군 8사단

너무 넓었던 부대 전면

중동부 전선에 섰던 미 10군단이 홍천 일대를 향해 진격을 시작한 날짜는 1951년 2월 5일이었다. 이른바 '라운드업'이라고 명명했던 작전의 개시였다. 당시 대규모의 중공군은 아직 전선에 나타나지 않은 상태였다. 그들은 주로 홍천 남부 지역에 집결하고 있었다.

따라서 아군이 횡성으로부터 홍성을 향해 진격하기 시작한 시점에서는 서부전선으로부터 중동부 전선으로 대규모 이동한 중공군을 볼 수 없었다. 그런 이유로 인해 당초 공격 개시 시점인 2월 5일로부터 한동안은 대규모 중공군 병력과 조우遭遇하는 일 없이 앞을 향해 나아가고 있었다.

중공군으로서는 모든 전선의 국면을 전환시키기 위해 벌였던 당시의 공세가 '4차 공세'에 해당했다. 중공군이 그런 4차 공세를 개시한 시점은 2월 11일이었다. 그들의 우선적인 지향은 원주였고, 그 작전 목적을 달성하기 위해 홍천으로 다가오는 아군에게 공세를 집중코자 했다.

미 10군단 전면으로 다가서기 시작한 중공군은 우선 수적으로 아군을 압도했다. 당시의 미 10군단이 전면의 주공主攻으로 내세웠던 국군 8사단과 5사단, 후방의 방어진지 구축을 하면서 뒤를 따르기로 했던 미 2사단과 7사단이 주력을 이뤘던 데 비해 중공군은 이보다 압도적인 병력을 전선으로 집결시켰다.

적은 모두 중공군 4개 군, 북한군 2개 군단이었다. 중공군은 40군 산하 3개 사단, 66군 예하의 3개 사단을 우선 홍천 공격을 위한 전열前列에 세웠다. 아울러 지평리 일대의 미군을 공격하기 위한 부대로 42군 예하의 3개 사단을 준비해 둔 상태였다. 42군 예하의 중공군 3개 사단은 홍천 일대에 집결하지 않고 지평리 북쪽으로 다가서고 있었다.

북한군 2개 군단은 동쪽에서 중공군을 지원하는 역할을 맡기로 한 상태였다. 당시의 북한군은 부대 건제와 화력, 장비 등이 주공으로 나서기에는 많이 부족했다. 개전 초기, 아울러 인천상륙작전 뒤 벌어진 아군의 북진으로 크게 무너져 부대 대부분이 급히 재정비를 통해 겨우 전선에 나섰던 형편이었기 때문이었다.

국군 8사단이 지니고 있던 약점 몇 가지는 매우 치명적이랄 수 있 있다. 우선 부대가 담당한 공격 전면이 너무 넓었다. 모두 18㎞에 이르는 광정면廣正面에 해당했다. 그에 비해 공격 전면 동쪽을 담당한 국군 5사단의 정면은 10㎞에 이르렀다. 지원부대로 급히 배치했던 국군 3사단은 2.4㎞의 정면을 담당했다.

게다가 앞서 소개했듯이 국군 8사단은 전쟁에서 겪는 참담한 패배의 두려움에서 아직 벗어나지 못한 상태의 부대였다. 북진 무렵의 두 차례 아군 대공세 때 평북 지역의 영원, 맹산으로 향하다가 중공군의 포위와 매복에 걸려 기록적인 패배를 당했던 경험이 있었던 것이다. 부대는 따라서 불과 2개월 전 중공군에게 혹독하게 당했던 패배의 두려움을 아직 떨치지 못한 상태였다.

순식간에 뚫린 전선

이런 경우에는 지휘관의 선택이 중요하다. 적정敵情과 함께 아군이 지닌 여러 상태를 간과해서는 아주 곤란한 상황을 맞이할 수 있기 때문이다. 그럼에도 넓은 정면에 부대를 배치하며 진격하는 상황이 벌어졌다. 게다가 주의할 점은 새로 나타날 중공군의 부대가 수적으로 아군을 압도한다는 사실이었다.

중공군은 당시 중동부 전선에서 공세를 펼치기 위해 모두 11만 명 이상의 병력을 동원한 상태였다. 아군의 2배를 웃도는 병력이었다. 저들의 의도는 명확했다. 일거에 상대를 압도할 수 있는 대규모 병력으로 최대한의 공세를 벌인 뒤 리지웨이 미 8군 사령관의 부임 후 벌어졌던 상황의 불리함을 만회하자는 생각이었다.

게다가 당시 중동부 전선의 공세를 지휘했던 덩화鄧華는 여러 각도에서 공격을 펼쳐 아군을 쪼개고 또 쪼개는 '분할分割'을 공격의 주요 개념으로 채택한 상태였다. 아군이 공격을 개시하던 2월 5일 무렵에 별다른 움직임을 보이지 않던 중공군은 홍천을 향해 아군의 진군이 이어지자 공격에 나

1951년 2월 중공군 4차 공세에 맞서
횡성 이북으로부터 전선으로 급히 진군하는 미군 장병.

서기 시작했다.

　대규모 접전이 벌어지기 시작한 때는 2월 11일 오후 5시였다. 『6.25
전쟁사』에 따르면 국군 8사단을 강타하고 나선 부대는 중공군 66군
이었다고 했다. 중공군은 인해전술人海戰術만을 고집하지는 않았다. 전
선 지휘관 덩화는 야포 부대를 보병부대에 배속해 짧지만 강력한 급
습急襲을 시도한 뒤 전선을 넘도록 지시한 상태였다.

　압도적인 병력 우세를 기반으로 중공군은 강한 화력까지 동원해
급습을 시도한 뒤 국군 8사단을 공격했다고 한다. 대규모 접전이 벌
어지면서 8사단은 중공군의 공격이 매우 강하다는 점을 금세 깨달은
듯하다. 8사단장 최영희 장군은 군단에 그런 정황을 여러 차례 보고
했던 모양이다. 적절한 조치가 필요했던 상황이었다.

　사단을 받쳐주는 군단의 역할은 매우 중요하다. 화력과 장비의 부
족을 뒤에서 지켜보고 있다가 예비로 둔 역량을 적절한 시점에, 적절
한 장소로 투입해야 하는 게 군단의 몫이었다. 그러나 8사단의 급박
한 보고를 접했음에도 미 10군단은 지속적인 진출을 요구했다고 한
다. 6.25전쟁에서 중공군 참전 뒤에 여러 차례 벌어졌던 상황이 당시
에도 다시 도졌던 듯하다. 중공군 일선 공격부대가 아군의 전투지경
선이나 방어지역을 뚫고 전진하면서 아군의 전선부대 후방을 넘어서
는 추월追越의 상황이었다. 이런 경우에는 접전 지역의 아군이 아주 심
각한 위험에 빠지고 만다.

사령부도 포위한 적

측방側方도 아닌, 후방後方을 내줄 경우 적은 전면과 후면에서 모두 아
군을 공격할 수 있는 기회를 차지한다. 그런 경우 아군은 멀리 돌아가

표현할 것도 없이 바로 포위包圍의 상황에 놓이는 법이다. 포위는 적을 맞아 싸우는 사람이 놓일 수 있는 가장 불리한 경우다.

『6.25전쟁사』의 기록으로는 대규모 접전이 벌어진 시점은 2월 11일 오후 7시였다. 중공군은 66군의 주력부대가 공세에 나섰고, 그를 맞아 싸운 병력은 국군 8사단이었다. 두 시간 정도가 지나자 중공군 66군 예하 198사단은 국군 8사단 21연대의 전방을 공격한 뒤 전면으로부터 양쪽 후열後列에 있던 부대를 이동시켰다고 한다. 전선의 옆이 먼저 뚫렸다.

중공군은 국군 8사단 21연대와 10연대 사이의 빈곳을 공략하고 아군의 지역으로 들어왔다고 한다. 좌, 우 양쪽의 모든 측방側方이 중공군의 공세에 급속히 무너지고 말았던 셈이다. 8사단장은 이 같은 상황을 보고 받은 뒤 21연대장에게 조금만 후퇴를 하도록 지시를 했다고 한다.

그러나 상황은 아군의 생각보다 훨씬 나빴다. 중공군은 측방을 뚫고 들어와 이미 아군의 후방으로 내달린 뒤였기 때문이다. 중공군은 아군이 짐작했던 것보다 훨씬 빨리 진격해왔다. 이들은 21연대의 후방을 훨씬 넘어 그 뒤에서 지원을 위해 주둔하고 있던 미 제21 지원 부대와 'B지원팀'이라고 불렸던 또 다른 미군 부대를 우회했다는 것이다.

중공군은 이어 미 지원부대의 후방에 있던 도로를 점령한 뒤 아군의 이동을 막기 위해 교량까지 파괴했던 것으로 『6.25전쟁사』는 적고 있다. 아군의 2개 연대 사이 빈틈을 비집고 들어와 후방 침투를 시도했던 중공군의 공세는 아주 빠른 시간 안에, 아주 효과적으로 펼쳐지고 있었던 셈이다.

이런 경우의 아군은 아주 커다란 혼란에 휩싸일 수 있다. 배면背面은 공세에 선 아군이 노출할 수 있는 가장 큰 약점에 해당한다. 이곳으로 적군이 대규모 병력을 넣어 침투하면 아군은 우선 통신선이 끊겨 피아彼我를 구분할 수 없는 상황으로 내몰린다.

당시의 상황이 꼭 그랬던 듯하다. 중공군이 공세를 벌인 오후 5시로부터 8시간이 지난 2월 12일 새벽 1시였다. 국군 8사단의 사령부와 연대, 연대와 연대, 그런 연대 예하의 대대와 대대 사이의 모든 통신선이 끊겼다고 한다. 통신선이 끊기면 아군 부대 사이의 혼란은 곧 극을 향해 치닫는다.

지휘는 정점頂點을 잃으면서 역시 걷잡을 수 없는 혼란으로 번진다. 일사불란一絲不亂함은 도저히 찾아볼 수 없는 상황이다. 그로써 두려움은 마구 커진다. 더구나 중공군의 포위와 매복에 걸려 참담한 패배를 기록했던 8사단 장병의 두려움은 몇 배로 커질 수 있었다. 그렇게 8사단은 무너지고 있었다. 무질서한 후퇴, 그로써 벌어지는 수습 불가능의 분산分散이었다.

8사단 사망과 실종자 7,100여 명

왜 서전이 중요할까

전쟁에 나선 군대가 처음 적을 상대로 싸우는 싸움을 우리는 서전緒戰이라고 부른다. 다른 말로 하자면 초전初戰이라거나 개전開戰이랄 수 있다. 보통은 맨 앞의 '서전'이라는 말을 많이 쓰는 편이다. 이 싸움은 매우 중요하다.

이긴 사람에게는 먼저 상대를 물리적, 심리적으로 제압하는 효과가 생긴다. 이른바 기선機先을 잡는다는 의미다. 그래서 사람들은 싸움이 도질 때 반드시 선발先發의 효과를 거두기 위해 상당히 공을 들이는 편이다. 동양에서 흔히 '선발제인先發制人'이라는 한자 성어로 표현할 수도 있는 말이다.

그렇다면 처음 붙는 싸움에서 지는 쪽에게는 어떤 일들이 벌어질까. 우선 물리적 피해는 상당한 수준일 것이다. 병력 중에서 다치고 심지어는 목숨을 잃는 이가 많이 생긴다. 지니고 있던 화력을 잃거나 적에게 빼앗기기도 한다. 따라서 겉으로 드러나는 피해가 우선 만만치 않다.

그러나 더 심각한 측면은 심리적으로 오그라드는 일이다. 상대에 대한 두려움이 자리를 잡기 시작하다가 그것은 결국 물을 빨아들이는 솜처럼 점점 커진다. 이를 극복하는 일은 결코 쉽지 않다. 아주 긴 시간에 걸쳐 일정한 전기戰技를 배우고 또 익히는 과정을 반복하면서 그 두려움을 이겨야 한다.

그런 치유의 과정 없이 다시 전선에 나아가 이미 두려움으로 대하기 시작한 상대를 또 맞이한다는 일은 매우 위험하다. 처음에 막연한 상태였던 두려움은 상대와 다시 마주할 때 부대 전체를 지배하는 심리로 커진다. 두려움은 곧 공황恐惶으로 발전하기 십상이다.

처음 싸움에서 당했던 참혹한 패배의 두려움이 다시 부대 전체를 감쌀 경우 그 부대는 제대로 싸움을 펼쳐갈 수가 없다. 더구나 서전에 이어 다시 벌어진 전투에서도 마찬가지로 밀리는 상황이 닥칠 경우가 그렇다. 부대는 순식간에 커다란 혼란의 소용돌이로 빠져들기 마련이다. 일선에서 아군이 등을 보이면 뒤에 버티던 동료들도 곧장 뒤를 향해 내빼는 연쇄적 후퇴 상황이 생긴다.

6.25전쟁의 3년 동안 벌어진 각종 전투에서 우리 국군이 드러냈던 문제는 대개 이와 같은 맥락에서 생겨나 늘 일정한 양상을 보였다. 우선 준비와 역량이 부족했고, 그를 메울 만큼의 시간적인 여유도 없었다. 준비 없이 맞은 전쟁이었고, 적을 맞아 싸우며 쓰러지고 또 쓰러지면서도 그저 일어나기를 반복했다.

중공군은 그런 점에서 특기할 만한 상대였다. 6.25전쟁 3년 여 세월에서 우리가 북한 김일성 군대를 맞아 싸운 기간은 사실 개전 초반의 3개월 정도다. 이미 언급한 내용이겠으나 다시 부연하자면, 김일성 군대는 그 뒤 2년 8개월 동안 벌어진 각종 싸움에서 그저 중공군의 향도嚮導 역할에 지나지 않았다고 해도 좋을 정도였다.

중공군의 먹잇감

지리에 밝아 중공군에게 길을 안내하는 가이드 정도의 역할, 아군의 역량이 부족한 곳에 배치돼 다소 가벼운 전투를 수행하는 정도의 역할을 맡았다는 얘기다. 아울러 아군의 후방으로 침투해 게릴라전을 수행하는 제2선 부대로서 중공군을 돕는 임무도 수행했다.

중공군은 가능한 한 모든 전선에서 전투력이 크게 떨어지는 국군 사단을 향해 공격을 벌였다. 그들로서는 강력한 화력의 미군을 우회하면서 전선을 돌파하고자 했던, 나름대로의 적절한 선택이었다. 따라서 중공군은 참전 뒤 집요하다 싶을 정도로 국군에게 총을 겨누고 덤벼들었다.

미군을 비롯한 유엔군 전체가 1950년 10월 말 이후의 북진 공세에서 은밀하게 참전했던 중공군에게 모두 쓰라린 패배를 당했지만, 그들은 스스로 일어설 역량이 있었다. 특히 미군은 중공군 참전 초반의 전투에서 비록 패배했으나 그를 극복할 만한 전투 경험, 조직력, 군기軍紀를 갖추고 있었다. 더구나 막강한 화력과 함께 상대가 전혀 갖추지 못했던 공습空襲능력이 있었다.

문제는 늘 국군에게서 나왔다. 심한 표현일 수도 있으나, 전사戰史를 만드는 과정에서 채록한 당시 참전 용사들의 증언에는 "밥을 먹다가도 '중공군이 온다'는 말을 들으면 숟가락과 밥그릇을 내던지고 도망쳤다"는 내용이 자주 등장한다. 이런 증언은 꽤 설득력이 있는 내용들이라고 봐도 좋다.

중공군이 정말 잘 싸웠던 것일까. 참전 초반의 중공군은 실제 매우 강해 보였다. 국군에게는 더욱 그랬고, 세계 최강을 자랑했던 미군에게도 마찬가지였다. 그러나 중공군도 문제가 많았던 부대였다. 전

1951년 2월 4차 공세에 나선 중공군이 상대의 정황을 관측하고 있다.

법戰法의 구사 능력에서는 탁월한 면모를 보였으나, 우직한 힘이 떨어지는 군대였다.

만주와 화베이華北 일대에서 보내온 미숫가루로 초기에는 곧잘 버텼으나, 장기적인 보급에서 우선 심각한 문제를 드러냈다. 그런 까닭에 튼튼한 힘으로 상대를 밀어붙이는 강력함보다는 변칙變則에 크게 기대는 양상을 보였다. 따라서 중공군 참전 초반의 불투명한 상황에서 당한 아군의 패배는 심리적인 요소가 더 크게 작용한 경우가 많았다.

막연한 두려움에서 빠져나와 중공군의 실체를 직시하면서 차분하게 전선을 유지해야 했으나 국군의 역량은 그 점에서 매우 부족한 상태였음을 인정하지 않을 수 없다. 미군은 리지웨이 신임 8군 사령관이 부임하면서 분위기를 일신하는 데 성공했다. 그러나 그런 미군에 비해 한국군은 아직 중공군에 대한 두려움의 구덩이에서 헤어 나오지 못한 상태였다.

특히 한반도 북부 묘향산 일대에서 중공군에게 처절한 패배를 당했던 국군 8사단은 그런 공황심리가 부대 전체를 크게 지배하고 있었다. 따라서 8사단을 횡성으로부터 홍천 일대를 공격하는 전선의 주공主攻으로 내세웠던 미 10군단장 알몬드 소장의 조치는 매우 부적절했다. 어떤 다른 의도가 있었다고도 볼 수 있지만, 저간의 사정은 나로서는 자세히 알 길이 없을 뿐이다.

치욕의 대패

사정이 그렇다고 해도 8사단장의 부대 지휘는 생각해 볼 여지가 있다. 군단장의 독촉이 빗발처럼 닥친다고 하더라도 스스로 이끄는 부대 병력의 생존을 유지하며 전투력을 잃지 않는 일은 바로 사단장 본인이 챙겨야 했기 때문이다. 특히 전법에서 드러난 문제가 만만치 않은 편이다.

우선 부대의 넓은 정면 18㎞에 예하 3개 연대를 병진竝進토록 한 점은 아무래도 수긍이 가질 않는 대목이다. 그럴 경우 3개 연대 사이의 전투지경선戰鬪地境線은 쉽게 뚫리는 약점을 드러낸다. 중공군은 참전 뒤 늘 같은 양상을 보였다. 국군 전면에 몰려들었고, 부대와 부대 사이의 전투지경선을 집중적으로 노렸다.

틈이 뚫려 그곳으로 중공군 대규모 병력이 밀어 닥친다면 부대는 위험에 휩싸인다. 더구나 불과 몇 달 전에 중공군에게 포위와 매복을 당해 참혹한 패배를 경험했던 8사단이었다. 따라서 8사단은 또 한 번의 참패에 놓이고 말았던 것이다.

사단장은 불과 반나절 만에 모든 통신선이 끊기고, 후방까지 중공군에게 포위된 상황을 맞았다. 그는 결국 중공군과 접전이 벌어진 뒤 14시간 만에 군단에서 지원한 L-19기를 이용해 '철수 명령서'를 잔뜩 자루에 넣어 연대 지휘소가 있는 곳을 향해 공중에서 투하했다고 한다. 통신선이 끊겨 부대 간 연락이 모두 불가능한 상황에서 취했던 응급조치였다.

사단의 피해는 혹심했다. 10연대장과 부연대장, 7명의 대대장, 30명의 중대장을 포함한 장교 323명이 실종 또는 사망했다. 사병의 실종 또는 사망자는 7142명에 달했다. 잔여 병력은 장교 263명, 사병 3,000여 명이었다. 생존자는 절반 이상이 사단 근무요원이었다.

이 정도면 와해瓦解와 해체解體의 수준이라고 볼 수 있었다. 후방에 남아 있던 사단 근무요원은 겨우 후방 미군부대의 지원에 힘입어 빠져나온 정도였고, 나머지 전선의 3개 연대 장병들 대부분은 결국 포로로 잡히거나 전사하고 말았던 것이다.

1.4후퇴로 서울을 내주고 북위 37도선까지 밀렸다가 겨우 전열을 수습하며 앞으로 나아가고 있던 아군, 특히 국군의 같은 일원으로서는 당시 8사단의 횡성 대패가 충격적이지 않을 수 없었다. 리지웨이 부임 뒤 벌어졌던 '울프하운드', '썬더볼트' 작전의 승리가 빛을 크게 바래는 순간이기도 했다.

그러나 다행이었던 점이 한 가지 있었다. 중공군 대규모 병력이 달려들었던 지평리에서 미 2사단 23연대장 폴 프리만 대령과 프랑스 대대가 기적적인 승리를 거두면서 중공군 4차 공세가 그로써 일단 꺾이고 말았기 때문이다. 국군은 쉽게 물러섰지만 미군과 프랑스 군대는 끝내 물러서지 않고 중공군 정면을 강타했다.

미군의 지평리 대첩

또 하나의 기적

횡성에서 벌어진 국군의 패배는 매우 기록적인 내용이었다. 1개 사단이 그야말로 중공군의 짧은 공격에 허무하다 해도 좋을 정도로 비참하게 주저앉고 말았으니 그랬다. 병력과 화력의 손실은 대단했다. 겨우 살아남은 장병은 사실 사단 근무요원이 주를 이뤘다. 전선에 섰던 3개 연대의 장병들 거의 전부가 그대로 무너졌다고 해도 과언이 아닐 정도였다.

전선 전체의 분위기에서 국군 1개 사단이 허무하게 무너지면서 아군의 사기에도 상당한 영향을 미칠 수 있었다. 그러나 국군 8사단의 횡성 대패는 당시 아군의 시야에서 잠시 비켜갈 수 있었다. 경기도 북부 양평 일대의 지평리라는 곳에서 아군이 기록적인 승리를 거뒀던 까닭이다.

이른바 '지평리 전투'라고 적는 이 싸움은 여러 면에서 특기할 만했다. 횡성에서 당한 국군의 심각한 패배가 눈에 들어오지 않을 만큼 중공군 역시 이 싸움에서 매우 기록적인 패배를 당했기 때문이다. 미 2사단 23연대와 프랑스 몽클라르 대대장이 이끄는 병력이 분전에 분전을 거듭한 이 전투는 우선 중공군의 제4차 공세를 결정적으로 꺾는데 큰 기여를 했다.

경기도 지평리라는 곳은 우선 강원도 홍천과 경기도 여주를 잇는 전선에서 병참의 근간으로 삼을 수 있는 전략적 요충지였다. 아울러 유엔군의 입장에서 볼 때 지평리는 미 10군단 방어지역의 좌측방 방어진지로서 북쪽으로는 남한강 인근의 경기도 광주 일원에 거점을 형성하고 있던 중공군을 견제할 수 있던 곳이었다.

이곳에는 또한 도로망이 모여 있었다. 남쪽에서 북쪽으로 향하는 길목이었던 셈이고, 유엔군으로서는 특히 한강 일대로 진출하기 위해서는 반드시 확보해야 했던 곳이다. 그 점은 유엔군을 상대해야 했던 중공군의 입장에서도 같았다. 유엔군의 진출을 가로막기 위해서는 이곳을 선점해야 하는 필요성이 있었던 것이다.

그 같은 중요성을 감안해 미 10군단은 미 2사단 23연대를 주축으로 하는 제23 연대전투단RCT을 배치했다. 23연대에 프랑스 대대, 야포 대대, 특공중대, 고사포 대대 등을 보강한 형태였다. 연대전투단의 증강 배치는 1951년 2월 3일 완료한 상태였다.

이미 말했듯이 중공군의 전략적 시야에서도 이 지평리는 매우 중요했다. 단지, 이곳을 지키는 미군이 마음에 걸렸을 뿐이었다. 그들은 따라서 홍천에 집결한 병력으로 우선 국군 8사단을 무너뜨린 뒤 다음 공세의 대상으로서 지평리를 선택했다. 우선은 취약한 국군을 없앤 뒤 승세勝勢를 몰아 그곳을 공격키로 했던 것이다.

중공군의 참패

적의 주력은 중공군 39군 예하의 2개 사단이었다. 그러나 실제 지평리를 향해 움직였던 중공군은 그보다 훨씬 많았다. 횡성을 공격해 8사단을 일거에 무너뜨렸던 42군 예하의 사단들이 모두 지평리 공격에 가담했기 때문이었다.

따라서 처음부터 지평리는 적군의 대규모 이동으로 인해 불안한 양상을 보였던 듯하다. 전사戰史에 따르면 국군 8사단이 처참하게 무너진 직후인 2월 13일 오전 알몬드 10군단장은 헬기편으로 23연대를 방문했다. 이 자리에서 23연대장 폴 프리만 대령은 병력을 여주 지역으로 철수시키도록 허가해달라고 했다. 알몬드 소장은 그를 받아들였다고 한다.

그러나 미 10군단장의 철수 결심에 제동을 건 사람은 리지웨이 미 8군 사령관이었다. 그는 지평리에서 물러날 경우 자신이 부임 뒤 추진했던 '울프하운드', '썬더볼트' 작전의 성과를 이어갈 수 없다고 판단했다. 아울러 중공군의 제4차 공세를 막아내는 계기가 지평리를 사수하느냐 여부에 달려 있다는 점도 감안했다.

이 전투는 앞에서 이미 잠시나마 소개했다. 그래도 이 전투가 지니는 의미가 매우 커 조금 더 부연을 하겠다. 당시 미 제23 연대전투단은 사실 포위에 가까운 형국에 접해 있었다. 국군 8사단을 무너뜨리고 진출한 병력이 지평리 공격을 주도했던 중공군 39군의 측방으로 접근 중이었기 때문이다.

실제 미 연대전투단과 맞서 싸운 병력은 중공군 6개 연대라고는 하지만 측방으로 우회하며 접근한 병력까지 따지면 그보다 훨씬 많다. 지평리 공격에 가담한 여러 중공군 부대를 합치면 모두 9만에 가깝다고 해도 좋았다. 따라서 처음부터 이 싸움은 유엔군에게는 매우 불리했다.

그럼에도 리지웨이는 이 지평리를 전세 역전逆轉의 기회로 삼아 불퇴전不退轉의 기세로 싸움을 이어가라고 독려했다. 그의 리더십은 그렇게

지평리 전투의 또 다른 주역인 몽클라르 프랑스 대대장(왼쪽). 원래는 중장 계급이었으나 6.25참전을 위해 유엔군 서열에 맞춰 대대장의 계급으로 한국에 와서 싸웠다.

강력했다. 지평리의 방어를 전담했던 폴 프리먼 대령은 이에 따라 사주방어 진지를 견고하게 구축했다. 주위의 산세를 감안해 두를 수 있는 진지의 직경은 약 5km, 그러나 그는 4개 대대에 불과한 병력 상황을 감안해 그를 1.6km의 사주방어四周防禦 진지로 축소한 뒤 견고한 방어망을 이었다.

그는 미 2사단 23연대장으로 북진했다가 중공군 참전 뒤의 첫 공세에 밀려 후퇴한 경험이 있던 지휘관이었다. 1950년 8월의 낙동강 전선 다부동 전투에서 미 25사단 27연대 마이켈리스 대령과 함께 내가 이끌던 1사단 후미의 방어를 담당했던 인물이기도 했다.

이틀 동안 치열하게 벌어진 지평리 전투에서 승리는 프리먼 대령의 몫이었다. 중공군은 그 압도적인 병력을 투입한 뒤 여느 때와는 달리 강력한 화력까지 퍼부으며 공세를 벌였으나 프리먼 대령의 23연대와 몽클라르 대대장이 이끄는 프랑스 군대의 수비를 뚫지 못했다.

지평리 전투는 약 3일 동안 이어졌다. 초반의 이틀 동안 중공군은 지평리의 제23 연대전투단의 방어망을 뚫기 위해 모든 힘을 기울여 덤벼왔다. 2월 13일 밤에 첫 중공군 공격이 벌어졌고, 밤을 넘긴 뒤 이튿날인 14일에는 프리먼 대령이 적진으로부터 날아온 박격포탄에 다리를 다쳤다.

프리먼 대령은 그럼에도 불구하고 후송을 거부했다. "내가 이끄는 병력을 모두 데리고 나갈 것"이라는 발언까지 했다고 한다. 프랑스 대대는 야습을 펼치는 중공군이 피리를 불어오자 자신들이 지니고 있던 강력한 사이렌 소리로 '맞불'을 놓았다고 한다. 강력한 사이렌 소리 때문에 중공군이 오히려 혼선을 빚었다는 후일담도 남겼다.

8사단장은 은성무공훈장

중공군은 모두 5,000명에 가까운 병력 손실을 본 뒤에 지평리 공격을 멈췄다. 막대한 수의 병력을 앞세워 돌파를 시도했으나 강력한 유엔군의 반격에 밀려 공세를 펼 수 없었다. 중공군으로는 참전 뒤 처음 당해보는 국면이었다. 그러나 아군에게는 그야말로 눈부신 승리에 해당했다. 중공군의 기세가 아군의 정면 반격에 의해 처음 꺾이는 계기이기도 했다.

그럼에도 국군 8사단의 참패를 기억하는 사람은 많았다. 특히 신성모 국방장관은 국군 8사단장 최영희 준장을 만나주지도 않았다. 횡성 전투 뒤 자신을 만나러 온 최 준장을 아예 문에도 들어서지 못하게 했던 것이다. 전선이 전체적으로 일어나는 무렵에 기록한 아주 쓰라린 국군의 참패 때문에 국군의 수장이었던 신 장관이 유엔군 진영에 면목조차 서지 않는다고 여겼기 때문이다.

그러나 최영희 준장이 그 참패의 몫을 전부 담당하기에는 뭔가 가혹한 점이 있었던 모양이다. 그는 알몬드 소장으로부터 결국 영예로운 싸움을 이끈 지휘관에게 수여하도록 했던 미군의 은성무공훈장silver medal을 받았다. 알몬드는 신성모 장관을 10군단에 초청한 자리에서 최 장군에게 훈장을 수여했다고 한다. 신성모 장관이 면담조차 거부했던 최 준장은 결국 그로써 계급과 직위를 그대로 유지할 수 있었다.

불리한 여건 속에서도 미 군단장의 명령을 제대로 이행했다는 점이 이유였을 것이다. 맥아더 사령부의 핵심 참모였던 알몬드는 인천 상륙 뒤 훈장 수여 권한을 대거 손에 쥐고 있었고, 최 준장은 그로써 행운을 얻을 수 있었다. 전시戰時도 일상日常의 경우처럼 예상치 못한 행운이 따른다. 최 준장은 다행히 알몬드의 훈장 덕분에 군문의 지휘관으로 살아남아 나중에 그가 지닌 재주를 더 펼칠 수 있었다.

그럼에도 우리 국군의 명성名聲은 바닥을 기어 다니고 있었다. 화력이 부족하다거나, 전투경험이 일천하다는 등의 핑계를 대기에는 우리가 드러냈던 전쟁터에서의 실력이 너무 참담한 지경이었다. 중공군은 따라서 계속 국군의 전면을 노리면서 압박을 해왔다. 우리가 기록하는 패배는 더 있다.

중공군은 집요하다 싶을 정도로 한반도 전선에서 가장 취약한 곳을 두들겼다. 국군의 방어지역은 그 때마다 크게 흔들렸다. 따라서 부끄러운 패배는 더 이어진다. 그럼에도 우리는 당시의 정황을 잘 적을 필요가 있다. 이기는 것 못지않게 지는 일을 제대로 적어야 한다. 우리의 강점과 약점을 적나라하게 살필 수 있는 대목이기 때문이다.

제17장

사창리 패전

서울 탈환에 앞장선 화교 부대

'킬러' 작전으로 서울 탈환

횡성에서의 참패로 국군 8사단은 곧 대구로 이동했다. 부대가 무너진 뒤에는 손실이 있었던 병력과 화력, 물자 등을 모두 다시 갖춰야 한다. 흔히들 이를 '재정비'라고 한다. 그러나 8사단은 단순히 재정비를 하는 것만으로는 회복이 불가능할 정도의 손실을 입은 상태였다.

따라서 8사단 잔여 인원들은 모두 대구로 내려갔다. 깊숙한 후방에 자리를 잡은 뒤 신규 병력, 물자, 화력을 다시 공급받아 예전과는 전혀 다른 부대로 새롭게 태어나야 했다. 그나마 8사단이라는 부대 명칭을 그대로 유지할 수 있었던 점은 다행이었다. 이 부대는 결국 대구에서 힘겨운 재편성 과정을 거쳐 거듭 태어났다.

그럼에도 8사단은 전선에 바로 설 수 없었다. 워낙 참담한 패배였던지라, 이후 8사단은 후방의 몇 곳을 전전하며 경계 작전 등에 나섰다. 나중의 일이지만, 1951년 말에 벌어진 지리산 공비 토벌작전에 이르러서야 8사단은 작전의 중심에 설 수 있었다. 나는 당시 동해안 1군단장으로 있다가 밴 플리트 미 8군 사령관의 명령에 따라 수도사단과 8사단을 이끌고 지리산 토벌 작전을 이끌었다.

8사단이 횡성에서 무참하게 꺾였으나 이틀 뒤 벌어진 지평리 전투에서는 중공군이 역시 참담한 패배에 직면했다. 그로써 전선의 형국은 아군에게 유리해져 있었다. 중공군은 지평리의 참패를 만회할 여유가 없었다. 바로 등을 보이면서 쫓기는 상황에 놓였다.

그 이후로 벌어지는 작전은 38선을 향한 아군의 북진이 대세를 이뤘다. 횡성에서 국군이 대패하는 바람에 중공군에게 유리한 쪽으로 기울던 전선의 형세가 지평리에서 유엔군이 올린 대첩大捷으로 곧 역전逆轉되고 말았던 것이다. 리지웨이 당시 미 8군 사령관은 그런 호기好機를 놓치지 않는 지휘관이었다.

그는 전 유엔군 전선에 중공군을 섬멸殲滅하라는 지시를 내렸다. 이른바 '킬러 작전Operation Killer'이었다. 지평리에서 크게 예기가 꺾인 중공군에게 새로운 공격을 허용치 않겠다는 판단에서 나온 작전이었다. 곧바로 등을 보이고 도망치는 중공군에게 다가가 가혹한 공격을 펼치라는 내용이기도 했다.

이에 따라 서부전선의 미 1군단 예하에 있던 우리 국군 1사단은 김포반도와 영등포 일대로 진격을 개시했다. 미 3사단은 한강을 따라 경안리 일대로 나아갔고, 미 25사단은 광지원리 남서쪽의 무갑산 일대에 진출했다. 중서부 전선의 미 9군단은 예하 미 24사단이 중공군 한강 교두보 남쪽을 맡고, 미 1기병사단이 남한강 동쪽의 하진 일대, 국군 6사단이 판대리 부근에 진출해 있었다.

서울에 바짝 다가서다

나는 사실 그 무렵에 어느 정도의 침체沈滯를 맞이하고 있었다. 다부동 전투에서 평양 첫 입성 작전, 운산 일대에서 벌어진 중공군과의 조우전, 1.4후퇴 때 임진강에서 낙오 병력을 수습했던 일 등을 거치면서 격렬한 전투를 수행했던 것과는 달리 리지웨이 부임 뒤의 우리 1사단의 작전은 비교적 평온하게 이어졌기 때문이었다.

적이 끊임없이 출몰하며 격렬한 교전에 이어 피비린내가 잔뜩 풍기고 말았던 전선을 오가다가 갑자기 그런 장면이 사라진 뒤 눈앞에 다시 나타나지 않아 찾아든 일종의 무력감이기도 했다. 그럼에도 늘 긴장은 늦출 수 없었다. 리지웨이의 '킬러 작전'이 벌어지면서 우리 1사단도 미 1군단의 지휘를 받으면서 서서히 북상했다.

이번에는 서울 탈환이 목표였다. 중공군의 공세에 쉽게 내줬던 수도 서울을 찾는 일이었다. 서울을 지향하면서 미 1군단 예하의 각 사단은 모두 세 곳을 노렸다. 우선 미 25사단은 남한산성 방향으로 접근했고, 미 3사단은 의정부를 지향하면서 지금의 광진교가 있는 한강 남안南岸으로 다가섰다.

1951년 2월 말 경기도 일대 산악지역을 통해 서울을 중공군으로부터 빼앗기 위해 이동 중인 국군 1사단 장병.

우리 1사단의 담당 전면은 매우 넓었다. 미 3사단의 서쪽에 해당하는 지역이었다. 광나루로부터 김포의 애기봉에 이르는 구역이어서 범위가 매우 넓었다. 리지웨이가 내린 '킬러 작전'은 1951년 2월 21일이 펼쳐지기 시작했는데, 당초 이 작전 명칭이 마음에 들지 않는다는 의견이 미 국방부에서 나왔던 모양이다.

그러나 '울프하운드', '썬더볼트', '라운드업' 등 강력한 작전 명칭을 내세우면서 적을 모질게 몰아붙이려고 했던 리지웨이는 그를 받아들이지 않고 결국 새 작전 명칭에 '킬러'를 달고 나왔다. 이름이 모든 것을 다 대변하지는 않겠지만, 우선 작전 명칭에서 강력한 공격 의지를 담아 분위기를 일신하겠다는 리지웨이의 의지가 담겼던 셈이다.

우리 1사단은 한강 쪽으로 접근하면서 사단 지휘소를 시흥에 차렸다. 그곳에는 마침 국무총리를 지냈던 장택상 씨의 별장이 있었고, 지휘소로서는 마땅했다고 여겼는지 사단 참모들이 그곳에 지휘소를 꾸렸다.

중서부와 중동부 전선을 맡고 있던 미 9군단과 미 10군단도 순항 중이었다. 리지웨이의 거듭 이어진 당부로 아군끼리의 연계는 매우 튼튼했다. 그에 쫓겨 올라가는 중공군은 제대로 반격을 할 수 없는 형편이었다. 전체 전선이 북상하는 속도는 빠르지 않았다. 그럼에도 아군 사이의 연계가 튼튼해 중공군은 특유의 기습적인 반격을 펼칠 수 없었다.

등을 보이고 쫓겨 가는 중공군이었으나 아군은 무작정 그들의 뒤를 옥죌 수는 없었다. 적의 후방 병력이 어느 정도 규모로 대기 중인지를 가늠하기 힘들었기 때문이다. 당시 중공군은 만주 일대에서 대기 중이었던 신규 병력을 새로 끌어들인 상태였다. 따라서 새로 들어온 중공군 병력의 전투태세에 관한 정확한 정보 없이는 아군의 공세를 과감하게 확대할 수 없었다.

용감했던 화교 부대

서울 탈환 작전의 과정에서도 중공군이 아직 서울 일원에 얼마나 남아있는지를 자세히 알 길이 없었다. 나중에 안 사실이지만, 중공군은 당시 서울을 일찍 포기했다. 그들은 2월에 접어들어 펼친 4차 공세를 준비하면서 일찌감치 서울의 방어에 집착하지 않겠다는 방침을 세웠다. 어차피 지키지 못할 서울 방어선을 얼른 포기하는 대신 횡성과 원주 방면으로 주공主攻을 펼쳐 전세를 만회하고자 했던 것이다.

그러나 당시로서는 중공군이 언제 서울에서 완전히 철수하는지는 알 수가 없었다. 정찰을 위해 한강 남안에 갔을 때 가끔씩 중공군의 총구가 강 북안에서 번쩍였고, 이어 총탄도 날아들었던 적이 있다. 중공군 대규모 병력은 아니더라도 일부 잔여 병력이 남아 있음을 짐작케 했던 대목이었다.

우리 1사단의 한강 도하渡河에 이은 서울 탈환의 명령도 차일피일 미뤄지고 있었다. 우리는 당시 흑석동과 마포 일대에서 도하를 준비 중이었다. 미군이 먼저 강을 건넜다. 미 25사단은 남한산성 쪽에서 강을 넘기 전 한 차례 맹렬한 포격을 퍼부었다. 그 뒤 무사히 한강을 건너 곧바로 포천 쪽을 향해 진격했다.

그 서쪽에서 대기 중이었던 미 3사단도 광나루를 건넜다. 이어 그들은 의정부 방면을 향해 진격했다. 미 25사단과 3사단이 강을 건너 서울 북방으로 진출했음에도 흑석동과 마포 일대에서 대기 중이던 우리 1사단에게는 달리 도하 명령이 내려오지 않았다. 그 대신 "도하 연습을 반복하라"는 지시가 내려왔다.

우리는 지시대로 도하 연습만을 반복했다. 상륙 주정舟艇에 올라타 한강 북안으로 접근해 상륙하는 모습만 연출하다가 다시 되돌아오는 연습이었다. 안성에 주둔하고 있을 때 편성한 '화교華僑 부대'를 활용하자는 참모의 의견이 나왔다. 중공군이 당시 전선의 상대였던 터라 중국말을 할 줄 아는 우리 땅의 중국인인 화교를 모집해 부대를 편성했던 터였다.

그들은 은밀하게 한강을 넘어 서울로 진입했다. 이들 중 일부는 한강을 넘어 서울에 잠입하는 과정에서 전사하기도 했다. 혈통은 서로 달라도 대한민국을 함께 지키려고 나섰던 우리의 동료였다. 서울 침투 과정에서 안타깝게 전사한 화교 부대원의 시신은 지금도 동작동 국립묘지에 묻혀 있다. 이들의 활동 덕분에 서울의 사정이 자세히 들어오고 있었다.

1951년 3월 14일 밤이었다. 서울에 남아있던 중공군이 모두 철수를 시작했다는 내용의 보고가 전면의 수색대로부터 들어왔다. 횡성에 이어 홍천 등에 유엔군이 진출하면서 중공군 잔여 병력이 마침내 서울에서 빠져나가고 있었던 것이다. 나는 그 내용을 미 1군단장인 밀번 장군에게 보고했다. 그는 전화로 내 보고를 듣자마자 짧고 굵은 명령을 내렸다. "진격하라Go ahead!"

은퇴를 예고한 전쟁 영웅

드디어 서울 수복

상륙 주정의 육중한 철문이 "쿵" 소리를 내며 닫혔다. 지금 서울 흑석동 인근에서 나는 지프에 탄 채 몸을 배에 실었다. 곧 강 북안의 마포쪽에 배가 도착하면 우리는 중공군에게 내줬던 서울을 되찾는다. 사실 감격에 겨운 일이었다. 대한민국의 상징인 서울을 적의 수중으로부터 다시 찾아오는 일이었기 때문이다.

우리가 한강을 넘은 날은 1951년 3월 15일 오전이었다. 이 날 아침부터 요인들이 한강 도하 작전을 준비하고 있던 우리 1사단에 찾아왔다. 신성모 국방장관, 리지웨이 미 8군 사령관, 프랭크 밀번 미 1군단장이었다. 이들 모두 대한민국 수도 서울을 되찾는 현장에 있고자 했다.

걸핏하면 눈물을 흘려 '낙루落淚 장관'이라는 별명을 얻었던 신성모 국방장관은 급기야 또 눈물을 흘렸다. 흑석동의 높은 지대에서 우리 1사단의 선발 공격대로 나선 15연대가 상륙 주정에 올라타 강을 건너기 시작하는 장면을 보면서였다. 그는 또 뜨거운 눈물을 훔치며 감격에 겨워했다.

그를 지켜보던 우리 또한 눈시울이 붉어졌다. 속으로는 '신 장관만 나타나면 분위기가 눈물로 번진다'는 생각을 했다. 아울러 조그만

원망감도 들었다. 담담하게 수행해야 할 작전의 현장에서 괜한 감정만 키운다는 생각 때문이었다. 그러면서도 우리는 그와 함께 수도 서울을 되찾는 감격에 젖어 눈시울이 뜨거워지는 것만큼은 달리 막을 방도가 없었다.

그러나 묘한 분위기도 보였다. 리지웨이는 우리 1사단 15연대가 오랜 도하 훈련 끝에 무사히 강을 건너 서울에 진입하자 "아주 멋진 작전이었다"면서 뜨거운 축하인사를 내게 건넸다. 그러나 그의 속내는 나중에 잘 알려진 대로 작전의 중점을 서울 수복에 두지 않고 있었다.

그는 전체적인 형국, 즉 38선을 확보해 중공군의 발길을 그곳에서 묶은 뒤 공세를 조절하는 게 우선적인 목표였다. 따라서 서울을 수복하느냐 여부에 커다란 의미를 두지 않는 편이었다. 이 점은 우리의 정서와 퍽 달랐다. 특히 서울을 대한민국의 얼굴처럼 여기고 있는 이승만 내통령 이하 여러 성부 요인과는 커다란 차이를 보였다.

그런 리지웨이는 따라서 아군의 강력한 반격에 밀려 등을 보이고 물러나고 있던 중공군이 체력을 회복해 다시 공세를 벌이리라고 봤다. 리지웨이는 그런 상황이 닥칠 경우에는 수도 서울을 다시 내줄 수도 있다는 생각이었다. 작전의 전개 과정에 따라 물러나면 물러날 수 있는 곳 정도로 여겼던 것이다.

서울에 대한 시각 차이

그런 점이 이승만 대통령은 커다란 불만이었다. 리지웨이는 지금의 공세가 언제까지 이어질지를 사려 깊게 보고 있었다. 중공군은 밀리다가도 언젠가는 반격을 펼치리라 봤다. 냉정했던 그는 중공군의 반격

1951년 3월 15일 흑석동 일대에서 마포로 한강을 넘어 서울 탈환에 나선 국군 1사단 장병.

이 거세질 경우에 대비해 축차적인 후퇴선을 고려했는데, 역시 서울 남쪽의 한강 방어선이 그 안에 들어 있었다.

당시 수도 서울의 인구는 약 15만~20만 정도였다. 중공군 치하의 서울에서 근근이 버티던 인구였다. 냉정하게 판단하자면 리지웨이의 생각이 옳았다. 전쟁이 한창 벌어지는 마당에서 수도 서울 또한 수많은 다른 전투지역과 다를 게 없는 한 곳에 불과했다. 그러나 한국인의 정서와는 아무래도 맞지 않았다.

그런 묘한 분위기도 있었으나 상륙 주정에 올라탄 내게는 우선 서울 탈환이 급선무였다. 마포 강안에 도착해 시내 방향으로 들어가면서 본 서울은 참담했다. 중공군이 버티던 서울에 미군의 공습이 벌어졌기 때문이었다. 웬만한 건물은 모두 주저앉아 있었다. 가옥도 성한 게 별로 보이지 않았다.

사단 지휘소는 지금의 서울 만리동 고개의 한 초등학교에 차렸다. 15연대의 선발 대대는 우선 서울 도심을 거쳐 북한산을 향해 진군했다. 우리와는 동쪽으로 인접했던 미 3사단이 의정부를 향해 진출하면서 군단의 전체적인 목표는 전략적으로 유리한 고지의 선점에 맞춰져 있었다.

리지웨이 8군 사령관은 기민機敏함이 돋보이는 장수였다. 그는 적의 섬멸을 적극적으로 고려했다. 그를 위해 리지웨이는 대규모 공정空挺 작전을 구상했다. 미 1군단 예하 3개 사단이 유리한 고지를 점령하면서 북상하는 것과 함께 임진강 일대의 적군을 격멸하기 위해 그 후방으로 대규모 공정대를 투하하겠다는 내용이었다.

리지웨이는 그를 위해 187공정연대전투단을 구성했다. 겨냥했던 곳은 문산 일대였다. 우선 전투단의 주력을 문산 북동쪽, 그 남쪽에는 다른 1개 대대를 투하하기로 결정했다. 시간은 1951년 3월 23일 오전 7시였다. 따라서 나는 서울을 되찾은 감회에 젖어 있을 수만은 없었다.

우리 1사단은 부지런히 정해진 지역을 향해 북상하면서 문산 일대에 공중으로 강하하는 187공정연대전투단과 연계작전을 펼쳐야 했기 때문이다. 시간이 많지는 않았다. 다시 밟았던 서울의 땅 이곳저곳을 살펴 볼 여유도 따라서 거의 없었다. 단지 기억에 남는 일이 하나 있다.

도쿄의 유엔군 총사령관 맥아더 장군이 우리 1사단의 지휘소를 방문했던 일이다. 이전의 어느 대목에서 소개한 내용이지만 조금 덧붙일 내용이 있다. 그는 어느덧 노쇠한 기색을 드러냈다. 그는 결론부터 말하자면, 당시의 우리 국군에게 뜻밖의 선물을 줬다.

3월 18일이었던 것으로 기억한다. "VIP가 사단을 방문한다"는 미

군사고문단의 전갈이 왔다. 시간에 맞춰 나는 사령부 요원, 미 군사고문 등과 함께 사령부 지휘소 문에서 대기하고 있었다. 곧 지프 대열이 초등학교 정문으로부터 먼지를 휘날리며 들어섰다.

1사단 방문한 맥아더

선두 지프의 앞좌석에 맥아더가 앉아 있었다. 우리가 올리는 경례에 답을 하면서 맥아더는 그냥 지프에 앉은 채 내리지 않았다. 간단한 인사와 함께 전황보고를 하는 내게 그는 불쑥 "한국군에게 지금 부족한 게 뭐냐?"고 물었다. 얼떨결에 내가 대답한 내용은 누가 보기에도 좀 엉뚱했다.

나는 "감미품_{甘味品}이 없어 고생하고 있다"고 대답했다. 단맛이 나는 음식이 부족하다는 얘기였다. 우리 땅에서 치르는 전쟁이라 기본적인 식품 마련에는 커다란 문제가 없었던 게 국군의 사정이었다. 쌀과 된장, 고추장은 어떻게 해서든지 구했고, 콩나물 등 채소를 구해 간단하게 식사를 해결했다. 그러나 단맛이 나는 식품이 없어 고생을 할 수밖에 없었다.

그러자 맥아더는 '알았다'는 표정을 지어보이며 고개를 끄덕이더니 뒤를 돌아봤다. 뒷좌석에 리지웨이 8군 사령관과 함께 타고 있던 도쿄 유엔사령부의 참모가 바짝 긴장했다. 맥아더는 고개를 돌려 그들을 보면서 '해결하라'는 지시를 내리는 듯했다. 그러나 아무런 말도 없었다. 그저 제스처만 취했다.

그는 곧 우리 1사단 지휘소를 떠났다. 얼마 안 있어 산더미와 같은 단맛 나는 음식이 우리 국군에게 보내졌다. 김과 사탕을 비롯한 음식들은 전쟁을 수행 중인 우리가 좀체 접할 수 없던 귀한 물건들이었다.

맥아더는 그렇게 황제와 같은 존재였다. 그러나 그는 지프에서 끝내 내리지 않았다.

허약해진 체력 때문이었다고 나는 생각했다. 1880년 출생한 그는 벌써 당시 나이 71세였다. 수많은 전쟁터를 오간 영웅적인 장군이었으나 그 역시 세월을 비켜갈 수는 없었을 것이다. 그러나 그는 나이보다 더 지쳐보였다. 1950년 말 중공군의 참전과 전선 후퇴, 트루먼 행정부와의 불화가 깊어진 이유도 있었을 것이다.

그렇다. 그는 38선을 회복하려는 리지웨이의 공세적 작전이 한창 벌어지던 무렵에 군문을 떠난다. 트루먼 행정부와의 불화가 직접적인 원인이었다. 그로부터 약 20여 일 뒤 맥아더는 트루먼에 의해 도쿄 유엔군 총사령관 직위에서 해임된다. 아울러 오래 머물렀던 군대에서 은퇴한다. 맥아더의 시대가 저물어가고 있었던 것이다.

나는 지프에서 끝내 내리지 않던 맥아더의 모습에서 황혼 무렵의 석양이 내뿜는 마지막 광휘光輝를 봤다. 찬란했지만 숙연한 모습이기도 했다. 그의 막대한 힘을 직접 체감하기는 했지만 왠지 모를 비장감悲壯感이 찾아들기도 했다.

전선은 그러나 여전히 요동치고 있었다. 중공군이 비록 서울을 내주고 말았지만 언제든지 반격을 취할 가능성은 충분했다. 전선은 그런 분위기 속에서 점차 북상했지만 어느 한 구석에서 무엇인가가 비집고 나올 듯했다. 문산 일대에 낙하하는 공정부대와의 연계작전 때문에 마음은 바빴으나 나는 그런 불안감을 떨치지는 못했다.

문산 일대에 공수작전

"임진강의 적을 섬멸하라"

리지웨이 신임 8군 사령관이 부임한 후로는 모든 작전에 특정한 이름
이 붙었다. 앞에서 예시한 '울프하운드', '썬더볼트', '라운드업' 등에 이
어 우리 1사단이 서울을 재탈환하는 과정이 들어 있던 1951년 3월 말
까지의 작전 명칭은 '리퍼 작전Operation Ripper'이었다.

세로로 켜는 강력한 톱을 일컫는 영어가 리퍼Ripper였다. 그러니까
그 작전은 '쇠톱 작전'이라고 옮겨 불러도 무방했다. 이 작전으로 서
부전선에서는 서울 탈환에 성공했고 아군은 문산과 춘천, 양양을 잇
는 선으로 진출했다. 187공정연대전투단을 문산 일대에 투하하는 작
전은 '리퍼 작전'의 전과戰果를 확대하기 위해 벌였던 것이다.

당시 미군의 정보 판단으로는 중공군 26군과 북한군 1군단이 의
정부에서 북으로 이어지는 지역에 주둔 중이었다. 따라서 리지웨이는
문산 일대에 대규모 공정부대를 투하한다면 이들이 퇴각할 때 반드시
거쳐야 하는 임진강의 퇴로를 끊을 수 있다고 봤던 것이다. 이 작전의
명칭도 따로 있었다. '용기 작전Operation Courageous'이었다.

이후로도 아주 많은 작전 이름이 등장한다. 아무튼 공정부대 투
하 작전은 그런 미 8군 사령부의 의도 하에 치밀하게 짜였다. 우선 서
울을 탈환하는 데 성공한 미 1군단이 재빠르게 북상하는 일이 중요

했다. 행주와 함께 의정부 북쪽으로 거세게 공세를 밀고 나가야 했다. 그런 압박으로 중공군 26군과 북한군 1군단을 밀어 붙이려는 의도였다.

그와 함께 대구로부터 발진한 대규모 공정부대가 문산 일대에 떨어져 도로를 봉쇄하면서 중공군과 북한군을 남북에서 압박하는 개념이었다. 그런 작전 구상에 따라 우리 1사단과 같은 미 1군단 예하의 미 3사단, 우측 전방의 미 25사단은 서울을 거친 뒤 발 빠르게 북상했다.

새로 설정한 작전 통제선에는 우리 1사단이 가장 먼저 도착했다. 미군 공정부대와의 연계 작전은 우리 1사단에게는 생소하지 않았다. 평양에 처음 입성한 뒤 평양 북쪽 숙천과 순천에 공중 강하하는 미군 공정부대와의 연계작전을 성공적으로 수행한 경험이 있었기 때문이었다.

숙천 일대에서 공정부대와 연계하는 작전을 담당했던 12연대가 이번에도 선두에 나섰다. 김점곤 연대장은 매우 기민하고 과감한 지휘관이었다. 경험도 있었던 터라 나는 안심하고 그 작전을 맡겼다. 그러나 미군의 우려가 만만치 않았다. 그럴 만한 이유가 없지는 않았다.

미군은 제2차 세계대전의 피날레였던 노르망디 상륙작전에서도 공정부대를 적의 후방으로 투하했다. 그러나 당시 노르망디 작전에서 후방에 투입한 공정부대와 해안으로 상륙하는 유엔군 사이의 연계가 정확하게 이뤄지지 않아 공정부대의 피해가 혹심했다. 그런 경험이 있던 미군은 이번 작전에도 여러 차례에 걸쳐 조바심을 보였다.

신속하고 과감한 공격을 위해 나는 미군으로부터 72전차대대 지원을 요청했다. M-46 신형 전차의 기동력을 끌어들이기 위해서였다.

작전의 요체는 공정부대의 투하 시점에 정확하게 맞춰 정해진 지점에 도착하는 것이었다. 12연대는 3월 23일 서대문에서 미 72전차대대의 전차에 올라탄 뒤 진군을 시작했다.

미 지휘관의 조바심

그러면서도 미 1군단 부군단장은 끊임없이 우려를 표시했다. 전차에 보병을 태워 진격할 때의 주의사항을 거듭 12연대 대원들에게 말하면서 조바심을 감추지 못했다. 기분이 좋은 일은 아니었다. 그러나 미군이 지닌 나름대로의 우려를 해소하려면 작전을 정확하며 빈틈없이 완수하는 수밖에 없었다.

미군은 늘 미심쩍어 했다. 한국군에게 임무를 부여하면서 늘 그랬다. 막대한 예산을 들여 마련한 화력과 장비를 쏟아 붓는 일이었다. 그러나 문제는 국군의 능력이었다. 전선에서 쉽게 등을 보이는 군대로서의 이미지는 여전했다. 작전을 전체적으로 이끄는 미군의 고위 지휘관의 입장에서는 더욱 그랬을 것이다.

우리 1사단의 전과戰果는 미군이 인정할 정도였다. 미 1군단의 주력 사단으로 대우를 받을 정도였다. 그럼에도 중요한 작전이 벌어질 때면 미군은 여지없이 조바심을 보였다. 전투력에 대한 믿음이 충분하지 않았기 때문이었다. 그러나 달리 방법은 없었다. 착실하게 작전을 완수하면서 미군의 신뢰를 조금씩 쌓아가는 일 말고는 우리에게 달리 선택할 여지는 없었던 것이다.

거대한 공정연대전투단의 공중 강습에도 불구하고 사실 당시 문산 일대에서 벌인 작전은 큰 효과를 거두지 못했다. 나도 12연대 후미에 붙어 작전 길에 올랐다. 우리는 3월 23일 서울을 떠나 당일 문산에 도착했다. 대구에서 발진한 135대의 수송기가 곧 하늘을 덮었다.

이어 수많은 공정부대 대원들이 수송기에서 낙하를 시작했다. 하늘을 가득 채운 수송기에서 수를 헤아릴 수 없을 만큼 많은 공정대원이 낙하산을 펼치고 내려오는 장면은 그야말로 일대 장관이었다. 그럼에도 적은 신속하게 임진강을 건너고 말았다. 일부 육상부대의 공격 전개가 차질을 빚기도 했다.

한 발 앞서 강을 건너 북상한 적군, 중간에 그를 정확하게 끊지 못해 공중과 육상의 연계에서 일부 드러낸 실패 때문에 작전은 동원한 물자와 병력, 화력에 비해 성과가 크게 두드러질 수 없었다. 약 6,000명 이상으로 봤던 임진강 남쪽의 적군은 무사히 강을 건너 아군의 공격 범위를 벗어나고 말았다. 약 1개 연대에 달하는 적군을 생포하거나 사살한 정도의 전과로 만족해야 했다.

전쟁터에서의 공명심功名心이라는 것은 대단하다. 전투를 이끄는 지휘관의 입장에서는 공을 쌓아 이름을 날리는 일이 뿜는 매력에 빠지기 십상이다. 그런 공명심 때문에 눈앞의 전과를 확대하기 위해 욕심을 부리다가 애꿎은 장병의 목숨을 내주는 일은 비일비재다.

당시 나도 공명심이 지닌 위험성을 깨칠 수 있었다. 공정연대전투단과의 연계작전을 수행한 뒤였다. 나는 그로써 임진강에 다시 진출할 수 있었다. 1950년 6월 25일 기습적으로 대한민국을 덮친 김일성 군대와 맞서 싸웠던 1사단의 본래 방어지역이었다.

공명심을 벗다

앞에서 잠시 언급했지만 나는 당시 침체에 빠졌다. 다부동 전투, 북진, 평양 첫 입성, 중공군과의 조우전 등 격렬한 전투에서 제법 경험을 쌓은 나로서는 중공군에게 밀려 평택까지 쫓긴 상황이 암울하기만 했다. 리지웨이의 지휘 아래 다시 북상하는 작전을 펼쳤지만 침체의 기운을 떨칠 수는 없었다. 아무래도 수훈殊勳을 세워야 한다는 공명심의 강박이 불러왔던 심리상태였을 것이다.

임진강에서 반도半島 형태의 지형을 보이는 곳이 있다. 임진강의 파란 물결이 지나가는 파주군 장파리 서쪽이었다. 북쪽으로부터 흘러드는 임진강은 이곳에서 커다란 굴곡을 보인다. 물길이 남쪽으로 한참 내려오다가 다시 북쪽으로 올라간다. 그래서 북쪽으로부터 강 남안 쪽으로 반도 형태의 땅이 생겼다.

이곳에 제법 많은 적이 모여 있다는 정보가 들어왔다. 나는 '적을 하나라도 더 생포해야 한다'는 생각에 빠져 있었다. 그래서 특공대 2개 중대를 급히 편성했다. 이들을 반도 형태의 지형 양쪽으로 투입했다. 반도 지형의 땅에 남아있던 적군을 위에서 포위한 뒤 잡아들인다는 구상이었다.

특공대는 순식간에 200명에 달하는 적군을 생포해 귀환했다. 그 북쪽에 남아있던 적군까지 생포해 오는 일이 가능하다고 여겨졌다. 그래서 다시 작전을 서둘러 펼치려고 했다. 그 때 내 곁에서 충고를 해주던 미 작전 고문관 메이 대위가 내게 말을 건넸다.

"사단장, 좋은 일은 꼭 반복해서 일어나지 않는다. 이 정도로 만족할 줄 알아야 한다"고 했다. 나는 그 말에 번쩍 정신이 들었다. 전쟁터에서의 욕심이 부르는 재앙을 여러 번 목격했던 나였다. 그러면서도 나는 어느덧 공명심에 젖었던 셈이다. 내 그런 모습이 비로소 눈에 들어왔다. 당시 나를 감쌌던 침체의 궁극적인 원인도 알 수 있었다.

그런 깨달음 속에 4월의 시간이 흘렀다. 사고로 인한 비보가 있었

전쟁 중에 대형 공습강하 작전이 미군에 의해 두 번 펼쳐졌다. 당시 미 공정대원들이 낙하산으로 비행기에서 뛰어내리는 사진이다.

다. 강릉의 1군단장 김백일 장군이 3월 말 여주 작전회의를 마치고 귀임하는 길에 비행기 추락으로 실종 뒤 사망한 일이었다. 나는 그 후임으로 임명을 받았다. 4월 7일이었다.

그리고 11일에는 맥아더 장군의 해임 소식이 날아들었다. 커다란 변화였다. 리지웨이는 맥아더 후임으로 도쿄의 유엔군 총사령관으로 영전했다. 미 8군 사령관 후임으로는 밴 플리트라는 장군이 온다고 했다. 중공군의 낌새가 만만찮은 상황에서 돌연 날아든 여러 변화였다.

맥아더 사임으로 침울했던 이승만

밀번 군단장의 만류

1951년 4월 11일 나는 1사단이 있던 파주를 떠나 부산으로 향했다. 새로 임명받은 1군단장으로서 이승만 대통령에게 신고하기 위해서였다. 개전 뒤 낙동강 전선에서부터 줄곧 나를 이끌었던 프랭크 밀번 1군단장은 친필의 서한과 함께 자신의 전용기였던 쌍발 프로펠러의 L-17을 보내줬다.

프랭크 밀번 군단장은 사실 나의 군사적인 스승에 해당하는 인물이다. 나는 그로부터 군인으로서의 용기와 침착함, 그리고 부하에 대한 포용력을 모두 배웠다. 내가 대관령에서 비행기 추락사고로 실종 사망한 김백일 장군의 후임으로 1군단장을 맡으리라는 사실을 알고 밀번 군단장은 만류한 적이 있다.

그는 내게 "화력이나 전쟁 준비 조건 등이 미 1군단 예하의 한국군 1사단이 훨씬 낫다. 한국군 1군단장이 비록 좋은 자리인줄은 알지만, 여기서 더 많이 배우고 전공을 쌓는 게 좋다. 미 1군단에 더 남아 있어라"고 했다. 밀번 군단장의 제의는 한국군 안에서의 내 경력과 승진을 감안한 것이었다. 고맙기 짝이 없는 충고이기도 했다.

그러나 나로서는 한국군 지휘부가 내린 인사명령을 스스로 거절할 힘이 없었다. 결국은 그래서 1사단장 직위를 떠나 강릉의 1군단장으로 부임할 수밖에 없었다. 나는 밀번 군단장이 보낸 서신을 뜯어 봤다. 나를 칭찬해준 내용이었다. 그는 나를 "가장 능숙한 지휘관 Most Skillful Leadership"이라고 표현했다. 아무래도 과분한 찬사였다.

아무튼 그와의 헤어짐이 아주 섭섭했다. 1사단 장병들과의 이별도 마찬가지였다. 사단장으로 부임한 지 1년 만에 나와 사단 장병들은 군인으로서 겪어야 할 상황은 전부 겪었다. 최고의 위기를 함께 헤쳤고, 최고의 승리도 함께 만들었다. 마지막 사단 사열을 하면서 나와 그들이 주고받는 눈길이 누가 먼저라 할 것도 없이 서로 붉게 물들었던 장면을 지금까지 잊을 수 없다.

부산은 당시의 대한민국 임시 수도였다. 임시 경무대에 이승만 대통령이 머물고 있었다. 그의 표정이 매우 어두웠다. 내가 군단장 신고식을 하기 위해 부산에 도착한 바로 그 날 도쿄 유엔군 총사령관 맥아더 장군의 해임 소식이 전해졌기 때문이었다.

가깝게 이승만 대통령을 보는 자리로서는 처음이었다. 그는 매우 침통한 얼굴빛으로 내게 소장 계급장을 달아줬다. 맥아더라는 아주 든든한 자신의 후원자가 미 행정부의 전격적인 결정으로 한반도 전쟁의 지휘권을 놓았다는 점이 이 대통령으로서는 매우 불안했던 것이다.

그 날 저녁에는 신성모 국방장관, 김활란 공보장관이 내게 만찬을 베풀어줬다. 지금 그 사진이 남아 있으나 사실 저녁자리에서 어떤 이야기가 오갔는지는 기억이 없다. 저녁은 일찍 끝났다. 나는 부관이 건네준 종이쪽지를 들고 어둑해진 부산 거리에 나섰다.

열 달 만에 찾은 가족

전쟁 발발 10개월 만에 가족을 찾아가기 위해서였다. 젊은 아내와 네
살 난 딸은 1950년 6월 25일 아침 7시 신당동 집을 떠난 이후로는 본
적이 없었다. 전황戰況이 너무 급해 나는 그 이후로 줄곧 가족의 안위
를 챙길 틈이 없었다. 처음 서울을 수복할 때 동생 인엽으로부터 "형
수와 조카가 모두 안전하다"는 말을 듣고 안심만 했던 터였다.

다행히 1사단의 참모 일부가 내 가족을 챙기다가 1.4후퇴 무렵에
이르러서야 아내와 딸을 부산으로 피난시켰다고 했다. 나는 군단장
신고식에 이어 신성모 국방장관 등과 저녁을 마친 뒤 부관이 적어준
주소를 토대로 아내와 딸이 머무는 조그만 골목의 판잣집을 찾을 수
있었다.

딸은 거의 1년 만에 돌아온 아버지를 처음에는 낯설어하다가 곧
알아봤다. 그리고 금세 달려와 품에 안겼다. 그러나 아내로부터는 많
은 원망을 들어야 했다. 울면서 이어지는 아내의 원망에 나는 한 마디
도 대꾸를 할 수 없었다. 적이 점령했던 서울에서 딸과 살아남기 위해
얼마나 모진 고생을 했을지 상상할 수 있어서였다.

나는 이튿날 강릉의 군단장으로 부임했다. 전선은 겉으로는 조용
했다. 내가 새로 맡은 강릉의 1군단 분위기는 대규모의 적들과 거친
전쟁을 벌이던 서부전선과는 판이했다. 전면의 적은 중공군이 아니라
북한군이 주를 이뤘다. 따라서 나는 1사단장 시절의 싸움과는 다른
전투에 임해야 했다.

중공군으로서도 새로운 싸움에 나서야 했던 상황이었다. 그들은
미군을 비롯한 유엔군과의 싸움에서 승부가 쉽게 갈라지지 않을 것
으로 봤다. 1950년 10월 말 참전 뒤 이어진 1, 2차 공세 때의 상황과는

1951년 4월 신임 1군단장으로 발령을 받은 뒤 부산 임시 경무대에서 이승만 대통령에게 신고식을 마친 뒤 저녁식사에 초대한 김활란 공보장관(좌), 신성모 국방장관(가운데)과 함께 촬영했다.

전혀 다른 국면이 나타나고 있기 때문이었다. 서울까지 점령하며 기세를 유지했던 중공군에게 새로 나타난 리지웨이는 공포의 대상이기도 했다.

앞서 적은대로 리지웨이 부임 뒤 북위 37도까지 밀렸던 아군의 전선은 곧 서울 수복 뒤 38선 이북으로까지 올라섰다. 아울러 중공군이 큰 공을 들여 노린 역습과 반격도 허용하지 않았다. 비록 한국군 8사단을 횡성에서 붕괴시키는 등 부분적인 전공은 있었으나 지평리 전투 등 커다란 의미를 지닌 싸움에서는 참패를 면치 못했던 것이다.

국면전환 노린 중공군 공세

중공군은 마오쩌둥毛澤東 등이 이끄는 전쟁 최고 지도부의 강력한 의지에 따라 신규 중공군 병력을 만주에서 대기시키다가 전황의 전개에 따라 지속적으로 이들을 한반도 전선에 내려 보내고 있었다. 결코 쉽게 밀리지 않겠다는 강력한 의지의 표현이었다. 그러나 지도부의 그런 의지와는 달리 전선 지도부는 걱정해야 할 점이 많았던 듯하다.

전사의 기록에 따르면 중공군 전선 지도부는 다른 무엇보다 미군을 비롯한 유엔군의 상륙작전이 두려웠던 모양이다. 특히 신규 중공군 병력이 대기 중이던 만주 일대에서 압록강을 넘어 한반도 전선 깊숙이 남하했을 때의 상황이 문제였다. 중공군으로서는 가장 치명적 약점이었던 보급이 더욱 어려워지기 때문이다.

길어지는 보급선, 그리고 가차 없이 달려들어 폭탄을 퍼붓고 사라지는 미군의 공습 능력이 다 무서웠다. 그러면서 경계를 늦추지 않았던 것은 미군의 기습적인 상륙이었다. 중공군은 늘 그 점을 걱정했던 듯하다. 특히 1950년 4월에 접어들어 자신들의 신규 병력이 압록강을 넘어 한반도 깊숙이 남하하는 상황을 걱정했다.

중공군 전선 지휘부는 미군이 재차 상륙을 시도할 경우 유력한 지점을 안주와 원산으로 봤다고 한다. 평양 서북의 안주와 동해안 원산에 동시 기습 상륙한 미군과 유엔군이 자신의 길어진 보급로를 끊고 들어올 경우 어떻게 대비해야 하느냐를 두고 전전긍긍했다는 것이다.

중공군으로서는 그런 피동적인 국면을 피하는 것이 상책이었다. 그들은 비교적 자국과 가까운 거리에서 수행하는 전쟁, 그리고 상대를 크게 압도할 수 있는 병력, 오랜 경험으로 화려한 전술을 펼칠 수 있는 장병 등의 이점이 있었다. 그러나 전쟁을 위해 물자를 동원하고 화력을 마련하는 일 등에서 중공군은 미군의 적수가 아니었다.

전체적으로 힘이 달리는 국면에서 더 밀리지 않기 위해서는 수세守勢를 공세攻勢로 전환하는 일이 필요했다. 당시 중공군으로서는 그 점이

확실히 필요했다. 그런 맥락에서 중공군 전선 지휘부가 펼치고 나온 게 중공군 제5차 공세였다.

중공군은 수도 서울을 직접 노릴 생각이었다. 1.4후퇴의 국면에 이어 5차 공세로 미군과 유엔군을 다시 한 번 서울 이남으로 밀어 내린다면 상징적인 효과가 매우 클 것으로 봤던 것이다. 실제 상대적으로 약한 전투력을 보였던 국군만을 노리고 펼쳤던 이전까지의 공세와는 달리 중공군은 미군을 비롯한 유엔군과의 '한 판 승부'도 피하지 않으려 했다.

중공군은 신규로 만주에서 이동한 병력을 포함해 모두 3개 병단 11개 군을 동원했다. 북한군 4개 군단도 그를 뒷받침했다. 주요 작전 지역은 서부전선의 문산에서 중부 전선의 춘천에 이르렀다. 우선은 김화와 가평 사이에 발달한 산악지역을 활용해 후방으로 침투를 시도할 작정이었다.

중공군이 공략에 큰 노력을 기울였던 대상은 미 1군단과 9군단이었다. 이들을 상대로 3병단과 9병단, 19병단을 집중할 계획이었다. 3병단이 미 1군단과 9군단을 정면에서 압박하는 동시에 9병단과 19병단이 동서 양측으로 우회하면서 공격을 펼친다는 구상이었다.

다시 한반도 허리 부근의 서부와 중부 전선에 전운戰雲이 새카맣게 몰려들고 있었다. 중공군 지휘부는 4월 18일까지 각 병력에게 공격 위치에 서도록 했고, 20일까지 공격 준비를 완료한 다음에 22일에 전면 공세에 나설 것을 주문했다.

45개 사단 나선 중공군 5차 공세

다시 움직인 적군

전체적인 전투 흐름으로 이야기하자면, 중공군이 1951년 4월 들어서 펼친 공세는 제5차에 속한다. 독자들의 이해를 위해 조금 부연할 필요가 있다. 중공군은 한반도 참전 직후에 바로 공세를 벌이기 시작했다. 당시 평양을 넘어 압록강 쪽으로 북진하고 있던 유엔군을 향해 평북 일대에 매복했다가 벌인 중공군의 기습적인 공격이 바로 1차 공세다.

그런 중공군의 참전 및 공세 의도를 오독誤讀했다가 1950년 11월 말에서 12월 중순까지 전투를 벌이다 유엔군은 다시 뼈아픈 패배를 당하고 만다. 그 때의 중공군 공세가 2차에 해당한다. 유엔군은 이미 등을 보인 상태였다. 한 번 밀리면 둑을 무너뜨린 물에 밀리듯 뒤로 줄곧 밀리는 것이 전투다. 그런 기세에 따라 유엔군은 서울을 다시 내주고, 북위 37도선까지 밀렸다.

그 당시의 중공군 공세가 3차다. 이른바 '1.4후퇴'의 상황이다. 4차는 그 직후 벌어진다. 그러나 새로 한반도 전선에 부임한 매슈 리지웨이 미 8군 사령관의 창과 방패가 날카롭고 두터웠다. 중공군은 한국군 8사단에게 궤멸적인 타격을 입혔지만 1951년 2월 말 경기도 지평리에서 증강한 미 23연대전투단에게 참패하면서 공세가 꺾인다. 이것이 4차다.

결론부터 말하자면 중공군의 다음 공세, 즉 5차 공세는 두 차례에 나눠 펼쳐진다. 1951년 4월 말과 5월 중순이다. 그래서 흔히들 이 두 공세를 5차 1단계, 2단계로 나눠서 부르는 경우도 있다. 중공군의 5차 공세를 보는 시각은 여럿이다. 그러나 내 생각에는 중공군이 제 역량으로 한반도 전쟁을 승리로 이끌 수 있느냐 없느냐를 스스로에게 물었던 싸움이다.

중공군은 제5차 1, 2단계의 거센 공세를 밀어붙인 끝에 결국 한반도에서 더 이상의 승세를 이어갈 수 없다고 판단한다. 체력의 거의 밑바닥까지 다 소진한 싸움이기도 했다. 전법이 더 이상 먹히지 않는다는 점도 생각해야 했다. 큰 흐름으로 볼 때, 중공군은 이 5차의 두 단계 공세를 마친 뒤에 더 이상의 대규모 공세에 나서지 않는다.

미군이 갑자기 강해졌다거나, 허약했던 국군이 체력을 보강한 게 아니었다. 중공군을 포함해 북한군, 소련의 지원까지 등에 업은 공산주의 군대가 미군과 유엔군 등 서방 진영의 군대를 상대로 더 이상 뚜렷한 승세를 이어가기 어렵다고 봤기 때문일 것이다. 그러나 이는 나중의 판단이다.

중공군의 의도

당시 중공군은 마지막 희망을 5차 공세에 걸었던 듯하다. 야무지다고 해도 좋을 정도로 전선의 넓은 구역을 때리고 들어왔다. 만주에서 준비를 마쳤던 군대, 1~2차 공세에 나섰다가 체력이 달려 쉬면서 재정비에 들어갔던 군대를 모두 동원했다. 3개 병단 11개 군, 33개 사단이었다. 북한군은 4개 군단 12개 사단이 나섰다.

내가 당시 섰던 전선은 앞에서도 소개한대로 강릉의 1군단이었다. 당시 1군단의 예하에는 두 사단이 있었다. 개전 뒤부터 줄곧 동해안을 따라 북상하거나 남하하며 작전을 벌였던 수도사단과 전투 경험이 거의 없던 11사단이었다. 1101 야전공병단을 그에 추가할 수 있었으나 군단이라는 이름을 달기에는 초라한 역량이었다.

화력은 매우 부족했다. 그 전까지 내가 이끌던 1사단이 미 1군단에 배속해 강력한 야포와 전차의 지원을 받았던 것과는 커다란 차이가 있었다. 군단의 화력으로는 겨우 105㎜ 18문을 거느린 포병 1개 대대가 있었다. 나는 전쟁 발발 뒤 줄곧 1사단에만 있었던 까닭에 강릉의 1군단 상황을 보면서 마음이 스산해질 수밖에 없었다.

그런 보잘 것 없는 화력으로 공산주의 군대에 맞서 싸웠던 국군이 자랑스럽기도 했지만, 한편으로는 이 정도의 화력으로는 유사시의 커다란 전투를 결코 수행할 수 없다는 점을 다시 생각할 수밖에 없었다. 동해안은 한반도에서 펼쳐지는 아군 전선의 동쪽 끝이다. 전쟁의 큰 승패가 갈리는 곳도 아니었다.

따라서 전쟁의 흐름에서는 오지奧地라고 해도 좋았다. 그러나 전쟁은 늘 변수에 올라타 벌어지게 마련이다. 따라서 머물고 있는 곳이 중심에서 멀리 떨어졌다고 해도 안심할 수는 없는 법이다. 어떤 경우라도 적이 이곳을 노릴 때 맞서 싸울 수 있는 역량을 갖출 수 있도록 하는 일은 순전히 지휘관의 몫이었다.

나는 강릉에 부임한 뒤 우선 군단 참모를 비롯해 각 사단 및 예하 부대의 지휘관들을 만났다. 우선 그들의 보고를 귀담아 들었다. 10여 일 정도를 그런 일정으로 보냈다. 내가 군단장으로 부임한 뒤 처음 취한 조치는 군단 참모들의 불만부터 샀다.

당시 군단본부는 강릉 시내에 있었다. 시내의 버젓한 법원 건물에 본부를 차려뒀던 것이다. 나는 부임 후 첫 명령으로 이 군단본부를 주문진의 모래사장으로 옮기라고 했다. 강릉에서 보면 전선으로 북상하는 일이었다. 아울러 법원이 있던 훌륭한 건물을 두고 모래사장에 텐트를 치고 군단본부를 만드는 작업이었다.

그러니 당장 군단 참모들로부터 불평이 쏟아졌다. 내가 지시를 전하는 자리에서는 아무런 소리가 없던 참모들이 주문진으로 옮겨진 텐트에서 식사를 할 때는 "도대체 뭐하는 짓이냐?"는 불평을 쏟아냈다고 한다. 솥에 모래 알갱이가 들어가 입에서 서걱거리는 밥을 씹어야 했기 때문이었다. 그러나 나는 그를 모른 체 했다.

전선에 설 때 늘 나를 지배했던 신념 때문이었다. 군은 전선으로부터 멀어지면 싸우려는 뜻이 흐트러진다. 아울러 각종의 유혹이 넘치는 도시는 군의 전의戰意를 날카롭게 깎아낸다는 생각이었다. 그러면서 나는 군단이 결여한 가장 중요한 그 무엇을 생각하느라 여념이 없었다. 바로 화력의 문제였다.

부족한 화력의 문제…. 내 시선은 자연스레 동해안에 떠서 북한 동부 지역을 강타하고 귀환하는 미 해군 제7 함대

참전 중공군이 참호 속에서
공격을 준비하고 있는 모습이다.

의 전투기들에 가서 닿았다. 제7 함대는 당시 동해안에 두 대의 항공모함을 띄우고 있었다. 항모에서 이륙한 비행기들은 북한 동부지역을 맹렬하게 때리고 돌아왔다.

미군 비행장을 만들다

그러나 문제가 있었다. 적의 대공포화로 손상을 입었거나 제대로 폭탄을 투하하지 못해 폭탄을 그대로 싣고 오는 공군기 때문이었다. 이들은 다시 항공모함 갑판으로 착륙하기가 어려웠다. 위험성 때문이었다. 그런 이유 때문에 미 해군은 새로 부임한 내게 육상 활주로를 하나 닦아 달라고 부탁했다. 나는 그들의 요구를 성심성의껏 해결하려 분주해지고 있었다.

그렇게 정신없이 새로 부임한 1군단의 업무에 매달리고 있었다. 드디어 중공군의 제5차 1단계 공세가 벌어지고 있다는 소식이 들려왔다. 그러나 국군 1군단의 전선에는 거의 요동이 없었다. 단지 북한군이 전선 일부에서 공격을 벌여오는 일이 있었다. 그러나 예상했던 대로 북한군은 실력이 보잘 게 없었다.

이미 철저하게 무너진 뒤 급속한 재편과정을 거쳐 겨우 전선에 올라선 군대였기 때문이다. 그들은 변죽을 울리다가 제풀에 지쳐 퇴각했다. 수도사단과 11사단의 1군단 방어지역 아군의 진지를 뚫지 못하고 물러서는 식이었다. 북한군은 우리의 반격이 벌어지면 아주 무기력하게 내빼고 말았다.

서부전선은 그대로 미 1군단이 맡았다. 방어지역은 임진강에서 한탄강으로 이어지는 선이었다. 예하에는 미 3사단, 미 24사단, 미 25사단, 국군 1사단, 영국 29여단, 터키여단이 있었다. 그 오른쪽은 미 9군단이 맡았다. 가평에서 연천을 잇는 선이었다. 예하에는 미 1해병사단, 국군 6사단, 영국 27연대가 있었다.

중공군은 가평 일대의 산악지대를 먼저 공략하면서 중부의 아군 전선에 구멍을 뚫고자 했다. 그러나 서부와 중서부 전선의 일대가 곧 격전장으로 변하고 말았다. 서부전선에서는 파평산, 설마리, 포천 등 지역이 치열한 싸움터로 변했다. 중공군은 강력한 공세로 나왔다.

아군도 실체를 알 수 없어 두려움을 키웠던 중공군을 이제는 냉정하게 바라보고 있었다. 기습과 매복, 우회를 거듭하며 다가서는 중공군에게 아군이 더 이상 등을 보이지 않음으로써 대부분의 전쟁터는 격렬한 싸움이 일었다.

내가 그 전까지 이끌던 1사단은 물러서지 않으면서 중공군에게 반격을 가했다. 약 3일 동안 1사단은 파평산 일대에서 때론 중공군에 의해 전투지경선이 4㎞ 뚫렸다가도 미 공군의 원활한 협조를 이끌어내며 적을 곧 물리쳤다. 분전奮戰의 연속이었다. 1사단을 꺾고자 했던 중공군 64군은 결국 3일 이상의 공격을 벌였음에도 공세에 상당한 차질을 빚고 말았다.

영국 글로스터 대대의 혈전

영국군의 여유

두 부대의 싸움이 내 이목을 끌었다. 영국군 글로스터 대대의 분전과 국군 6사단의 와해였다. 결론적으로 말하자면, 중공군에게 또 국군이 당하고 말았던 것이다. 중공군은 이제 제 실력의 바닥을 거의 드러냈음에도 말이다. 그에 비해 영국군 1개 대대는 부대 전체의 소멸을 눈앞에 두고서도 끝내 싸웠다.

글로스터 대대의 분전으로 당시부터 큰 이름을 얻었던 영국군은 내가 보기에 퍽 개성이 있는 군대였다. 그들은 미군에 이어 파견 병력의 숫자로 볼 때 유엔군 중 2위를 차지했다. 2개 여단을 파병해 영국군의 싸움 스타일을 선보였다. 우선 눈에 띄는 특징은 '여유'다.

그들은 늘 티타임Tea Time을 즐겼다. 전투가 한창 벌어지는 와중에서도 오후의 일정한 시간이 오면 진지 속에서 차를 끓여 마셨다. 전쟁을 수행하면서 나는 그런 영국군의 티타임을 종종 목격했다. 여유라고 해야 할까, 어쨌든 격렬한 전투를 벌이면서도 그들은 다소 한가하다 싶을 정도로 차를 즐겼다.

그러나 책임감은 아주 높았다. 포병의 경우가 좋은 예다. 그들은 관측을 위해 일선 너머의 적진 가까이 침투하는 일을 포병중대의 중대장이 직접 맡는 경우가 많았다. 가장 위험하면서 중요한 일에 높은 계급의 장교가 직접 나서는 식이었다. 그럼에도 어딘가, 또는 무엇인가가 허전하고 부족해 보였다.

중공군 5차 1단계 공세가 벌어졌을 때 영국군 29여단은 글로스터 연대 1대대를 경기도 적성 부근에 배치했다. 이곳에서 문제가 생기고 말았다. 1대대는 달리 '글로스터 대대'라는 이름으로도 불렸는데, 다른 2개 영국군 대대 및 벨기에 대대와 함께 임진강 방어선을 형성하고 있었다.

정면은 약 11㎞에 달했음에도 모두 4개 대대로 거점을 형성해 방어에 나서고 있었으니 중간의 여러 곳은 중공군 침투에 취약한 면모를 드러내는 상황이었다. 마침 중공군이 공세를 시작한 1951년 4월 22일은 영국인들의 종교적 명절 전야前夜였다. 여유를 즐기는 영국군답게 방어에 전력을 쏟지 못했던 모양이다.

중공군은 역시 밤에 움직였다. 글로스터 대대의 정면을 향해 임진강을 건넌 중공군이 거센 공격을 퍼부으며 다가왔다. 중공군은 압도적인 병력의 우세를 활용해 밀고 또 밀며 들어왔다. 곧 중대장이 전사하는 등 영국군은 위기에 휩싸이고 말았다. 중공군은 역시 수적인 우세를 잘 활용하면서 전선을 압박했다.

중공군의 포위

하루가 꼬박 지나면서 상황은 다급해졌다. 인근 지역에서 가장 높아 상대를 감제할 수 있는 감악산(675m)이 중공군의 수중으로 떨어졌다. 따라서 밀리는 것은 당연했다. 벨기에 대대와 다른 영국군 대대는 진지를 빼앗겼다 다시 되찾으려고 했으나 결국 뜻을 이루지 못했다. 벨기에 대대가 겨우 중공군 포위를 피해 후퇴하고 다른 영국군 대대 또한 후방으로 물러섰다.

글로스터 대대는 원래의 고지를 내주고 후방으로 내려와 인근 주요 도로를 통제할 수 있던 고지에 사주방어 진지를 구축했다. 235고지로, 일명 '설마리 고지'라고도 불렀던 곳이다. 24일 새벽에는 급기야 글로스터 대대 주변을 중공군 63군이 완전히 둘러싸는 상황으로까지 번지고 말았다.

포위당한 글로스터 대대를 구출하기 위해 영국군 29여단장은 배속해 있던 미 3사단장과 긴밀하게 협의했으나 달리 방도는 없었다. 미 1군단장인 프랭크 밀번 장군까지 나서서 글로스터 대대의 구출작전을 지시했으나 역시 뾰족한 수는 없었다.

당초 유엔군이 진출했던 캔자스선은 일찌감치 무너졌고, 군단 전체는 캔자스선 후방에 새로 설정한 델타선으로 철수하라는 명령을 받았다. 글로스터 대대의 고립이 가장 큰 문제였다. 자력으로 중공군 포위를 뚫고 후퇴하는 일은 불가능했다. 시간은 점점 영국군에게 불리한 방향으로 흘러가고 있었다.

글로스터 대대는 후퇴로가 막힌 상황에서도 진지를 향해 다가서는 중공군을 맞아 싸우고 또 싸웠다. 그러나 중공군의 막대한 수적 우위를 극복할 수가 없었다. 따라서 글로스터 대대의 고립은 시간이 갈수록 더욱 깊어져 부대 전체의 절멸, 아니면 혈로를 뚫고 각자도생各自圖生해야 하느냐의 고비에 가까이 가고 있었다.

결국 영국군 29여단장은 최후의 지시를 글로스터 대대장에게 내렸다. 여단장은 본대 전체가 델타선으로 철수하기에 앞서 글로스터 대대장에게 "중공군의 포위망을 돌파해 철수하거나, 아니면 중공군에게 붙잡혀 포로가 될 것인지를 스스로 판단하라"는 내용의 명령을 내렸다.

글로스터 대대장은 각자 혈로를 뚫고 후퇴하는 길을 선택했다고 한다. 따라서 글로스터 대대의 예하 각 중대는 스스로의 판단에 따라 철수로를 잡아 움직이기 시작했다. 인상적이었던 것은 글로스터 대대장의 발언이었다. 그는 철수를 명령하면서 중대장들을 불러 놓은 뒤 "나는 부상자와 함께 고지에 잔류하니 각자 안전하게 철수하기를 바란다"고 했다.

북쪽으로 철수 방향을 잡은 글로스터 대대 D중대만 중공군의 포위를 벗어날 수 있었다. 적이 버티고 있는 북쪽으로 움직여 상대의 허

전쟁 중 전선에서 강인한 전투력을 선보였던 영연방 참전 군대 병력이 부산항에 도착하고 있다.

를 찌른 결과였다. 그들은 중공군 지역을 벗어나 인접한 한국군 1사
단 지역으로 무사히 철수했다. 나머지는 모두 중공군에게 최후의 한
발을 날리면서 분전하다가 전사하거나 포로로 붙잡혔다.

중공군에게 임진강 남쪽의 일대를 내주는 결과였다. 그러나 중공
군의 공세 의도는 이로써 늦어질 수밖에 없었다. 영국군 29여단이 글
로스터 대대의 희생을 감수하면서 중공군과 맞서 싸운 까닭에 서울
을 노리고 남하하는 적의 공세는 22일부터 25일까지 이곳 일대에서
머물고 말아야 했다. 전략적으로는 중공군에게 적지 않은 손실이었다.

사흘 발 묶인 중공군

글로스터 대대원은 모두 850여 명이었다. 그 중 장교 21명과 사병
509명이 중공군에게 포로로 잡혔다. 희생은 컸으나 이 설마리 고지에
서 보여준 글로스터 대대의 분투는 매우 성공적인 고립작전이라는 평
가를 받았다. 중공군의 전체적인 움직임에 제동을 걸었고, 서부전선의
핵심인 미 1군단 주력이 무사히 후퇴하는 시간을 벌 수 있었기 때문
이다.

영국군은 식민지 경영을 위한 군대로서의 특성을 지니고 있었다.
아주 적은 병력으로 거대한 식민지를 경영하기 위해서는 소수지만, 정
예精銳로 군대를 키워야 했다. 부대의 기율과 장교의 책임감, 그로써 적
앞에서 물러서지 않는 강인함 등을 갖췄다. 그러나 현대전을 수행하
는 데는 부족한 면모도 없지 않았다.

대단위의 기동전, 대량의 물자와 장비를 일거에 동원하는 능력 등
을 고루 갖추지는 못했던 것이다. 게다가 영국인 특유의 여유와 격식
을 따지는 문화적 배경도 갖췄다. 그럼에도 설마리에서 보인 글로스

터 대대원의 감투정신은 고귀했다. 마지막까지 적에게 총구를 겨누고 싸우다가 적에게 포로로 잡히는 일에 주저하지 않았던, 군인으로서의 면모가 깊은 인상을 남겼던 군대였다.

부족한 대대 병력으로 중공군의 거대 병력에 맞서 분전할 수 있었던 배경이 궁금하다. 미군과의 원활한 협조가 그 원인 중 하나로 꼽힌다. 미군의 압도적인 공군력을 적절한 시기에 최대한 활용할 수 있었다는 점이 가장 크다. 미군과의 소통에 전혀 문제가 없던 언어와 문화적 배경이 큰 몫을 차지했을 것이다.

아울러 제2차 세계대전 등을 성공적으로 수행했던 영국군의 오랜 전통과 명예심, 자긍심 등이 적의 공격 앞에서 바로 등을 보이고 무기력하게 물러서는 일을 막았다고 볼 수 있다. 당시 중공군은 여러 면에서 허점을 드러냈다. 따라서 중공군에게 포위를 당해 고립됐다고 하더라도 아군의 공중 보급력을 믿고 끝까지 싸우려는 전의를 잃지 않음으로써 영국군은 중공군의 공세의도에 차질을 빚게 만들었다.

서부전선에서 글로스터 대대의 분전이 이어져가고 있던 무렵 중부전선을 맡고 있던 미 9군단 지역에도 중공군이 몰려들었다. 전선의 구석구석을 때려 틈을 뚫으며 진격해 수도 서울까지 노리겠다는 게 중공군의 의도였다. 그에 맞서 미 9군단 예하의 미 1해병사단은 화천 저수지 북쪽, 한국군 6사단은 김화 지역으로 진출하고 있었다.

중공군의 공격은 역시 서부전선 미 1군단이 맞았던 상황처럼 4월 22일 벌어지고 있었다. 중공군은 이번에도 역시 미군을 우회하는 대신 한국군을 선택했다. 화력이 막강한 미군을 가능한 한 최대로 피하면서 그보다는 상대적으로 크게 전력이 부족한 한국군을 제물로 삼겠다는 의도였다.

패배의 두려움 안고 행군한 국군 6사단

압록강 선착 사단

국군 6사단은 전쟁 준비가 비교적 충실했던 한국군 부대에 속했다. 6사단은 김일성 군대가 기습적으로 남침을 벌였던 1950년 6월 25일 아침에는 가장 인상적인 전투를 벌였던 부대이기도 했다. 그들은 강렬하면서도 조직적인 저항으로 김일성 군대의 침공을 3일 동안 막았다. 그 점은 전쟁 초반의 국면局面에 큰 영향을 미쳤다.

김일성 군대가 수도 서울을 점령한 데 이어 춘천을 조기에 공략하는 데 성공했더라면 한강 이남의 한국군 방어선을 무너뜨리는 일이 한결 수월했을 것이다. 6사단은 그런 김일성의 전쟁 의도를 좌절시킨 큰 공로가 있었다. 따라서 전쟁 초반 6사단의 명성은 매우 높았다.

앞에서도 몇 차례 거론했지만 이들에게는 다른 국군 사단이 부러워하는 점 하나가 있었다. 바로 기동력이었다. 영월 탄광 지대에 있던 광산업체들의 트럭을 징발할 수 있어 탁월한 기동력을 확보했기 때문이었다. 전쟁 초반에도 6사단은 늘 발 빠르게 움직였다. 기동이 쉬워 장병들의 전투력도 높았던 편이었다.

따라서 낙동강 전선이 만들어지기 전의 6사단은 국군 사단 중에서 전과戰果와 함께 사기가 높아 형편이 가장 좋았던 부대이기도 했다. 그러나 그 점이 어쩌면 화禍를 부른 측면이 있다. 북진이 벌어지자 이들의 기동은 매우 신속했다. 트럭에 올라 타 압록강을 향해 가장 먼저 달려갔다. 다른 사단이 흉내 내기 힘든 속도였다.

6사단 예하 7연대가 가장 먼저 북상해 압록강의 바로 앞인 초산진에 도착함으로써 6사단은 또 명성을 올렸다. 압록강에 가장 먼저 도착한 부대로서의 이름이었다. 통일을 암시하는 듯한 장면도 그로부터 나왔다. 압록강 물을 수통에 담았던 장면은 어느 누군가가 사진으로 찍기도 했던 모양이다.

그 다음의 결과는 그러나 아주 참혹했다. 7연대 장병들은 자신들이 트럭에 올라타 아주 경쾌한 몸가짐으로 압록강을 향할 무렵 그 주변의 빽빽한 밀림 속에 몸을 도사리고 앉아 있던 중공군의 그림자를 전혀 보지 못했다. 그들은 오직 하나의 목표, 압록강 선착先着의 사명감을 위해 전진했으나 전쟁의 원칙에 충실하지 못했던 것이다.

나아가는 길에 어떤 위험이 도사리고 있는지를 헤아리는 일은 전쟁터에 선 사람에게는 매우 중요하다. 매우 중요하다는 표현도 어쩌면 부족하다. 본인은 물론이고, 저가 이끄는 모든 장병들의 목숨이 달려 있는 일이기 때문이다. 따라서 군대의 가장 기본은 나아갈 때 앞을 충분히 헤아려야 한다. 물러설 때 또한 어떻게 물러설 수 있는지를 반드시 살펴야 옳다.

나아갈 때와 물러날 때

여담이지만, 당시 6사단 7연대장 임부택 대령은 나와도 인연이 매우 깊은 사람이다. 김일성 군대의 초기 공세에 밀려 낙동강 전선을 향해 밀려 내려갈 때 나는 그에게 신세를 진 적이 있다. 당시 내가 이끌던 1사단은 전투력이 형편없었다. 한강 인도교가 일찍 끊기는 바람에 임진강 일대를 방어하던 우리 1사단은 모든 장비와 중화기를 갖고 내려올 수 없었기 때문이다. 병력도 뿔뿔이 흩어졌다가 겨우 다시 모이는 중이었다.

1950년 7월 8일로 기억한다. 우리는 당시 음성에서 6사단 7연대와 방어 임무를 교대해야 했다. 마침 7연대는 동락리라는 곳에서 북한군을 대거 몰살하는 커다란 전공을 세웠던 터라 사기가 매우 높았다. 나는 임부택 중령(당시 계급)에게 "당장은 우리가 임무 교대를 할 수 없을 만큼 전투력이 보잘 것 없으니 준비가 될 때까지 우리를 도와 달라"고 간청했다.

그는 흔쾌히 내 궁색한 요청을 받아들였다. 7연대의 포병 화력을 얻어 우리는 겨우 북한군의 공세를 막아낼 수 있었다. 그는 나중에 김종오 사단장에게 혼쭐이 났다고 했다. 이동 명령을 어겼다는 이유 때문이었다. 그런 고마운 임부택 중령은 나중에 북진 대열의 가장 선두에 섰다.

그는 초산진에서 중공군에게 포위를 당했다가 겨우 살아났다. 임부택 중령은 겨우 사선死線을 돌파해 좌측으로 인접했던 우리 1사단의 12연대로 넘어왔던 모양이다. 그는 12연대장이었던 김점곤 중령과 친구 사이였다. 임부택 중령은 개인화기조차도 잃어버렸던 상태였다고 했다. 김점곤 중령이 임부택 중령에게 "압록강에서 떠 온 물은 어디에 뒀느냐"고 농담조로 놀렸다고 한다.

어쨌든 임부택 중령과 그의 예하 장병들 일부는 결국 1사단 12연대의 도움으로 커다란 탈 없이 남하할 수 있었다. 전쟁이 벌어지는 와중에도 서로 돕는 인연은 그렇게 이어졌던 셈이다. 그 뒤 6사단은 재정비를 거쳐야 했다. 사단 전체가 너무 일찍 압록강을 향해 치달은 탓

1951년 5월 소양강을 도하해 공격을 펼치는 중공군.

에 중공군의 포위에 걸려 커다란 전력손실을 입었기 때문이었다.

1951년 4월에 벌어지는 중공군의 제5차 1단계 대규모 공세 때 사단을 이끌고 있던 이는 장도영 준장이었다. 그는 1961년 벌어지는 5.16으로 인해 매우 유명해졌던 인물이다. 나와 같은 군사영어학교 출신이어서 창군 멤버에 속했다. 그는 내 후임으로 정보국장을 맡기도 했다. 그러나 당시 국군 사단장 등 주요 지휘관 모두가 그렇듯, 장도영 준장 역시 젊은데다가 전투 경험은 별로 없었다.

중공군이 5차 1단계 공세를 벌이던 무렵에 6사단은 김화 지구를 향해 공세를 펼치고 있었다. 유엔군 전체에게 내려진 공세 명령으로 38선 이북을 향해 부지런히 전진하는 중이었다. 내가 있던 강릉과 주문진에서는 앞서 언급했던 대로 별다른 충돌이 없었다. 전면에 버티고 있던 적이 전투력을 제대로 갖추지 못한 북한군이었던 까닭이다.

그러나 중공군이 다가서고 있던 서부와 중부 전선의 상황은 달랐다. 중공군은 신규로 한반도에 도착한 새 병력, 재정비를 거쳐 전투력을 회복한 기존의 참전부대를 대규모로 동원해 서부와 중부 전선 모두에서 강력한 공세를 벌일 작정이었기 때문이다. 중부전선을 맡아 가평과 춘천 북방으로 진출하려던 미 9군단과 10군단의 앞에는 중공군 39, 40군이 전투를 준비 중이었다.

불리했던 환경

이곳의 산세山勢는 험했다. 광주산맥이 서남쪽을 향해 흘러내리면서 많은 산지山地가 발달한 지형이었다. 보통은 해발 1,000m를 웃돌거나, 그에 다소 미치지 못하더라도 험준한 산들이 많았다. 아군의 진격로는 따라서 이동이 편치 않았다. 높은 산지가 발달해 우선 관측과 기동 자체가 어려웠다.

아울러 인접부대와의 통신 연결도 수월치 않았다. 통신에 제한이 따르면서 부대 사이의 공백은 커질 수 있는 위험을 지니고 있었다. 중공군에 비해 우세에 있던 유엔군의 장비와 물자는 따라서 6사단에게 효율적으로 전해지지 않을 수 있다는 가능성에도 주목해야 했다.

그런 여러 요소를 따질 때 6사단의 진격은 신중을 기해야 하는 상황이었다. 나아가는 길이 험하다면 물러서는 길도 험할 수밖에 없었기 때문이다. 도보로 이동하는 병사들의 진격에는 문제가 없었지만 그를 후속後續하는 장비와 물자 등이 늘 제한을 받을 수 있었다.

중공군에게는 유리한 싸움터였다. 그들은 늘 산악 이동을 근간으로 하면서 기습과 우회, 매복을 번갈아 선보이던 군대였다. 물자와 장

비를 그런 목적으로 실어 나르기 위해 거느렸던 군마軍馬도 매우 풍부
했다. 산지가 펼쳐지며 발달한 계곡이 중첩해 있다는 점도 역시 중공
군에게는 유리함으로 작용할 수 있었다.

전쟁의 상처도 빼놓을 수 없는 요소였다. 6사단은 압록강에 선착
한 부대로 용맹을 과시했지만, 그 직후 산맥 속에 도사린 중공군의 포
위에 걸려 잔혹한 패배에 직면한 경험이 있었다. 그런 경험이 있는 부
대는 생명줄을 놓을 깊은 위기에 빠졌던 당시의 두려움이 그대로 남
아 있는 경우가 많다. 전쟁이 불붙고 있던 당시의 환경에서 그를 다
감안할 수는 없더라도, 그런 두려움은 적잖게 6사단 장병들의 마음속
에 남아 있었을 것이다.

기록에 따르면 중공군 공세가 펼쳐지려던 무렵의 일기日氣는 좋지
않았다. 구름이 잔뜩 끼었으며 눈을 가리는 안개가 광주산맥 주변의
여러 산지를 덮었다고 했다. 산불도 잦았다고 했다. 높은 산지라 건조
한 기운이 번져 일어나는 산불이었다고 했다. 운무雲霧에 화재로 인한
연기도 겹쳐 아군의 시야視野는 흐릿했다는 얘기다.

몸을 감추고 은밀하게 산악과 계곡을 넘어드는 중공군에게는 유
리한 날씨였다. 구름과 안개, 연기로 인해 아군의 공중 정찰로는 중공
군의 이동을 볼 수 없었던 상황이었던 셈이다. 그럴 경우 중공군이 갖
추지 못한 미군의 공군력도 제한적으로 펼쳐질 수밖에 없었다. 여러
모로 중공군에게는 유리한 작전 환경이었다.

중공군에 다시 등을 보이다

젊었던 국군 지휘관

거듭 말하지만 당시의 국군 지휘관 능력은 보잘 것이 없었다. 전선 지휘관은 대개 30대 초반 또는 20대 후반의 '젊은이'였다. 항일 독립 전선에 섰지만 체계적인 군사교육이나 실전 경험이 전무하다고 해도 좋을 광복군 출신, 일본 육사를 졸업한 일본군 장교나 만주군 장교로서 체계적인 교육을 받았지만 역시 대규모 전투를 이끌어본 적이 없는 사람들이 대부분이었다.

그들을 따르는 장병들 또한 차분하게 군사교육을 이수한 적은 전혀 없었다. 그저 짧은 시간에 속성速成으로 소총 다루기 등을 배운 뒤 전선에 나온 사람들이 대부분이었다. 그럼에도 전선의 상황은 지휘관에 의해 좋고 나쁨이 갈리는 경우가 많다. 전투에 나서서 자신의 장병들을 잘 보호하면서 싸움을 승리로 이끄는 일은 지휘관의 자질과 판단에 거의 전부가 달려 있다고 볼 수 있다.

그런 점에서 당시 전쟁에 나선 한국군 젊은 지휘관들은 싸우면서 바로 배우는 일에 익숙해야 했다. 그 표현도 어쩌면 부족하다. 적을 맞아 싸우면서 미군이나 유엔군 등 우리보다 훨씬 나은 군대 지휘관으로부터 싸움의 요령을 반드시 체득해야 했다. 그래야 지휘관도 살고 부대도 살릴 수 있었던 것이다. 그런 점에서 생명이 걸린 절실한 과

제라고 해도 좋았다.

6사단장은 사창리 전투에서 역시 지휘 상의 커다란 결점을 드러내고 말았다. 김일성 군대의 기습 남침 뒤 늘 반복적으로 벌이던 국군의 패배를 다시 그대로 재연했기 때문이었다. 상대는 역시 중공군이었고, 한 번 그들에게 등을 보인 뒤 무기력하게 물러서면서 아군의 전체 전선에 커다란 공백을 내고 말았다.

6사단은 김화 지역을 향해 진군하던 4월 22일 오후 중공군이 전면 어딘가에 대규모로 모여든다는 정보를 입수했다. 미군의 항공 관측에 의한 정보였다. 이때부터 사단은 고도의 경계상태에 들어갔다. 진군을 멈추고 현재 도착한 지역에서 방어를 강화하라는 지시가 내려갔다.

6사단의 오른쪽에는 미 1해병사단, 왼쪽에는 미 24사단이 있었다. 사단장은 우선 이들 아군 부대와의 연계를 강화하라는 지시를 내렸다고 한다. 중공군 공격에 틈을 내주지 않기 위해 전투지경선의 방어를 보강하려는 의도였다. 사단장이 지시를 내린 시점은 오후 4시 경이라고 했다. 그러나 중공군은 바로 1시간 뒤 공격을 벌여왔다.

사단 좌전방에는 19연대, 우전방에는 2연대가 있었다. 사단장은 중공군이 많이 출현하던 2연대 뒤에 사단의 예비였던 7연대를 배치했다. 사단에 배속한 국군 제27 포병대대와 뉴질랜드 포병대대, 미 제2 박격포대대 C중대는 사창리 부근에 머물고 있었다. 작전을 위한 부대 배치는 당시의 상황으로서는 이해 못할 것은 없다.

단지 중공군의 파상적 공세에 대항하기 위해서는 병력 수가 우선 부족했다. 아울러 중요 거점에 진지를 구축해 방어를 강화하려는 의도 때문에 부대 사이의 공백이 커질 수도 있다는 점이 문제였다. 아울러 사단의 예비로 있던 7연대를 전방의 2연대 후방으로 배치하는 바람에 사단의 전투 종심縱深이 약해질 수 있었다.

중공군이 노린 먹잇감

그러나 나아갈 때 못지않게 중요한 순간이 물러설 때다. 부대가 만약의 상황에 빠져 후퇴를 할 수밖에 없는 상황에 놓였을 때 6사단의 퇴로는 문제로 떠오를 수 있었다. 산이 중첩해 계곡이 많은 지형이었다. 춘천에서 사창리에 이르는 도로는 더구나 하나에 불과했다.

조금 여유가 있는 길이기도 했으나 지형적인 특성 때문에 일부 구간은 매우 좁아지면서 굴곡이 심했다. 따라서 그런 후퇴로를 두고 그나마 질서정연한 철수작전을 수행한다면 피해는 많이 줄일 수 있었다. 문제는 적의 공세 앞에서 체계적으로 후퇴를 할 수 있느냐는 점이었다.

그러나 당시의 상황에서 그런 여러 요소를 모두 따질 수는 없었던 듯하다. 6사단은 결국 미 8군의 전체 작전 명령에 따라 부지런히 북상했다가 "대규모의 중공군이 모여들고 있다"는 정보에 따라 신속하게 방어태세를 취했던 것이다. 나중의 기록에 의해 밝혀지는 사실이지만 중공군은 정확하게 한국군 6사단을 먼저 노리고 다가선 상태였다.

중공군의 의도는 분명했다. 가장 허약한 곳을 노려 구멍을 낸 뒤 유엔군을 동서로 갈라놓겠다는 계획이었다. 당시 중공군의 주공主攻을 담당했던 부대는 19병단이었다. 조공助攻을 맡은 부대는 9병단이었다. 19병단이 서부전선의 공세를 이끄는 사이 9병단은 화천과 가평을 잇는 곳으로 급히 이동시켰다. 이곳에서 돌파구를 마련해 아군의 전선을 흔들겠다는 뜻이었다.

6.25전쟁에 참전한 중공군의 작전 수뇌부가 단체로 촬영했다. 앞줄 오른쪽에서 다섯째 사람이 작전 전반을 주도했던 덩화라는 인물이다.

9병단의 공격은 여러 곳을 향할 수 있었다. 그러나 미 1해병사단과 미 24사단이 버티고 있던 곳은 아무래도 힘에 겨웠다. 우선 미 1해병사단을 공격하기 위해서는 북한강을 도하해야 하는 부담이 있었다. 아울러 미군이 지닌 화력과 전투력을 생각하지 않았을 수 없었다. 따라서 그 중간에 있던 한국군 6사단이 가장 뚫기 쉽다고 봤던 것이다. 참전 이래 줄곧 국군을 먼저 노리고 덤벼들던 중공군의 공격 방식 그대로였다.

이 무렵의 중공군은 나름대로 포병화력을 집중적으로 운용하고 있었다. 중공군의 공격은 22일 오후 5시에 벌어지기 시작했다. 우선은 강력한 포격을 먼저 실시했다. 9병단 예하 제20군 소속 3개 사단이 국군 6사단에 몰려들고 있었다. 압도적인 병력으로 밀고 들어오는 중공군을 막아내기에는 6사단의 힘이 크게 달렸다.

중공군은 6사단의 틈을 찾아 뚫는 데 성공했다. 얼마 지나지 않아 6사단의 퇴로가 막혔다. 횡성의 전투에서 국군 8사단이 당한 경우와 같았다. 바로 통신선이 먼저 끊기고 말았다. 사단의 각급 부대에 대한 통제가 순식간에 무너졌다. 부대 사이의 소통이 멈추고, 사단본부의 일관된 지휘마저 불가능해지면서 상황은 걷잡을 수 없는 혼란으로 빠져들었다.

좌전방의 19연대는 일찌감치 중공군의 포위 속에 갇히고 말았다. 앞과 뒤에 모두 중공군만이 보이는 상황이었다. 우전방의 2연대와 그 뒤를 받치기 위해 진출해 있던 예비 7연대의 상황도 절망적이었다. 2연대와 7연대는 적중의 고립을 피하기 위해 차량과 장비 등을 모두 버리고 후퇴에 나섰다.

두려움 속 급격한 패퇴

여러 전문가들이 지적하는 문제였다. 6사단이 급격히 무너졌던 배경에 관한 얘기다. 아무래도 6사단은 1950년 10월 말 북진 당시 압록강 앞 초산까지 진출했다가 중공군의 매복에 걸려 참담한 패배를 맛봤던 두려움에서 아직 벗어나지 못했던 듯하다.

6사단으로서는 중공군과의 전투에서 서전緖戰에 해당하는 것이 바로 초산 일대에서 벌인 싸움이다. 이 싸움에서 아주 커다란 패배를 당한 6사단으로서는 좀체 당시의 두려움에서 벗어나는 일이 쉽지 않았을 것이다. 사창리에서도 상황은 비슷하게 흘렀다. 앞으로 나아갔다가 졸지에 중공군의 대병력을 만나 앞과 뒤로 포위를 당한 형국이었기 때문이다.

좌전방의 19연대는 중공군이라는 바다에 갇힌 섬이었다. 고립은 점점 더 깊어졌다. 중공군의 막대한 병력이 뚫린 구멍을 타고 계속 진입했기 때문이었다. 2연대와 7연대는 두려움에 젖어 모든 장비와 화력을 버린 채 방향을 잡지도 못하고서 마구 도망쳤다. 두 연대의 장병은 무질서하게 살길을 찾아 나섰다. 좌우로 인접한 아군 부대로 도망치거나 일부는 중공군 포위를 뚫고 후방으로 달아났다.

6사단의 종심이 깊지 않은 점이 문제였다. 중공군은 옆으로 길게 거점을 형성한 뒤 늘어섰던 국군의 저지선을 뚫고 금세 후방으로 내달렸다. 이들은 곧장 7연대의 후방에 있던 국군 제27 포병대대, 미 제2 박격포대대 C중대를 공격했다. 먼 곳으로 쏘는 화포火砲를 지닌 포병 부대는 적의 보병 공격에는 지극히 취약할 수밖에 없다. 이들 또한 성난 물길에 밀린 모래처럼 마구 무너졌다.

문제는 역시 퇴로退路였다. 앞에서 언급한 내용처럼 6사단이 적에 밀려 후퇴할 때 갈 수 있던 길은 하나였다. 사창리로부터 춘천을 잇는 국도였다. 포병 병력과 후방의 인원들은 곧장 이 도로로 몰려들었다. 길을 따라 먼저 신포리로 철수하기 위해서였다. 이제는 방어선 자체가 모두 무너진 상태였다. 사단 전체가 무너지는 낌새를 보이자 후방에서 이를 지원하던 미군 포병 병력도 동쪽의 북한강 지역으로 이동을 시작했다.

갈팡질팡하면서 이리저리 깨지고 뜯어져 없어지기도 하는 상황이 바로 지리멸렬支離滅裂이다. 당시의 상황이 꼭 그랬을 것이다. 하나 밖에 없는 도로는 곧 철수하는 병력으로 가득 메워졌다. 장비를 지니고 갈 수 없던 포병대대가 일부 장비를 유기할 수밖에 없는 상황도 생겼다.

"당신 군인 맞나?"

다시 무너진 6사단

도로 상황은 더욱 나빠졌다. 아군이 유기하는 장비들이 길에 남아 전
방의 차량과 장비의 이동을 막는 경우도 생겨났기 때문이었다. 육군
본부가 펴낸 『1129일간의 전쟁 6.25』를 보면 당시의 상황을 증언하는
내용이 나온다. 당시 6사단 2연대 1대대 소대장이었던 예비역 전제현
장군의 생생한 증언이다. 그 내용을 여기에 옮긴다.

"좁은 계곡 사이로 춘천으로 가는 도로가 이어지는데 차량 두 대
가 교행할 수 없을 만큼 좁았습니다. 그 좁은 길에 자주포가 멈춰서
길을 막았죠. 미군들이 도와달라고 해서 자주포를 옮기려 했지만 그
큰 전차가 그걸로 움직입니까. 결국 그 뒤에 대기하고 있는 아군 차량
은 모조리 포기할 수밖에 없었습니다. 미 공군기들이 와서 차량을 폭
파시켰죠. 참담했습니다."

그의 말대로 아주 참담한 패배였을 것이다. 눈앞에 뻔히 아군의
장비와 물자를 남겨둔 채 남은 목숨 하나 건지기 위해 등을 보이며
물러서야 하는 상황이었으니 말이다. 그렇게 길에 남겨둔 장비와 물
자 등은 미 공군기가 처리해야 하는 대상이었다. 물자와 장비 등을 적
에게 넘겨줄 수는 없었기 때문이다.

평양과 흥남 등에서 아군이 물러날 때도 반드시 남겨둔 물자와 장

비를 파괴해야 했다. 적에게 그를 넘겨줄 수 없다는 같은 이유에서다. 따라서 아군이 적에게 밀려 후퇴하는 길에는 미군의 공습이 이어진다. 아군의 물자와 장비를 파괴하기 위해서다. 따라서 그곳에는 시커먼 연기가 줄곧 피어오른다. 거센 불길도 볼 수 있다. 그런 불길과 연기가 뒤범벅을 이루면서 참담함은 깊어진다.

중공군은 늘 밤에 강했다. 모습을 뻔히 드러내는 주간晝間에는 공격의 빈도와 강도가 모두 약해지게 마련이었다. 아군의 공습이 무서웠기 때문이다. 그럼에도 중공군은 이튿날에도 공세를 늦추지 않았다. 새벽이 밝으면서 다소 주춤했지만 오후 들어 다시 공세를 지속했다.

날이 밝으면서 아군은 조금 숨을 돌릴 수 있었다. 다소 둔화하는 중공군 공세에 따라 여유를 찾았던 것이다. 윌리엄 호그(William M. Hoge) 중장은 당시 6사단이 배속해 있던 미 9군단의 군단장이었다. 이 사람의 이름을 희미하게나마 들어본 사람이 적지 않을 것이다. 우리에게 잘 알려졌던 영화 〈레마겐의 철교The Bridge At Remagen〉의 실제 주인공이기 때문이다.

그는 제2차 세계대전 당시 미 9기갑사단 B전투단의 단장(준장)으로 미군으로서 처음 라인강을 넘어 독일을 무너뜨리는 레마겐 철교 작전을 지휘했던 인물이다. 과감한 공격력과 치밀한 작전 능력을 모두 갖췄던 인물이다. 그는 전임자였던 브라이언트 무어(Bryant E. Moore) 소장이 1951년 2월 말 리지웨이가 주도했던 '킬러 작전'을 수행하다가 탑승했던 헬기가 고압선에 걸려 추락하면서 순직한 뒤 부임했던 새 군단장이었다.

미 군단장의 질책

그는 참담했던 6사단의 패배를 직접 지켜본 뒤 현장을 직접 방문했던 모양이다. 당시 내가 듣기로는 호그 장군이 6사단을 방문한 뒤 직접 장도영 사단장을 앞에 두고 "당신들을 어떻게 군인이라고 할 수 있을까?"라고 말했다고 한다. 아주 모욕적인 질책이었다. 장도영 사단장은 아무런 대꾸를 못했던 듯하다. 입이 있어도 아무런 변명을 할 수 없는 상황이었을 것이다.

호그 소장은 장도영 6사단장에게 신속한 부대 재편을 요구했다. 아울러 캔자스 선 방어진지를 점령해 더 이상의 중공군 공세를 허용치 말도록 지시했다. 이에 따라 6사단은 후퇴한 잔여 병력을 수습해 19연대와 2연대를 전선에 다시 배치했다. 그러나 한 번 등을 보이고 무작정 내뺐던 군대가 다시 적을 맞아 싸우는 일은 아주 어려운 법이다.

6사단은 초산에서의 참패를 마음에 아직 담아두고 있던 터였다. 그 때문에 중공군에게 한 번 뚫리자 바로 분산分散의 어지러운 상황에 빠져 장비와 화력 등을 그대로 두고 몸만 빠져나온 상태였다. 따라서 이들이 중공군과 맞서 싸우는 데에는 뚜

한국군 6사단이 배속해 있던 미 9군단의 윌리엄 호그 군단장. 그는 제2차 세계대전 당시 '레마겐의 철교' 작전에서 큰 성과를 쌓았던 장군이다.

렷한 한계가 있었다. 중공군은 오후 늦게 다시 공세에 나섰고, 6사단
은 힘겹게 저항했으나 곧 물러나고 말았다. 6사단이 최종적으로 철수
한 곳은 가평이었다고 했다.

6사단은 초산에서의 뼈아픈 패배 뒤 다시 중공군에게 참담하게
무너지고 말았다. 미 9군단장으로부터 "당신들이 군인이냐"는 힐난을
들을 정도의 패배였다. 실제 드러난 결과가 그를 잘 말해준다. 4월 25일
가평에 집결한 6사단 병력은 모두 6,320명이었다고 한다. 1만 3,000명
에 달했던 당초의 병력 중 절반 가까운 장병이 실종하거나 사망했으
며, 또 포로로 잡혔다는 얘기다.

육군본부의 자료에 따르면 분실한 소총은 모두 2,263정이다. 자
동화기는 168정, 2.36인치 로켓포는 66문을 잃어 버렸다. 6사단을 화
력으로 지원했던 미군 포병대대도 105㎜ 곡사포 15문, 4.2인치 박격포
13문, 242대의 무전기를 잃어버렸다고 한다.

그러나 더 아픈 손실은 다름 아닌 전의戰意의 상실일지도 모른다.
1950년 10월 말 초산에서의 서전에서 무너졌던 아픔을 극복하지 못
하고 두려움과 실의失意에 빠져 거듭 적 앞에서 물러남으로써 6사단은
중공군에게는 더 이상 싸우려들지 못하는 군대로 전락할 수도 있었다.

6사단 대신 나선 영국군

다음에 이어지는 게 가평 전투다. 미군 지휘부의 결정에 따라 벌어진
싸움이었다. 미 8군은 6사단을 가평으로 뺀 뒤 그 북방에 영연방 제
27여단을 진출시켰다. 한국군 6사단의 철수를 엄호하면서 중공군의
진출을 막으라는 게 27여단에게 주어진 임무였다.

영국군은 당시 전쟁에서 2개 여단을 한국에 파병했다. 앞서 소개

한 '글로스터 대대'가 속했던 29여단과 중서부 전선에 섰던 27여단이었다. 29여단은 영국 본토에서 직접 한국으로 왔고, 27여단은 영국이 당시 경영하고 있던 식민지 홍콩에 주둔하다가 한국에 도착했던 부대였다.

영국군은 여단 규모로 군대를 편성하는 관행이 있었다. 군대를 광대한 식민지 경영에 맞춰 짰기 때문이다. 따라서 한국에 온 영국군은 화력과 장비 면에서 미군의 사단을 따를 수준이 아니었다. 병력 숫자에서는 한국군 1개 사단에 미치지 못했고, 화력과 장비 면에서도 미군의 지원을 받았던 한국군 사단에 비해 탁월하지도 않았다.

그러나 이들에게는 군인으로서 적을 맞아 싸우려는 전의戰意는 충만했다. 아울러 세계를 지배했던 제국 영연방 군대의 일원으로서 지닌 자긍심과 명예심이 대단했다. 앞서 적은 '설마리 전투'에서 보인 29여단 글로스터 대대의 전투에서도 그 점은 분명히 드러났다.

아무튼 그런 영연방의 27여단이 6사단의 철수를 엄호하면서 물밀듯이 내려오고 있던 중공군을 맞아 대회전大會戰을 치를 상황이었다. 영국군 27여단이 치른 이 전투의 의미는 매우 컸다. 중공군이 한국군 6사단에 이어 영국군 27여단을 다시 무너뜨린다면 한반도 전선은 다시 한 차례 크게 출렁일 상황이었다.

중공군은 자신들이 의도한 대로 아군의 전선을 동서로 양분하는 데 성공하는 셈이었다. 그렇다면 아군 전선의 연계는 중간이 끊기면서 상당히 불리한 상황으로 내몰릴 수 있었다. 중공군은 그런 간격間隔을 확보한 뒤 공세를 서쪽으로 이동하면서 대한민국 수도 서울을 다시 한 차례 점령할 수 있었다. 그들의 의도대로 상황이 이어진다면 이는 전쟁의 전체적인 국면에 커다란 영향을 미칠 수 있었다.

그러나 영국군 27여단의 상황은 바로 전투에 투입할 형편이 아니었다. 당초 이들은 국군 6사단 방어지역을 담당하고 있었다. 사창리 서쪽 방어지역을 6사단 19연대에게 인계한 뒤 오히려 가평에 집결해 휴식 중인 부대였다. 아울러 여단의 1대대는 원래 주둔지였던 홍콩으로의 복귀가 정해져 있던 상황이었다. 여러모로 전투에 나설 형편이 아니었다.

그럼에도 이들을 동원하지 않을 수 없는 국면으로 내몰리고 있었던 사람이 미 9군단장 윌리엄 호그 장군이었다. 호그 군단장은 사창리에서 물러난 6사단이 캔사스 선에 다시 서는 상황을 들여다보고 있었다. 그러나 6사단은 그런 기대에 끝내 부응하지 못했다.

절반 정도의 병력을 상실한 사단이 재빨리 다음 방어 작전에는 나서기 힘들었던 것이다. 그에 따라 결국 영국군을 내보내기로 했다. 이들은 가평천 계곡에 방어선을 형성한 뒤 춘천과 가평을 잇는 도로를 따라 전진하는 중공군을 차단하라는 명령을 받았다.

호주와 캐나다 군대의 분전

영연방 27여단

경춘가도京春街道는 당시 서울과 춘천을 직접 잇는 거의 유일한 도로였다. 대한민국의 동서를 잇는 중요한 혈맥이라고 봐도 좋은 국도國道에 해당했다. 1951년 4월 5차 1단계 공세에 나섰던 중공군이 노렸던 것은 바로 이런 경춘가도를 끊는 일이었다.

우선 사창리에서 국군 6사단을 무너뜨린 뒤 가평천 골짜기를 타고 내려와 서울과 춘천을 잇는 이 경춘가도를 점령함으로써 동서로 길게 이어진 유엔군의 전선 가운데를 끊겠다는 생각이었다. 우선 이들의 공세 의도는 매우 성공적으로 여겨졌다. 예상한 대로 국군 6사단이 쉽게 등을 보이면서 뒤로 물러났기 때문이었다.

그에 비해 아군의 고민은 깊어졌다. 그대로 중공군의 공세를 방치할 경우 동서로 잇는 아군의 연계가 끊어져 국면이 크게 불리해질 수 있었던 까닭이다. 이곳을 뚫은 중공군은 여세를 몰아 분명히 수도 서울을 향해 압박을 벌이고 나설 터였다. 그로써 서부전선에서 밀고 들어오는 다른 중공군 병단과 협격挾擊을 펼쳐 서울을 점령한다는 구상이었다.

이런 다급한 상황에 닥치면서 한국군 6사단을 대신해 전선에 나선 부대가 영연방 27여단이었다. 이들에게는 단순하지만 매우 중요한 임무가 주어졌다. 남하하는 중공군의 공세를 어떻게 해서든지 차단하는 일이었다. 영연방의 일원으로 참전한 오스트레일리아, 캐나다 부대가 이번 전투의 핵심 구성원이었다. 아울러 후방에는 이들을 지원하기 위해 뉴질랜드의 포병대대도 뛰어들었다.

전투에서는 늘 방심放心이 커다란 문제를 일으키고 만다. 마음을 한 순간이라도 놓는 경우는 늘 생기고 만다. 전투를 수행하는 주체가 사람인 이상 그런 마음 상태는 늘 다가오게 마련이기 때문이다. 그런 방심은 눈앞에서 벌어지는 전투에서의 실패, 나아가 전략적인 차원의 불리不利를 부르기도 한다.

당시의 중공군이 그랬다. 그들은 미 9군단 차원의 신속한 전투 배치를 간과한 측면이 있다. 호그 군단장은 그런 점에서 과감하고 신속했다. 그는 앞서 소개한 대로 일선에서 등을 보이고 무너진 한국군 6사단이 캔자스 선에 다시 설 수 있는지를 냉정하게 지켜봤다.

사단 절반의 병력을 잃고 중공군에게 심리적으로 커다란 두려움까지 안고 있던 한국군 6사단이 군단 차원의 작전에 부응하지 못하는 상황이 드러나자 호그 9군단장은 가평 일대에 있던 영연방 27여단을 신속하게 전선으로 옮겼다. 이들은 군단장 명령에 의해 재빠르게 이동한 뒤 가평천을 중심으로 계곡 양쪽에 포진했다.

우선 가평천을 중심으로 우측에는 오스트레일리아 대대, 좌측에는 캐나다 대대가 자리를 잡았다. 27여단을 지원하기 위해 여단에 배속해 있던 미 72전차대대 1개 소대는 계곡의 통로를 통제할 수 있는 죽둔리, 미 2박격포대대는 오스트레일리아 대대 후방, 미 74공병대대는 가평 북방에 각각 자리를 잡도록 했다. 뉴질랜드 포병 연대와 경계부대로 남아있던 영국군 미들섹스 대대도 가평 북쪽에 있었다.

방심했던 중공군

국군 6사단의 철수는 4월 23일 밤 10시 경에 마무리됐다. 전날인 22일 오후 5시 경에 시작한 중공군의 공세에 급속히 밀려난 상태였다. 중공군은 그런 승세勝勢에 올라타 있었다. 전선에 섰던 한국군이 너무 쉽게 밀려나면서 중공군은 어느 정도의 자신감 속에 싸여져 있었음이 분명해 보였다.

전사戰史 기록에 드러난 정황을 보면 중공군은 이미 등을 보이고 물러서는 한국군의 추격에 열중하느라 추가적으로 발생할 여러 가능성에 둔감했다고 보인다. 이들은 가평천 계곡과 도로를 따라 무작정 추격을 감행하고 있었다. 당시 가평천은 깊지 않았다.

소양강 지류인 가평천은 하천의 폭이 50m를 웃돌고 수심은 상류가 1~2m 정도라서 도보로 강을 건너는 데 다소 지장을 주는 정도였다. 하류의 경우는 장마기가 아닌 때에는 물이 발목에 차오르는 정도에 불과해 중공군이 이동하는 데 큰 장애로 작용하지 못했다. 따라서 중공군은 계곡 사이에 난 길과 하천의 물 흐름 속을 직접 걸어 전진할 수 있었다.

선두에 섰던 중공군은 118사단 병력이었다. 이들은 한국군 6사단을 아주 짧은 시간에 격파했다는 자신감에 힘입어 망설임 없이 가평천 계곡을 따라 진격하면서 곧장 공세를 가평 중심지로 집중했다. 그러나 그곳에는 윌리엄 호그 미 9군단장의 명령에 따라 오스트레일리아, 캐나다 대대가 진을 치고 있었다.

오스트레일리아 대대가 포진했던 곳은 504고지였다. 캐나다 대대는 좌측의 677고지에 방어선을 구축한 뒤 중공군이 다가서기를 기다리고 있었다. 먼저 싸움이 붙었던 곳은 오스트레일리아 대대가 있던

504고지였다. 중공군은 이곳에 별다른 경계감을 품지 않은 채 접근했다. 계곡 양쪽으로 아군이 이미 배치를 끝냈다는 점을 전혀 모르고 있었다.

오스트레일리아 대대는 먼저 계곡 전면에 배치했던 전차 소대와 후방의 포병대대를 이용해 중공군에게 강력한 공격을 퍼부었다. 선두에 나서서 멋모르고 진격하고 있던 중공군은 심각한 피해를 입고 물러서야 했다. 그러나 중공군은 바로 반격을 펼치면서 나왔다. 아군의 전차 소대가 보급을 위해 일시 물러나는 시기를 기다렸다가 중공군은 포위 공격으로 나왔다.

24일 새벽 1시 경의 상황이었다. 중공군은 부대를 둘로 나눠 공격을 벌였다. 오스트레일리아 대대는 곧 중공군의 포위에 갇히는 형국

1951년 4월 한국군 6사단의 참패 뒤 가평천에 매복해 중공군 대규모 부대에 맞서 용감하게 싸웠던 영연방 27여단 소속 호주군.

이었다. 그러나 오스트레일리아 대대는 결코 물러나지 않았다고 한다. 일부 고지를 뺏기면 바로 역습으로 대응해 다시 그 고지를 뺏었다. 결국 오스트레일리아 대대는 동이 트는 무렵까지 그런 과정을 반복하면서 끝내 504고지를 잃지 않았다.

이 또한 작은 '서전緒戰'이었다. 중공군 118사단과 그 배후 병력에 대항하는 영연방 27여단의 서전이었다는 얘기다. 여기서 밀리지 않음으로써 향후의 전투가 중공군에게는 결코 제 의도대로만 펼쳐지지 않으리라는 분위기를 미리 알려주고 있었다. 504고지를 지켜낸 아군은 이어 미군의 공습을 강력하게 펼치면서 중공군을 격퇴했다.

백병전으로 중공군 꺾다

중공군은 또 달려들 수 있었다. 전선 전체의 국면을 감안할 때 중공군은 반드시 경춘가도의 중간을 끊으려는 의도를 멈출 수 없었기 때문이었다. 그런 점에서 영연방 27여단은 경계를 늦추지 않았다. 중공군 공격은 다시 이어졌다. 역시 미군의 공습이 두려워 날이 저물기를 기다린 뒤였다.

중공군은 이번에는 좌측의 677고지를 향해 공격을 펼치고 들어왔다. 캐나다 대대가 지키고 있던 곳이었다. 24일 밤 10시가 넘어선 시간이었다고 한다. 그러나 서전에서 이미 기가 꺾이고 말았던 중공군이었다. 캐나다 대대의 방어는 강력했다. 결코 쉽게 물러서지 않으면서 화력을 집중하는 캐나다 군대는 고지를 잘 지켜냈다. 뉴질랜드 16포병연대는 그들을 도와 가평천을 넘어서는 중공군에게 화력을 쏟았다.

2시간여 동안 펼쳐진 중공군의 공격은 별다른 효과를 거두지 못했다. 자정이 다가오자 벌써 중공군의 공세가 크게 꺾였다고 했다. 캐나다 대대도 매우 용감했다고 한다. 중공군은 필사적으로 677고지를 점령하기 위해 덤벼들었고, 한 때 일부 고지를 빼앗기도 했다.

그러나 앞서 벌어진 오스트레일리아 대대의 경우처럼 캐나다 대대 또한 고지를 빼앗기는 경우 백병전白兵戰을 감행하면서 중공군에게 넘겨준 고지를 되찾았다고 했다. 중공군은 이 677고지를 점령하기 위해 박격포를 비롯한 중화기 공격을 감행키도 했다. 따라서 매우 치열한 싸움이 벌어지는 상황이었다.

싸움은 그로써 단락을 맺었다. 중공군의 피해는 꽤 컸던 듯하다. 24일 전투를 끝으로 중공군은 더 이상 공세를 펼치지 못했기 때문이다. 그 시점은 공교롭게도 중공군이 참전 이래 줄곧 보이던 공격 패턴의 끝에 닿아있기도 했다. 중공군은 일반적인 싸움에서 초반에는 강렬한 공세를 펼쳤다.

그러나 그런 공세는 줄곧 이어지지 못했다. 보급의 문제가 걸렸기 때문이었다. 뒤떨어진 보급력으로 인해 중공군 각 장병은 4~5일 분량의 식량과 탄약을 지니고 움직였다. 그 이상의 시간이 흐르면 그들은 공격력이 급격히 둔화했다. 당시 가평천 계곡으로 진입하고 있던 중공군도 그런 패턴의 한 양상을 보여주고 있었다.

그럼에도 당시 전투에서 가장 높이 꼽을 수 있는 것은 적 앞에서 쉽게 물러서지 않는 투혼鬪魂을 보여준 영연방 산하 오스트레일리아와 캐나다, 뉴질랜드 군대의 정신이었다. 그들의 감투정신으로 위기의 한 고비는 그렇게 벗어날 수 있었다.

"서울은 다시 못 내준다", 밴 플리트의 결기

계속 물러서는 군대

당시에 벌어진 중공군과의 여러 전투에서 국군은 쉽게 패퇴했다. 전투의 경험이 적었던 이유가 가장 클 것이다. 낯선 적의 아주 기이한 전법에 쉽게 당황함으로써 스스로 일어나 적을 향해 총구를 겨눌 심리적 준비가 불충분했던 것이다. 전투에서 드러나는 마음의 요소를 볼 때 그렇다는 얘기다.

그러나 초반의 싸움에서 한국군처럼 낯선 중공군에게 밀리기만 했던 미군을 비롯한 참전 유엔군은 1951년 1.4후퇴 뒤 반격작전을 펼치는 과정에서 자신을 추스를 수 있었다. 중공군의 낯선 전법에 어느 정도 익숙해진 점, 게다가 막대한 병력으로 밀고 들어오는 중공군에게 틈을 허용해 고립된 뒤에도 '버티면 이길 수 있다'는 자신감을 지닌 점이 크게 작용한다.

사실 중공군의 전법은 낯설지만 단순하기도 했다. 틈을 찾아 밀고 들어왔다가도 종내는 초반의 공세를 거듭 이어갈 수 없다는 점이 가장 눈에 띄었다. 이는 1950년 말 아군의 크리스마스 대공세 뒤 서울을 다시 내줘야 했던 무렵에 한국 전선에 부임한 리지웨이 당시 8군 사령관이 정확하게 파악해 낸 중공군의 특징이다.

당시까지 이어진 중공군의 공세가 보통은 4~5일을 지속하지 못했다는 점을 그는 우선 파악했다. 보급의 문제 때문이었다. 따라서 중공군에게 초반 전투에서 밀려 적진에 고립된다 하더라도 아군은 적군에 비해 매우 탁월한 아군의 공중 보급력을 믿고 싸워야 하는 게 마땅했다. 미군을 비롯한 참전 유엔군은 그 점을 이미 터득하고 있었던 듯하다.

문제는 한국군이었다. 압록강과 두만강을 향해 진군하다가 낯선 군대, 중공군의 매복에 걸려 군단이 해체될 정도의 막심한 타격을 입었던 상처가 좀체 잊히지 않았다. 그런 두려움만이 크게 지배하는 상황에서 중공군이 지닌 약점은 잘 눈에 들어오지 않았다.

개인적인 생각이기는 하지만, 그런 현상에는 나름대로의 이유가 있을 수 있다고 본다. 미군과의 소통이라는 문제였다. 비록 미군은 각급의 한국군 전투 부대에 고문관을 파견하고 있었으나 소통은 쉽지 않았다. 당시의 전쟁 중에도 그런 장면은 여럿 있었다. 특히 나름대로 전투경험이 있다고 자부했던 한국군 지휘관은 미 고문관을 깔보기도 했다.

미군이 제시하는 방안에 귀를 기울이지 않았고, 때로는 아예 무시했다. 일본 육사 출신으로 실제 전투 경험이 있는 한국군 일부 지휘관에게는 미 고문관의 여러 면모가 마음에 들지 않을 수 있었다. 그러나 전쟁의 양상은 미군이 주도했다. 미군은 우리가 그때까지 경험하지 못한 현대 개념의 전쟁을 수행한 경험이 있는 존재였다.

굳어지는 부정적 평가

아울러 언어에도 문제가 있었지 않았을까라는 생각을 해본다. 미군이 이끄는 전쟁의 각 개념을 이해하지 못하거나 아예 소통이 힘들어 그들의 세밀한 작전 방식을 잘 이해하지 못한 측면도 있을 것이다. 그러나 각 부대에서 벌어진 국군과 미군의 소통 상황은 나로서는 모두 파악하기 힘든 일이다.

아무튼 그런 상황에서 한국군의 패배가 이어지고, 그 뒤를 받치며 전선에 올라서 중공군을 꺾는 참전 유엔군의 승전보가 계속 이어지고 있었다. 8사단이 횡성 전투에서 급격히 무너졌음에도 곧 벌어진 지평리 전투에서 미 23연대의 대승이 이어지면서 국군의 참패는 가려졌다. 사창리 전투에서도 마찬가지 상황이었다.

국군 6사단이 하룻밤 사이에 중공군에게 급격히 밀려 전력의 절반 가까이를 잃으면서 물러났으나, 역시 그 뒤를 강력하게 받치면서 분전한 영연방 27여단 덕분에 중공군의 공세는 다시 이어지지 못했다. 그럼에도 한국군의 전투력에 관해서는 벌써 '정평定評'이 생겨나는 조짐이 있었다.

중공군에게 쉽게 등을 보이는 군대, 적에게 맞서 끝까지 싸우지 못하는 군대, 한 번 뚫리면 정신없이 내빼는 군대, 겉으로는 강해 보이지만 실제 전투에서는 인내력과 희생정신을 보이지 못하는 군대 등의 평이었다. 그로써 최종적으로 얻는 평이 마음을 찌를 수 있었다. 함께 어깨를 걸고 싸울 수 없는 군대라는 점 말이다.

늘 강조하지만, 함께 전선에 서는 군대는 신뢰를 가장 큰 덕목으로 삼는다. 어깨를 걸고 나아가는 전선에서 옆의 전우가 쉽게 물러서면 전선이 곧 무너지기 때문이다. 그런 싸움의 흐름에서 한국군만이 '함께 어깨를 걸고 싸우기 힘든 존재'라는 평을 듣는다면 문제는 아주 심각했다. 그러나 1950년 말의 2군단 와해, 횡성 전투, 사창리 전투 등으로 인해 그런 한국군의 정평은 날로 자리를 잡아가는 분위기였다.

1952년 한국군 2군단 재창설식에서 의식을 주도하는 밴 플리트 미 8군 사령관.

아군의 전선을 동서로 끊으려고 했던 중공군의 기도企圖는 좌절했
다. 새로 한반도에 진입한 중공군 9병단의 공세 의도는 일단 그로써
주춤했다. 그러나 서부전선의 상황은 급박하게 돌아갔다. 국군 1사
단, 영연방 29여단의 저항에 상당한 피해를 입었음에도 서부전선 공
세를 주도하는 중공군 19병단의 공세는 집요했다. 수도 서울을 다시
점령해 전쟁 국면을 전환하려는 욕심 때문이었다.

그들은 낮에도 공격을 펼치는 강수强手를 선보이면서 공세를 벌이
고 나왔다. 아군의 작전 개념은 방어선에서 우선 드러난다. 중공군 공
격으로 밀릴 경우에 대비해 세 방어선을 설정했다. 포천~가평을 잇는
델타Delta, 서울 외곽의 수색~북한산~덕소의 골든Golden, 한강~횡성~양
양의 네바다Nevada 선이었다.

그 세 방어선을 설정한 뒤 아군은 축차적으로 전투를 벌일 계획이었다. 단, 전제는 중공군에게 최대의 출혈出血을 강요한다는 점이었다. 그로써 다시 반격을 펼치면서 당초의 캔자스 선을 회복한다는 구상이기도 했다. 이 작전 개념에 따르면 중공군 공세가 강해질 경우 수도 서울을 다시 내줄 수도 있었다. 네바다 선은 그런 경우를 대비해 설정한 방어선이었다.

밴 플리트의 서울 사수

그러나 이에 제동을 걸고 나온 사람이 새로 미 8군 사령관으로 부임한 밴 플리트 장군이었다. 그는 늘 한국인의 정서를 중시했던 사람이다. 작전상 수도 서울을 내주는 일은 서울을 나라의 얼굴로 여기는 한국인의 정서에 어긋난다고 봤던 것이다. 나중에 드러나는 여러 면모도 그렇지만 그는 늘 한국인의 감정을 배려한 인물이다.

그 점에서 그는 미 8군을 이끌었다가 맥아더 장군의 해임으로 도쿄 유엔군 총사령관으로 옮겨 간 리지웨이와 달랐다. 당초 수도 서울까지 내줄 수도 있다고 본 사람이 바로 리지웨이였다. 그러나 밴 플리트는 자신의 웨스트포인트 후배이기는 하지만 어엿한 현지 상관이었던 리지웨이의 구상에 단호하게 반대했다.

그는 결국 최후의 철수선인 네바다 선을 상정하지 않았다. 대신, 네바다 선보다 30~40km 북방의 용문산~홍천~한계령~속초를 잇는 새로운 방어선을 설정했다. 그 이름은 노네임Noname 선이었다. 대한민국 수도 서울을 중공군에게 다시 내줄 수 없다는 단호한 입장의 표명이었다.

밴 플리트는 이어 서부전선, 즉 서울을 방어하는 미 1군단의 전투

지역을 협소하게 그었다. 방어력을 집중하기 위해서였다. 아울러 미 1기 병사단을 미 1군단의 예비로 확정했다. 충분한 방어력을 미 1군단에게 실어주기 위함이었다. 그럼에도 중공군의 공세는 매우 강했다.

사창리 일대의 중공군 공세를 마지막으로 돌려세웠던 4월 25일, 중공군은 막대한 병력으로 밀고 내려와 미 1군단으로 하여금 성동리와 포천을 잇는 델타선으로의 철수를 강요했다. 임시적인 방어선이었던 까닭에 이 델타선에서의 저항은 계속 펼치기 힘들었던 상황이었다.

서울이 다시 흔들리고 있었다. 중공군은 새카맣게 많은 병력을 동원해 수도 서울을 거듭 위협하고 있었다. 밴 플리트는 그러나 강력한 화력을 동원했다. 그는 중앙청에서 마포까지 야포 400여 문을 정렬시켰다. 이어 중공군이 접근하고 있던 송추 지역을 향해 아낌없이 포탄을 퍼부었다.

국군과 유엔군은 이미 모두 델타와 골든 선 지역 안으로 철수를 했거나 일부 병력이 철수 중이었다. 특히 낮 시간 동안 철수를 하게 함으로써 중공군의 추격을 자극했고, 이동 중인 중공군이 보일 경우 포병 화력이 그곳을 향해 세차게 불을 뿜었다. 미 공군의 폭격도 그 점을 활용했다.

중공군은 그로써 서울에 다가설 수 없었다. 강력한 화망火網을 뚫으려 했으나 병력 손실이 대단했기 때문이다. 이로써 중공군의 5차 1단계 공세가 서서히 막을 내리고 있었다. 강력한 화력을 구사하는 신임 미 8군 사령관 밴 플리트의 개성이 유난히 돋보였다.

제18장

현리 전투

동부전선으로 은밀하게 이동한 중공군

미 8군의 새 작전 의도

밴 플리트 미 8군 사령관에 관해서는 앞에서도 여러 차례에 걸쳐 적었다. 그는 6.25전쟁 중에 이 땅에서 가장 오래 머물렀던 미군 최고 지휘관이었다. 아울러 그의 집요한 노력 덕분에 대한민국 군대는 현대전을 수행할 수 있는 기반을 확고하게 다질 수 있었다. 따라서 한국군에 대한 그의 공헌은 충분히 적을 필요가 있다.

그럼에도 그는 1951년 4월 이후 벌어진 중공군 제5차 공세의 와중 속에서는 갓 부임한 지휘관에 불과했다. 전쟁의 전반적인 국면을 제대로 파악하기에는 시간적인 여유가 없었다는 얘기다. 그는 제2차 세계대전 종전 뒤 그리스에 부임한 적이 있다.

그곳에서 밴 플리트는 그리스 왕실과 정부를 도와 당시 현지에 급속하게 세를 키우면서 도발을 벌이고 있던 공산주의 빨치산 토벌에 앞장을 선다. 외국 군대의 지휘관이 다른 한 나라에 머물면서 군사적인 지원을 벌이거나 직접 군사작전을 수행하는 일은 말처럼 쉽지는 않다.

작전의 의도가 제대로 펼쳐지게 하려면 현지에서 힘을 행사하고 있는 권력자나 그 주변과의 관계가 우선은 원만해야 한다. 현지의 실력자 그룹과 원만한 관계를 형성하지 못할 경우 외국 군대의 지휘관은 자신의 작전을 수월하게 펼칠 수가 없다. 현지 군대 관계자들로부터도 상당한 협조와 지원을 얻어내야 그 일이 가능한 법이다.

그런 점에서 밴 플리트는 그리스 현지 주둔 미군 지휘관으로서 매우 성공적인 작전을 펼쳤던 사람이다. 그리스 왕실의 전폭적인 협조를 이끌어냈고, 군기가 형편없었던 그리스 군대의 재건 작업에 있어서도 현지 지휘관들의 원만한 조화를 이끌어내며 성공적인 결과를 도출했다.

그런 그리스 주둔 경험 때문이었을 것이다. 밴 플리트는 한국의 미8군 사령관으로 부임한 뒤에도 대한민국 권력의 정점에 있던 이승만 대통령을 비롯해 한국 정부 요인, 우리 군대 주요 지휘관들과의 관계가 매우 원만하고 순조로웠다. 그는 현지 사람들의 정서와 사고를 철저하게 이해해야 한다고 생각하는 사람이었다.

1951년 4월 급작스럽게 한국 전선에 부임한 직후의 밴 플리트는 중공군이 막 벌이고 있던 5차 공세의 긴박한 분위기에 당면해서도 역시 그리스의 경험을 내세워 대한민국 수도 서울의 방어에 커다란 역점을 두고 작전을 벌였다. 이 점은 우리에게 매우 고마웠다. 수도 서울을 다시 빼앗긴다면 전쟁을 수행하고 있던 대한민국 정부에게는 매우 커다란 충격으로 다가왔을 테니 말이다.

동부전선의 국군

그런 점에서 밴 플리트가 야포 400문을 동원해 서울의 중앙청 한복판에서 마포까지 정렬한 뒤 장엄하다 해도 좋을 포격을 가했던 사실은 우리 대한민국 정부와 군대에게는 매우 감동적이었다. 그러나 우리가 어느 한 곳에 집중하면 적은 다른 곳을 노리는 것이 전쟁의 철칙이다.

한국전선에 새로 부임했을 때의 사진으로 추정한다.
밴 플리트 신임 미8군 사령관(오른쪽)과 전임자 리지웨이
사령관.

주의력이 과도하게 집중하는 곳을 피해 적은 상대적으로 아군의 화력과 노력이 적게 뭉치는 지점을 찾아 공격을 벌여 오는 법이다. 당시의 상황이 그랬다. 밴 플리트의 노력은 곧장 커다란 성과로 나타났다. 서울을 중공군의 마수魔手로부터 지켰고, 그로써 중공군 공세는 한풀 크게 꺾이는 모습으로 이어졌다.

그러나 중공군은 5차 공세의 2단계 공격을 일찌감치 계획하고 있었다. 1951년 4월과 5월에 펼쳐진 저들의 공세는 대규모 기동전으로서는 막바지에 해당했지만 결전決戰의 양상을 지니고 있었다. 한반도에 참전한 마당에 이기느냐 지느냐를 가르는 승부수勝負手의 성격이 있었던 셈이다.

결과를 보면, 중공군은 5차 공세 2단계 공격에서도 승부를 가리지 못했다. 미군을 중심으로 이뤄진 유엔군 진영의 두터운 방어막을 더 이상 뚫기는 힘들다고 판단했다. 따라서 그 이후 중공군의 대규모 공세는 더 이상 벌어지지 않았다. 저들은 5차 2단계 공세 이후에는 고지전을 중심으로 하되 때로는 휴전회담까지 벌이는 화전和戰 양면의 작전으로 나선다.

아무튼 그런 중요한 갈림길에 섰던 시점이 바로 중공군 5차 2단계 공세가 펼쳐지던 무렵이다. 밴 플리트는 한국 전선에 부임한 지 한 달

도 채우지 못한 상황이었다. 중공군은 5차 1단계 공세를 1951년 4월 말에 마무리한다. 그러나 5월 들어서면서 국면의 전환을 위한 2단계 공세 준비 작업을 벌이고 나온다.

중공군은 마치 부빙浮氷처럼 떠다니는 느낌이었다. 어느 한 곳에 집중하는 모양새가 사라지고 이곳저곳을 노리는 듯한 분위기를 보였다. 그들의 이동 상황을 면밀하게 체크하려는 미군의 노력이 집중적으로 펼쳐졌지만 중공군 다음 공세가 어떤 의도를 담고 벌어질지는 아무도 자신 있게 장담할 수 없는 상황이었다.

밴 플리트는 그럼에도 수도 서울의 방어를 계속 작전의 핵심 사안으로 잡아두고 있었다. 서울을 방어하는 서부 축선의 중심인 미 1군단의 역량을 크게 강화하면서 예하 각 부대의 전투력을 함께 집중하는 모양새를 보였다. 모두 서울을 적의 어떠한 공격으로부터도 단호하게 막겠다는 의도였다.

중공군은 그런 미 8군의 동향을 점검하면서 신중하지만 대담하게 움직이고 있었다. 밴 플리트의 의도에 따라 전선의 아군 배치는 일정한 패턴을 드러냈다. 서울을 방어하는 서부축선을 향해 미군 주력 사단이 움직여 방어선을 보완하는 흐름이 생겨났던 점이 우선이다. 아울러 아군의 전선배치가 동쪽으로 가면서 한국군 사단 중심으로 짜인다는 점이 그 다음의 특징이었다.

6.25전쟁에 참전한 중공군은 늘 묘수妙手에 강했다. 아군이 드러내는 전체적인 흐름을 면밀하게 관찰하다가 약점이 가장 크게 드러나는 곳을 잡아내 그곳으로 자신의 화력과 병력을 집중했다. 매우 영리한 사람들이었다. 아울러 노련한 전술과 책략이 돋보였다.

"또 한국군을 노려라"

거듭 부연하지만, 그런 중공군은 당시 세계 최강의 자리에 올랐던 미군이 상대하기에도 사실은 쉽지 않았다. 미군은 그럼에도 두터운 힘으로 그들을 밀어낼 수 있었다. 도발적이면서 기습적으로 전선에 나타나 미군에게 적지 않은 피해를 끼쳤지만 중공군은 강력하면서도 두터운 미군의 힘을 종내 극복하지 못했다.

문제는 항상 한국군에게서 먼저 나왔다. 군대의 실력을 근본적으로 받쳐 줄 국력의 수준이 우선 보잘 것 없었던 대한민국의 상황 때문이었다. 아울러 건국 뒤 체계적인 훈련을 거치지 않은 당시 국군의 전투 실력도 문제였다. 지휘관을 비롯해 일반 사병에 이르기까지 제대로 짜인 교육 프로그램을 이수할 시간적·물리적인 여유가 모두 없었기 때문이다.

중공군은 늘 그런 국군을 향해 선공先攻을 펼쳤다. 중공군 5차 공세가 펼쳐지던 무렵까지 그런 양상은 늘 이어졌다. 약한 구석을 먼저 치고 나오는 중공군이 밴 플리트 신임 미 8군 사령관이 드러내는 아군 전선 배치의 희미한 틈을 그냥 놓칠 리가 없었다.

1951년 4월 말에 마무리 지어진 중공군의 5차 공세 1단계 공격은 중공군 지휘부의 당초 의도와는 적잖은 차이가 있었다. 우선 수도 서울을 점령하는 데 실패했다. 중서부 전선의 한국군 방어지역을 먼저 공격해 전선의 구멍을 뚫은 뒤 서부의 19병단과 협력을 벌여 유엔군의 역량에 타격을 가하겠다는 구상도 이루지 못했다.

마오쩌둥毛澤東이 베이징北京에서 만들어냈던 당시 중공군의 책략은 5단계 공세가 펼쳐지던 무렵에 질적인 변화를 꾀한다. 가능한 한 유엔군의 실제적인 전투 수행 능력에 심대한 타격을 입히겠다는 구상이었다. 참전 뒤 줄곧 전선의 국면을 먼저 생각해 지역 점령에 중점을 두던 방식과는 달랐다. 전선에서는 펑더화이彭德懷가 그를 받들어 5단계 공세 때부터는 실질적으로 아군 병력에 심각한 타격을 입히겠다는 작전을 펼쳤다.

그럼에도 1단계 공세는 소기의 성과를 거두지 못한 채 막을 내렸다. 그 다음 펼쳐지는 2단계 공세에서 중공군은 다시 그런 구상의 실현에 나섰다. 역시 길게 동서로 늘어진 아군 전선의 한쪽을 응시하면서였다. 서부전선에 강력하게 늘어선 미군 중심의 유엔군 전투력에 비해 동쪽으로 늘어선 곳은 약해 보였다. 한국군 중심으로 전선을 배치했기 때문이었다.

중공군 전사戰史를 보면 저들은 1단계 공세가 끝난 뒤인 1951년 4월 28일 작전회의를 마쳤다. 주력을 동쪽으로 집중한다는 결정을 내렸다고 한다. 2단계 공세의 초점이 만들어진 셈이었다. 작전의 핵심은 전투력이 약한 한국군 사단을 먼저 붕괴시킨 뒤 그로써 고립되는 미군을 섬멸한다는 내용이었다. 중공군 대부대가 명령에 따라 움직이기 시작했다. 한국군이 늘어서 있는 중동부 산악지대를 향해서였다.

가장 치욕스런 패배의 시작

양동작전의 중공군

한국군 소멸 뒤 미군 역량을 집중적으로 타격한다는 방침에 따라 중공군의 대규모 병력은 1951년 5월 들어서면서 분주해지기 시작했다. 중공군으로서도 매우 커다란 결단이었다. 당시에는 스스로 5차 2단계 공세가 마지막 대규모 작전이리라고는 생각지 못했을 것이다. 그러나 중공군은 총력을 기울이면서 공세에 나설 준비를 서두르고 있었다.

작전에서 드러나는 중공군의 책략은 노련했다. 양동작전陽動作戰의 꼼수가 있었기 때문이었다. 총력을 기울이는 만큼 병력의 동원도 상당했다. 그러나 한 곳으로만 몰리지 않았다. 아군으로 하여금 자신들이 여전히 서울을 노린다는 인상을 풍겼다. 따라서 서부축선에 대한 공격은 예전처럼 강력하게 구사키로 했다.

미군 진영 중에서 최강 전투력의 미 1군단 등을 서울의 길목인 서부전선에 계속 묶어 두고자 했기 때문이다. 그러나 중공군 지휘부의 진짜 의도는 동부전선에 집중했다. 그곳으로 대단위의 병력을 은밀하게 이동시켜 한국군 중심으로 늘어선 전선을 먼저 돌파하겠다는 계산이었다. 문제는 우선 중동부 전선에 있는 미 10군단과 그 동쪽으로 늘어선 한국군의 협조를 어떻게 끊을 수 있느냐에 달렸다.

그곳에서 효과적으로 미 10군단과 한국군의 연계를 차단한다면 직후에 벌이는 작전에서 한국군 사단을 각개로 격파하겠다는 게 저들의 심산이었다. 그와 같은 작전 의도를 지닌 중공군의 시야에 먼저 들어왔던 곳이 바로 강원도 인제의 현리였다. 그곳을 뚫은 뒤 미 10군단과 한국군 3군단의 연계를 차단해 우선은 한국군을 섬멸한다는 계획이었다.

그에 비해 아군은 중공군의 공격 의도를 미리 간파하지 못했다. 여전히 작전의 무게 중심을 수도 서울의 방어에 두고 있었기 때문이었다. 중공군 5차 1단계 공세가 막을 내린 뒤 유엔군은 수도 서울 방어를 강화하는 포석에 나섰다. 중서부 전선의 축선을 강화하기 위해 밴 플리트 장군은 미 7사단과 187공수연대를 미 9군단 예하로 옮겼다. 모두 강력한 공격력을 지닌 미군 부대였다.

그로써 생겨난 공백은 한국군 7사단이 당초의 미 7사단 지역으로 옮기면서 메웠다. 원래의 한국군 7사단 지역으로는 한국군 5사단이 다시 이동했다. 따라서 당시의 전선배치는 서부와 중부 축선을 강력한 미군이 맡고 동쪽은 상대적으로 전투력이 약한 한국군이 전담하는 모양새였다.

미 10군단의 지휘를 받는 한국군 7사단과 5사단, 다시 그 동쪽으로는 한국군 3군단 예하의 9사단과 3사단, 다시 그 동쪽 해안까지는 한국군 1군단의 수도사단과 11사단이 늘어선 형국이었다. 그런 전선 배치는 나름대로 이유가 있었다. 동부전선에 출몰하는 적의 주력은 대부분 북한군이었기 때문이다.

동부전선의 국군

앞에서도 자주 언급했지만, 당시의 북한군은 내세울 만한 전투력이 별반 없었다. 맥아더 장군이 이끌었던 인천상륙작전, 그 뒤의 아군 평양 진격 등으로 처절하다 싶을 정도로 무너졌다 급속한 재정비를 거쳐 전선에 겨우 올라서 있던 상태였기 때문이다. 그런 북한군이 노리는 동부전선은 한국군의 역량만으로도 충분히 막을 수 있다는 판단을 내릴 수 있었다.

동부전선의 지형적 특성도 그런 판단에 도움을 줬다. 동부전선은 강원도 산간지역이 대부분을 차지하고 있었다. 서부의 산악 지형에 비해 훨씬 높고 험했다. 도로 사정도 특히 좋지 않았다. 서부전선에 비해 이동이 수월치 않았다는 얘기다. 그러나 이곳을 지켜야 하는 방자防者

1951년 5월 국군 1군단장 재임 때 군단을 방문한 정일권 당시 육군참모총장(왼쪽)과 함께 찍은 사진이다. 중공군 5차 2단계 공세가 벌어지기 직전이었다.

의 입장에서 감수해야 하는 위험도 있었다.

우선 당시의 한국군에게는 충분한 화력이 없었다. 예비 병력 또한 부족했다. 아울러 높고 험한 산과 계곡이 곳곳에 발달해 있어서 당장 눈앞에 나타나는 적을 막기에는 쉬웠으나 대규모 전투가 벌어질 경우 아군의 부대와 부대 사이의 연계가 쉽게 끊어질 수 있었다. 한 차례 전선을 돌파당한 뒤 빠른 시간 안에 그를 수습할 만한 역량을 다시 구성하기가 좀체 쉽지 않았다는 얘기다.

중공군 지휘부는 4월 28일 최종 단안斷案을 내렸다. 이어 곧 부대를 이동시키는 작업에 들어갔다. 그런 정황은 처음부터 아군의 눈과 귀에 들어오지 않았다. 저들의 부대가 한참 이동을 서둘러 강원 산간의 좁고 어두운 길에서 부산히 움직이기 시작할 때서야 아군은 그에 서서히 주목하고 있었다.

그 무렵의 나는 주문진에 본부를 둔 1군단장으로 나름대로 분주한 시간을 보내고 있었다. 전투를 치르기 위해서 군대가 지녀야 할 것은 아주 많다. 우선 병력과 화력의 부족함을 메우는 일이 시급했다. 아울러 예하의 군대가 지닌 전투력을 다듬고 또 다듬어야 했다. 나는 그 무렵에 국군 1군단이 지닌 결여缺如가 무엇인지를 골똘하게 생각하고 있었다.

1군단 예하의 사단은 수도사단과 11사단이었다. 수도사단은 전투력이 좋은 편이었다. 개전 뒤 줄곧 동부전선에서 활동해 전선의 주력으로서 대규모 중공군에 맞섰다가 패퇴한 적이 없었다. 따라서 나름대로 커다란 결손缺損 없이 병력과 화력을 운용하는 편이었다. 11사단은 그에 비해 전투력이 떨어지는 편이었다. 그러나 전선에서 북한군을 상대로 했다는 점이 다행이었다.

그러나 군단 전체를 이끄는 내 입장에서는 결정적인 무엇인가가 부족하다고 느껴졌다. 군단장은 예하의 사단을 잘 살펴야 했다. 무작정 계급으로 사단을 누른다고 해서 끝나는 일이 아니었다. 그들의 부족한 점을 살펴 메우고, 그로써 사단의 전투력을 최대한으로 끌어올려야 했다.

전쟁 중의 알레이 버크

그러기 위해서는 화력의 보강이 가장 큰 문제였다. 군단 차원에서 지닌 화력은 보잘 것이 없었다. 미군이 흔히 사용하고 있던 155㎜ 포를 1문도 갖추고 있지 못했던 까닭이다. 전선의 적이 북한군이라는 점을 다행으로만 여기고 있을 수 없었다. 언제라도 전투가 벌어지면 모든 상황에 대응할 수 있어야 했다.

나는 그런 이유 때문에 동해에 떠 있던 미 7함대에 주목하고 있었다. 그곳의 지휘관은 알레이 버크 제독이었다. 그는 나중에 미군 해군 참모총장에 오르면서 미 해군 역사 속에서 매우 탁월한 지휘관으로 이름을 올리는 인물이다. 내가 6.25전쟁 기간 만났던 미 지휘관 중 밴 플리트와의 우의 못지않게 깊은 우정을 쌓을 수 있었던 사람이다.

나는 그를 만나러 먼저 그의 함정에 갔다. 로스앤젤레스 순양함에 타고 있던 알레이 버크는 나를 반갑게 맞아줬다. 그는 화력 운용에 있어서 학위를 받을 만큼 탁월한 전문성까지 겸비한 지휘관이었다. 나는 애써 그와 교분을 텄다. 동해안을 지키고 있던 국군 1군단이 절실하게 필요로 하는 화력을 그가 보탤 수 있다는 생각 때문이었다.

전쟁은 혼자 치르지 못한다. 설령 혼자 치를 수 있는 전쟁이 벌어진다고 하더라도 늘 자신을 돕는 원군援軍이라는 존재를 생각해야 한다. 이는 싸움의 승패를 가르는 매우 중요한 요소다. 그런 이유로 인류가 벌여왔던 전쟁은 늘 크고 작은 원군을 필요로 한다.

큰 차원에서 원군을 확보하는 일이 동맹同盟이고 회맹會盟이다. 그런 맹우盟友, 나아가 맹방盟邦을 얻는 일은 그저 외교적으로 자신의 세를 불리는 데 있지 않다. 전쟁이 도지면 그런 동맹은 자신의 목숨을 부지하느냐 못하느냐를 가르는 결정적인 요소로 작용한다.

당시의 미군은 대한민국과 아직 동맹의 관계를 맺지는 않았다. 그러나 전쟁에서 밀린 대한민국을 돕기 위해 피로써 맺어지고 있던 한국과 미국의 관계는 점차 두께를 더 해가고 있었다. 주문진의 모래사장에 텐트를 치고 군단을 이끌고 있던 내게는 알레이 버크가 강력한 맹우로 보였다. 문제는 그의 막강한 화력을 지원받을 수 있느냐는 문제였다.

내가 지니지 못한 것은 나를 돕는 누군가로부터 얻어서 메울 수 있다. 사느냐 죽느냐를 가르는 싸움에서 지휘관에게 그 점은 절대적인 과제다. 전쟁은 늘 변수를 품고 있다. 원래 예정한 계획대로 펼쳐지는 전쟁은 없다. 상황은 항상 변한다. 그에 대응하려면 기민해야 한다. 때로는 적으로부터 배우고 얻을 수도 있어야 한다. 옆에 함께 싸우는 친구가 있는 경우라면 더 다른 말이 필요 없을 것이다.

나는 그런 이유로 알레이 버크 제독을 부지런히 만났다. 그 또한 미군을 낯설어하지 않고 먼저 인사를 트려는 나를 반겨줬다. 그도 때로는 뭍으로 내려 군단 본부를 찾아와 자주 환담을 나눴다. 나는 작전의 필요에 따라 상황이 생길 경우 그에게 함포 지원을 부탁했다. 그는 기꺼이 내 요구에 응했다.

소양강엔 중공군 대부대 출현

군단장과 사단장의 관계

지금과는 사정이 조금 다르겠으나, 당시 군단장을 직접 맡은 나는 조금 어색했다. 예하 수도사단과 11사단은 병력과 보급 문제 등에 관해서는 육군본부와 직접 소통을 했다. 사단은 그런 문제를 두고서는 군단장의 재가를 얻을 필요가 없었다.

따라서 사단 위의 군단 최고 지휘관을 맡기는 했으나 실제로 사단을 통제할 힘은 갖추지 못한 상태였다. 그 점이 아무래도 어색했다. 전투가 벌어져도 그를 직접 지휘할 수 없는 형편이었기 때문이다. 다른 군단 또한 그런 상황이었는지는 모르겠으나 전쟁 중의 1군단은 그처럼 군단장과 사단장의 관계가 불편했다.

더구나 수도사단은 이곳이 텃밭이나 다름없었다. 줄곧 동해안 일대에서 활동하며 지내던 사단이라 군단장의 입김이 잘 먹히지 않는 상황이었다. 군단장은 그저 사단이 결정적인 화력을 필요로 할 때 육군본부와 교섭을 벌여 그를 지원하는 역할에 그쳤다.

그러나 나는 그런 상황에 익숙지가 않았다. 개전 이래 줄곧 서부전선의 1사단을 이끌고 주요 전쟁국면에 뛰어들었던 경험 때문인지는 몰라도 언제 터질지 모르는 전투에 늘 대비하는 심정으로 나는 바쁘게 군단장 역할을 수행했다. 나는 아침에 일어나면 전황 브리핑을 반드시 챙겼다. 실제 전투를 지휘하는 사람이 사단장이라 굳이 하지 않아도 좋을 일이었다.

사단과 어중간하게 놓인 직위에 아랑곳하지 않고 나는 전선을 마구 돌아다녔다. 연대를 찾아가 연대장으로부터 의견을 듣고 애로사항을 경청했다. 내가 지시할 사항이 있으면 그 자리에서 연대장에게 직접 전했다. 사단이 필요로 하는 결정적인 화력이 있다면 나는 육군본부, 나아가 미 해군의 협조를 얻어냈다. 그로써 군단 예하의 각 사단과 가능한 한 충분하게 소통을 했다.

당시 수도사단장은 송요찬 준장, 11사단장은 최덕신 준장이었다. 송요찬 준장은 나름대로 지휘력을 갖춘 인물이었다. 줄곧 수도사단에서 크고 작은 전투를 모두 지휘했던 터라 사단을 통제하는 힘이 강했다. 최덕신 준장은 나중에 외무장관까지 지냈다가 박정희 대통령 시절 북으로 가버린 인물이다.

당시 1군단에서 전투가 자주 벌어지는 지역이 있었다. 바로 설악산 일대였다. 이곳에서 우리는 북한군과 소규모의 접전을 자주 벌였다. 설악산을 무대로 북한군과 고지를 뺏고 빼앗기는 공방전을 벌이고 있었다. 그러던 어느 날 11사단의 1개 연대가 통신이 끊기는 일이 발생했다.

11사단장 최덕신

나는 이동하다가 그런 소식을 듣고 바로 사단 본부를 찾아간 일이 있다. 최덕신 준장은 국군 지휘관으로서는 처음 미국에서 유학해 보병학교에서 교육을 마친 경력이 있었다. 그런 이유 때문인지는 몰라도 최 준장은 늘 미 군사교본을 탐독하는 일로 유명했다.

자신이 거느린 연대 하나가 통신이 끊긴 상태라면 상황은 예사로울 수가 없었다. 비록 설악산 일대의 산지가 험난해 통신 끊기는 일이 자주 발생한다고는 하지만 전투가 벌어진 상황이라면 얘기가 다를 수밖에 없었다. 그럼에도 최 사단장은 태평해 보였다. 사령부에 내가 들어섰을 때에도 그는 여전히 미 군사교본을 읽고 있었다.

사령부에 들어선 내가 통신 두절 상황을 묻자 그는 "나도 걱정하는 중"이라고만 대답을 했다. 나는 그에게 "군사교본도 중요하지만 지금은 실제로 전투가 벌어지는 상황이니 당장 연락장교라도 보내 통신을 유지해야 한다"고 했다. 그리고 한 마디를 더 덧붙였다. "이런 상황까지 군사교본에는 나오지 않는다"였다.

그는 마지못해 자리에서 일어나 움직이는 시늉을 했다. 일종의 병법兵法을 대하는 방식이었다. 병법은 그저 참고용일 뿐이다. 그를 맹신한다면 시퍼렇게 살아 움직이는 전투의 실제 상황을 잡지 못한다. 나는 그 점을 우려해 최 준장에게 빨리 움직이도록 독촉을 했던 것이다.

마침 그 무렵이었다. 중공군 대규모 병력이 벌써 동부전선을 향해 움직이고 있다는 소식이 우리 1군단에도 전해졌다. 미군은 5월에 접어들면서 심상찮은 중공군의 동향을 하나씩 잡아가고 있었다. 아마도 그런 전선의 동향이 11사단장을 책망하는 내 발언으로 조금 나타났을지도 모른다.

우선 5월 3일에서 7일까지 중공군의 대병력이 움직인 정황이 첩보 형태로 잡혔다. 강원도 화천 일대의 산간 도로에 중공군 차량의 야간 통행이 부쩍 늘었다는 내용이었다. 구체적인 수치도 나왔다. 거의 1,000대에 이르는 차량이었다. 공중 정찰의 내용도 속속 들어왔다.

이번에는 중공군이 춘천과 화천 사이에 대거 출몰하고 있다는 내

강원도 주문진 모래사장에 만든 국군 1군단 사령부에서 참모들과 함께 사진을 찍었다.
앞 줄 앉은 사람 왼쪽에서 둘째가 나다.

용이었다. 5월 10일에는 행군종대를 이룬 중공군 대병력이 서부지역에서 동부지역을 향해 대거 이동 중이라는 소식도 입수했다. 아울러 양구 일대에서 중공군으로 보이는 대규모 병력이 움직이고 있다는 얘기도 들려왔다. 급기야 5월 11일에는 중공군이 소양강에 간이 다리를 부설하는 정황도 잡히고 있었다.

파편처럼 날아들고 있던 첩보 상황이 이제는 큰 그림으로 만들어지기 시작했다. 5월 13일에 접어들면서 중공군의 이동은 정보판단 사항으로 자리를 잡았다. 중공군 대병력이 동부지역으로 이동 중이며 곧 동부전선의 아군에게 공세를 집중할 가능성이 크다는 것이었다.

곧 사진까지 들어왔다고 한다. 중공군이 트럭에 야포를 매달고 이동하는 모습, 소양강 북안北岸으로 길게 종대를 형성한 중공군이 행군하는 장면 등이었다. 아군 정찰 병력에게 붙잡혀 온 중공군 포로들 또한 머잖아 중공군이 미 10군단의 정면을 공격할 것이라는 소식을 전했다.

전운이 감돌던 무렵

전반적으로 흐린 날씨였다. 맑게 갠 날은 드물었다. 5월 초부터 인제 일대에는 가끔 비가 내리면서 구름이 잔뜩 낀 날씨를 보였다. 그에 따라 높은 산간 지역이 많이 발달한 인제 일대는 기온이 낮았다. 당시 전투를 직접 겪은 사람들의 증언에 저체온으로 고통을 받았다는 내용이 많이 등장하는 이유다.

아무래도 자신의 기도를 감추고 다가서고 있던 중공군에게는 유리한 날씨였다. 따라서 천시天時는 중공군의 손을 들어주는 형국이었다. 구름이 잔뜩 낀 날씨에는 아군의 장점인 공중정찰과 공습空襲이 무용지물로 변하는 경우가 많았기 때문이다.

강원도 산간의 지리적 환경도 중공군을 도울 수 있었다. 늦봄으로 향하는 계절이라 강원도 산간의 토양에는 이미 30㎝ 정도의 잡풀이 빼곡하게 자라 있었다. 삼림이라고 해도 좋을 정도로 수목樹木이 우거져 있던 점도 중공군에게는 몸을 감추고 은밀히 아군에게 다가서기 수월한 환경을 제공해주고 있었다.

소양강의 수량도 그랬다. 늦봄의 갈수기 현상 때문인지는 몰라도 강의 수심은 깊지 않았다. 고작 2m의 수심을 보이는 곳이 가장 깊었다. 따라서 일부 구간을 제외하고는 소양강 대부분의 구간에서 직접 강을 건너는 일이 가능했다. 여러모로 방어를 게을리 할 수 없는 상황이었다.

시시각각時時刻刻 닿는 정보, 그리고 날씨를 비롯한 시간과 지형적 조건으로 볼 때 우리에게 결코 유리한 전투는 아니었다. 전선을 이끄는 지휘관으로서는 초려焦慮만이 깊어질 상황이었다. 그런 초조와 불안이 깊고 또 깊어야 적의 발길을 돌려 세우는 좋은 방책方策이 나올 터였다.

미 8군으로서는 상황을 되돌리기가 어려웠다. 이미 서부전선에 방어의 중점을 두고 부대 배치를 완료한 뒤였다. 중공군은 그런 기미를 미리 알아챈 뒤 대규모 병력을 제법 긴 시간에 걸쳐 은밀하게 옮기고 있었다. 미 8군으로서는 병력 배치를 다시 조정할 수 없었다.

단지, 미 1군단의 예비였던 미 3사단을 미 8군의 예비로 돌렸다. 위급한 상황에 맞불이라도 놓기 위해서는 미 8군의 직접 명령에 따라 신속하게 움직일 수 있는 예비 병력을 확보하는 수밖에 다른 방도가 없었다. 동부전선의 축인 미 10군단은 중공군 병력을 그대로 맞아 싸울 각오를 다시 다졌다.

중공군의 공세를 그대로 맞받아 쳐서 상대로 하여금 전력을 급속하게 소진토록 한다는 구상이었다. 중공군에게 스스로 작전의 한계에까지 도달하게 한 다음에 반격을 펼치겠다는 얘기였다. 철수를 염두에 두지 않고 끝까지 중공군에게 타격을 가한다는 개념의 작전이었다.

미 8군은 그런 작전 개념을 확정한 뒤 전 전선의 아군 부대에게 철조망을 여러 겹으로 설치하면서 지뢰地雷를 매설하라고 지시했다. 지붕이 있는 참호, 즉 유개호有蓋壕로 연결한 견고한 진지를 구축할 것도 당부했다. 중공군은 점차 그런 아군의 진지를 향해 발걸음을 옮겨왔다.

소양강 넘어 새카맣게 몰려든 중공군

중공군의 전선 배치

중공군의 공세 의도는 아주 뚜렷했다. 전선에 늘어선 아군 병력 중 가장 취약한 한국군 사단을 우선 깨뜨린다는 계획이었다. 당시 중공군이 전선에 내세운 3개의 병단 중 동부전선을 직접 지향하는 주공主攻은 중공군 9병단이었다. 20군, 26군, 27군의 3개 군단에 9개 사단으로 이뤄진 병력이었다.

이들은 우선 한국군을 집중적으로 꺾기 위한 중공군의 주력이었다. 그를 도와 함께 공격을 펼치는 조공助攻은 중부전선을 오갔던 3병단이었다. 역시 12군, 15군, 60군의 3개 군단으로 짜인 부대였다. 사단 수도 마찬가지였다. 서부전선을 맡았던 19병단은 아군의 주력인 미1군단 등을 막기 위해 서부전선에 남아 있는 상태였다.

일부 중공군 병력이 동부전선으로 이동을 시작한 지 1주일 여 정도의 시간이 지난 1951년 5월 6일 중공군 지도부는 예비 작전명령을 내렸다고 한다. 전사戰史 기록에 따르면, 중공군은 9병단 병력과 북한군 2개 군단 병력을 동원해 한국군 7사단과 5사단, 9사단과 3사단의 정면을 기습적으로 공격하라는 지시를 내렸다.

조공을 맡은 중공군 3병단의 역할은 미 10군단과 한국 사단 사이의 연계를 끊어 미군 병력으로 하여금 한국군이 지키고 있던 동부전선을 지원할 수 없도록 하는 일이었다. 서부전선의 19병단은 그대로 자리를 지키면서 상대인 미군과 한국군을 공격함으로써 간접적으로 동부전선 공격에 나선 9병단과 3병단을 돕는 임무를 맡았다.

중공군이 지향하고 있던 지역은 인제와 홍천, 평창군을 중심으로 하는 전선 일대였다. 그 중 현리 일대에서 벌어진 전투가 나중에 가장 큰 관심거리로 떠올랐다. 현리는 인제로부터 동남쪽 20㎞ 지점에 있는 곳이다. 이곳은 소양강 지류인 내린천이 흘러 지나가고 태백산맥의 지맥이 이리저리 모습을 드러내는 지역이다.

역시 강원도 산간 지역의 특성을 그대로 보이고 있는 곳이다. 주변 고지들은 표고 1,000m를 넘는다. 아울러 가파른 계곡 형태의 지형을 간직하고 있어 사람이 쉽게 오르내리기 힘들 정도다. 이곳 현리로부터 다시 25㎞ 동남쪽 지점에 창촌, 다시 그로부터 동남쪽으로 25㎞ 지점에 하진부리가 있다. 현리 전투를 설명하면서 빼놓을 수 없는 지명들이다.

현리라는 곳은 그 중에서도 요충要衝이었다. 지형적 특성을 살펴보면 현리라는 곳이 평시平時가 아닌 전시戰時에는 아주 민감한 곳이라는 점을 알 수 있다. 이곳 일대의 대부분은 좁고 깊은 계곡 형태의 산간 지형을 이루고 있어서 다수의 병력이나 물자 등이 이동할 때 상당한 제한을 받을 수밖에 없다.

현리라는 곳의 중요성

거의 '외길'이라고 할 수밖에 없는 산과 계곡 사이의 길을 따라 병력이 움직일 때 자연스레 한 곳에 모여드는 지점이 있다. 그곳이 바로 현리다. 특히 북쪽에서 남쪽으로 이동하는 병력은 반드시 이곳에 집결할 수밖에 없다.

그 남쪽에 오마치五馬峙 고개라는 곳이 있다. 오마치 고개는 지금 오미재로 이름이 바뀐 모양이다. 고개 이름의 유래가 정확한지는 몰라도 말馬 다섯 마리五가 겨우 지나갈 정도의 고개峙라는 뜻에서 붙은 이름이라는 설명이 있다. 지금도 험준한 지형이지만 전쟁이 벌어질 당시의 교통과 도로 사정은 지금에 비해 훨씬 뒤떨어진 상태였다.

이곳은 전략적으로 매우 중요한 고개였다. 동서남북 모두 높고 험한 산으로 싸여 있는 상황에서 유일하게 남북으로 이어지는 통로 역할을 하고 있기 때문이다. 따라서 전쟁을 치르는 군대에게는 사느냐 죽느냐를 가르는 매우 중요한 길목이었다. 누군가 먼저 이 고개를 차지해 상대의 발길을 가로막는다면 그만큼 쉬운 일이 없을 만큼 전략적 가치가 매우 높은 곳이었다.

옛 사람들이 자주 쓰는 말이 있다. "한 사람이 길목을 지키면 만인萬人도 물리친다"는 내용 말이다. 그 정도의 표현이 가능할 만큼 전쟁이 벌어지고 있을 당시의 오마치 고개는 군대의 이동을 절대적으로 통제할 수 있는 매우 중요한 길목이

1951년 5월 소양강을 도하 중인 중공군.
현리 전투와 관계가 있는 중국 측 자료 사진으로 보인다.

었다. 이 오마치 고개로 인해 아군의 6.25전쟁 기록 중 가장 참담한 패배가 벌어지고 말았다.

어쨌든 그런 지형적 특성을 보이고 있는 인제 일대에 짙은 전운戰雲이 몰려들고 있는 상황이었다. 그런 분위기 속에서 불과 한 달 전 한국전선에 부임한 밴 플리트는 여러 가지 작전을 구상 중이었다. 우선은 당시의 전선을 조금이라도 북상시키는 일이었다. 특히 동부전선을 조금 더 북상시켜 서울 북쪽을 지키고 있던 유엔군의 보급 상황을 개선코자 했다.

이 같은 밴 플리트 사령관의 구상에 따라 동부전선의 한국군 6개 사단은 미 8군이 상정했던 노네임Noname(용문산~홍천~속초) 선에서 20km를 북쪽으로 올라간 미주리Missouri(홍천~인제~간성) 선으로 진출해야 했다. 그 와중에 중공군이 동부전선을 향해 모여들고 있다는 정보는 시시각각 아군 진영에 잡히고 있었다.

따라서 대규모의 결전을 예상할 수 있는 분위기였다. 우리 육군본부가 상세한 증언과 조사를 통해 펴낸『현리-한계 전투』에는 당시 상황이 자세히 등장한다. 이 책에 따르면 미 8군은 그런 대규모 결전의 조짐이 짙어짐에 따라 미주리 선으로의 진출을 중지할 수밖에 없었다고 했다.

당시 중공군은 전선에 54만 명을 배치해 둔 상태였다. 게다가 북한군 20만 명이 그를 돕고 있었다. 이와는 별도로 마오쩌둥毛澤東은 전쟁 전반을 지휘하면서 만주 일대에 신규 병력 75만을 준비해 두고 있었다. 전체 가용 병력이 50만에 불과했던 아군 진영에 비해 공산군은 수적으로 압도적인 우위를 보이고 있었던 셈이다.

중공군 공격 시작

당시 밴 플리트는 강력한 반격 작전을 구상했었다. 38선 이북으로 적군을 몰아내기 위한 발판을 만들고자 접적接敵 지점에서 최대한의 반격을 가한다는 내용이었다. 향후 벌어질지도 모를 적군의 선제先制적인 공격을 막기 위해 우선 상대의 통신 및 보급 라인에 타격을 가하려는 의도였다.

그러나 대규모 중공군의 이동에 따른 저들의 공세 조짐이 짙어지면서 미 8군은 반격작전을 모두 중지할 수밖에 없었다. 작전은 시작하자마자 곧 그런 장벽에 부딪혀 더 이상 이어지지 않았다. 대규모로 움직이는 중공군에게 자칫 치명적인 역습逆襲을 허용할 수도 있다는 판단 때문이었다.

미 8군은 대신 진격을 멈춘 아군 진영에 현 진지를 사수하라는 명령을 내렸다. 중공군 공세 조짐이 구체적으로 드러나고 있었던 까닭이다. 아군의 수색대에 붙잡힌 중공군 포로의 증언도 그런 판단을 뒷받침하는 자료로 속속 이어지고 있었다.

나중에 공개한 중공군 전사 기록으로 보면 저들은 5월 16일을 공격 개시 날짜로 잡았다. 시간은 오후 5시 30분이었다. 5차 1단계 공세에서 상당한 타격을 받고 물러선 중공군이었지만 당시로서는 놀라운 속도로 그 피해를 만회한 뒤 전선으로 다시 다가오고 있었다.

빠른 산악 기동력을 선보였던 적이 바로 중공군이었다. 이들은 늘 평지보다는 산악을 중심으로 기동하는 경우가 많았다. 게다가 속도 또한 놀라울 정도였다. 1950년 10월 말 평북 일대에서 벌어진 전투에서도 중공군은 산악 지형에 매우 익숙한 전법을 보였다.

군우리의 미군 참패 또한 그런 산악 기동을 수월하게 펼쳤던 중공군 때문이었다. 장진호 전투에서는 산악 기동에 같은 산악 기동으로 나선 미 1해병사단의 분전으로 인해 중공군은 막심한 피해를 안아야 했다. 그럼에도 그들이 보이고 있던 산악 기동에 이어지는 기습은 늘 경계해야 하는 대목이었다.

1951년에 접어들면서 소련의 후원에 힘입어 중공군은 이따금 거센 포병 화력을 구사하기도 했다. 선제적인 포병 화력 운용에 이어 아군의 고지를 향해 물밀듯이 다가오는 전법을 선보였다. 중공군의 막바지 공세인 5차 2단계 공격에서도 그런 패턴이 드러났다.

저들은 틈을 잘 노렸다. 아울러 취약한 상대라고 여긴 한국군을 먼저 공격하는 양상도 드러냈다. 가장 큰 틈은 어디였을까. 아무래도 부대와 부대가 서로 이어진 전투지경선이었을 것이다. 그 중에서도 미군과 한국군의 연계를 끊으려는 중공군의 의도는 항상 일정했다. 이번에도 마찬가지였다. 소양강을 넘기 전 중공군은 아군 진지를 향해 거센 포격을 벌였다.

미 10군단의 지휘를 받고 있던 한국군 7사단 전면이 먼저 그런 중공군의 포화에 직면했다. 약 1시간 동안 거센 포격을 벌인 중공군은 어둠이 내리는 무렵에 소양강을 넘기 시작했다. 지난 해 평북 일대의 참패가 두려움을 키웠던 것일까. 7사단은 급격히 무너지고 있었다.

아군 후방으로 곧장 내달은 중공군

중공군이 보는 한국군

우리와 싸움을 벌였던 상대, 특히 중공군에게 60여 년 전의 전쟁에서 우리 국군은 어떤 상대로 비쳤을까. 사실, 중공군이 당시의 우리 국군을 바라봤던 시선은 여러 가지다. 그 중에서도 하나를 꼽으라면 가장 두드러지는 평어評語가 하나 있다. 바로 '부동浮動'이다.

이 말의 뜻은 복잡하지 않다. 물이 스며들어 그 물이 지닌 부력浮力에 의해 이리저리 떠다니는 사람, 또는 그런 행위, 아니면 그런 상황을 일컫는 말이다. 우리가 흔히 중공군이라고 부르고 있는 당시의 중국 군대는 여러 전선에서 자주 싸웠던 우리 국군을 그 단어에 견줘 설명하는 버릇이 있다. 나중에 그들이 펴낸 전사戰史에 등장하는 내용이다.

당시의 우리는 준비와 훈련이 절대적으로 부족했던 군대였다. 따라서 조직적인 싸움에 능하지 않았고, 심리적인 동요 또한 적지 않았다. 그를 전체적으로 이끌어갈 지휘관의 역량도 보잘 것이 없었다. 나 또한 그런 대한민국 군대의 일선 지휘관으로 숱한 어려움을 겪어야 했던 입장이었다.

싸움에서는 이길 때가 수월하고, 물러설 때가 매우 어렵다. 적을 여러 면에서 누른 경우라면 상황은 아주 잘 펼쳐진다. 승세勝勢에 올라타는 일 자체가 어렵지, 한 번 그에 몸을 올리면 다음 상황은 매우 순조롭다. 가장 어려운 경우가 적이 그런 승세에 올라타 우리를 압박할 때다.

우선 극도의 혼란이 다가서게 마련이다. 훈련을 오래 반복한 군대라면 그런 상황을 미리 예상해 축차逐次적인 후퇴를 할 수가 있다. 그렇지 못한 군대는 쉽게 쪼개지고 흩어져 자신이 지닌 힘을 한 곳에 모을 수 없다. 그런 상황을 이어가다가 아주 잔혹한 패배에 당면하고 만다.

중공군은 그런 약점을 지닌 한국군을 모질게 몰아붙이는 군대였다. 훈련이 적어 조직적인 싸움을 펼칠 수 없었던 한국군은 공격에 제법 능한 모습을 보이다가도 상대에게 밀려 등을 보이는 경우에는 아주 허약하고 무능하다고 해도 좋을 면모를 자주 연출했다.

1951년 5월 16일 오후 6시 무렵에 강원 산간 지역에 집결해 있던 중공군이 한국군 중심으로 이뤄져 있던 전선을 강타할 때도 마찬가지 상황이 벌어지고 말았다. 중공군은 대규모 공세를 펼칠 때 힘을 집중하는 버릇이 있었다. 유엔군의 전반적인 전력에 비해 아주 열악한 자신의 상황을 보완하기 위한 방책이기도 했다.

중공군의 이른바 1951년 5월의 5차 2단계 공세는 규모가 컸다. 동부전선을 강하게 타격해 한국군의 역량을 소멸시킨 뒤 고립되는 미군에게도 거대한 타격을 입히겠다는 구상이었다. 따라서 공세의 집중도는 매우 강렬했다. 그들이 집중적으로 노린 군대는 미 10군단의 예하로 소양강 남안南岸을 지키던 한국군 7사단이었다.

정밀하고 강했던 중공군 포격

중공군은 은밀한 접근을 마다하고 이번에는 강렬한 포격을 먼저 퍼부었다. 이는 소련의 전법과 유사한 방식이었다. 상대를 공격하기 전에 일정한 시간 동안 강렬한 포격을 퍼부어 상황을 먼저 제압코자 하

국군 1군단을 방문해 훈시하고 있는 정일권 당시 육군참모총장(가운데). 현리 전투 패배 직후 밴 플리트 미 8군 사령관에 의해 총장 자리에서 물러난다.

는 행위였다. 기록에 따르면 중공군은 약 1시간 동안 7사단의 방어지역에 맹렬하게 포탄을 쏟아 부었다.

육군본부가 펴낸 『현리-한계 전투』에 따르면 당시 중공군의 포격은 매우 정밀했다고 한다. 7사단의 방어지역은 소양강이 흐르고 있는 지역의 남쪽 고지였다. 그곳을 지켜야 하는 방자防者의 입장에서는 매우 유리했다. 상대는 강을 우선 넘어야 했고, 도강 뒤 높고 험한 고지를 타고 올라야 했기 때문이다.

그러나 육군본부 책자에 따르면 중공군은 사전에 매우 치밀한 관측을 시도했다. 여러 차례의 정밀한 관측을 거친 중공군의 사전 포격은 따라서 매우 정확할 수밖에 없었다고 한다. 중공군 포탄은 아군의 지휘소와 관측소, 통신 거점 등을 정확하게 타격했다고 한다.

아군의 작전 신경 계통을 파괴하려는 의도였다. 약 1시간에 걸쳐 벌어진 중공군의 포격은 따라서 아군의 진지와 지휘계통 등을 일거에 무너뜨렸다. 당시 7사단은 미 10군단 방어지역의 가장 동쪽을 맡고 있었다. 그 서쪽으로는 한국군 5사단, 동쪽으로는 한국군 3군단 예하 9사단이 병렬해 있었다.

7사단은 담당 전선 서쪽에 8연대, 동쪽에 5연대를 배치한 상태였다. 아울러 3연대를 사단의 예비로 둔 뒤 만일의 상황에 대비하고 있었다. 중공군은 7사단과 함께 한국군 5사단도 맹렬하게 타격했다. 그러나 허무하다 싶을 정도로 먼저 무너진 쪽은 7사단이었다.

지금 적는 '현리 전투'는 우리 대한민국 군대가 6.25전쟁에서 치렀던 가장 기록적인 참패다. 그 주역으로 거론되는 부대는 한국군 3군단이다. 미 10군단에 속해 있던 국군 7사단과 5사단은 사실 잘 입에 오르지 않는 부대다. 그럼에도 방어선을 허물고 그야말로 물밀듯이 전선을 휘저었던 중공군의 공세를 처음 허용한 부대는 7사단이다.

이곳이 먼저 크게 뚫리면서 동쪽으로 인접한 국군 3군단의 방비防備가 크게 무너져 내렸기 때문이다. 3군단의 입장에서 보면 왼쪽의 7사단이 거대한 구멍을 내주면서 전혀 손을 쓸 틈도 없이 적이 후방으로 밀려들어오는 것을 허용했다고 볼 수 있는 셈이다.

1시간 여 맹렬한 포격을 가한 중공군은 그 직후 본격적으로 소양강을 넘어 아군의 진지를 공격했다. 당시 소양강은 깊지 않았다. 전체적으로 수심이 얕아 도보로 쉽게 건널 수 있는 상황이었다. 그럼에도 아군은 강 남안의 높고 험한 고지를 지키고 있었다. 따라서 적의 공격에 맞서 나름대로 싸우면서 버틸 수도 있었다. 당시 7사단 책임지역은 경사 60도 내외의 가파른 절벽이었다.

진지 이탈로 시작한 붕괴

그러나 강을 건넌 중공군은 공격을 펼친 지 2시간 여 만에 7사단의 방어선을 쉽게 넘어서고 말았다. 일종의 공황恐慌이 또 찾아들었던 듯하다. 1950년 말 영원과 덕천에서 중공군에게 당했던 참패의 기억 말이다. 맹렬한 중공군의 사전 포격에 따라 통신 지휘선이 끊어진 점도 한 몫 했을지 모른다.

어쨌든 바로 벌어진 현상이 '진지陣地 이탈'이었다고 국방부가 펴낸 『6.25전쟁사』는 증언하고 있다. 그런 진지 이탈 현상도 절벽을 오른 중공군이 눈앞에 나타나기 전이었다고 책은 적고 있다. 더 심각한 일이 벌어지고 말았다. 7사단은 전선을 돌파 당했다는 사실을 알리지 않았다.

적어도 자신의 오른쪽을 지키고 있던 국군 9사단에는 알려야 했음에도 어쩐 영문인지 그런 기록이 없다는 것이다. 아울러 당시의 미 10군단 기록도 "한국군 7사단 5연대와 8연대가 전방에서 전투를 벌였다고 하는데 전체적인 상황은 알 수 없다"로 적혀 있다고 『현리-한계 전투』는 소개하고 있다.

중공군이 7사단의 전선을 돌파한 시점은 1951년 5월 16일 밤 10시경이었다. 한국군 1개 연대 정면에 중공군 2개 사단이 다가서고 있던 형국이었다. 수적인 압도였다. 아울러 당시 국군의 상황을 변명할 대목도 있다. 미 8군의 지시에 따라 진격을 거듭하던 상황에서 대규모 중공군이 동부전선으로 이동하는 조짐이 짙어지자 갑자기 방어로 전환하라는 명령을 받았다는 점이다.

따라서 급작스럽게 진격을 멈추고 방어로 전환한 군대로서 여러 준비가 소홀했을 수 있다. 중공군은 그런 한국군의 약점을 교묘하다 싶을 정도로 잘 잡아냈다. 중공군이 당시 전쟁에서 보인 전법은 흔히 운동전運動戰으로 부른다. 돌파를 감행한 뒤 종심縱深으로 부대를 깊게 밀어 넣는 게 가장 큰 특징이었다.

구멍을 낸 뒤 압도적인 병력을 그곳으로 집어넣어 아군의 후방을 크게 교란하면서 포위를 시도하는 방식이었다. 그런 중공군의 공격이 과감하게 펼쳐지면서 7사단은 지휘통제 능력을 이미 상실했다. 미 10군단은 17일 새벽 1시 무렵 "다음 저지선으로 철수하라"는 명령을 내려 보냈으나 7사단 병력은 벌써 분산分散된 채 소부대 단위로 퇴각을 하고 있었다.

적의 선봉에 섰던 부대는 중공군 20군 예하 60사단이었다. 이들에게는 특별한 임무 하나가 있었다. 한국군의 후방에 다시 틈을 뚫어 종심기동을 벌이며 후방 깊숙한 곳으로 진출하라는 내용이었다. 그 임무를 맡은 군대는 60사단 소속의 178연대였다. 그들은 앞에 서서 등을 보이며 후퇴하는 한국군이 눈에 들어오지 않았다. 그들은 곧장 3군단 후방의 깊숙한 곳에 있는 오마치 고개를 향해 달렸다.

중공군의 폭풍 같았던 질주

국군 추월해 달린 중공군

중공군은 한국군의 약점을 집요하게 읽었다. 나중에 펴낸 저들의 전사戰史를 보면 한국군이 공격에는 강한 면모를 보이는 경우도 있지만 방어에 있어서는 적지 않은 약점을 드러낸다고 봤다. 그 점은 앞에서 적은 내용과 같은 맥락이다.

당시 전쟁에서 우리 국군이 중공군에게 당했을 때의 상황은 대개가 비슷했다. 먼저 돌파를 허용한 뒤에는 일사불란—絲不亂함을 보인 적이 없었다는 점이다. 지휘체계에 혼선이 늘 극에 달했고, 깊은 공포심에 빠져 부대가 건제建制를 거의 유지하지 못한 채 갈팡질팡하며 쫓겨 내려왔기 때문이다. 매번의 싸움에서 국군을 주의 깊게 살피며 전투를 했던 중공군의 눈에는 우리의 그런 약점이 제법 인상 깊게 들어왔을 것이다.

7사단의 당시 상황이 그랬다. 전선에서 돌파를 당한 뒤에는 방어체계가 전혀 가동을 하지 못한 흔적이 여럿이다. 그런 7사단의 후방을 교란하면서 앞만 보고 열심히 길을 갔던 부대가 바로 중공군 60사단 예하의 178연대였다. 이들은 앞에서 적은 대로 한 곳을 보며 빠른 속도로 이동했다. 아군의 후방 깊숙이 발을 디딘다는 점에서 그것은 종심기동縱深機動이라고 할 수 있었다.

지금 적고 있는 현리 전투의 참혹한 패배 상황은 바로 그와 같은 중공군의 발 빠른 종심기동에서 비롯한다. 이들이 선점하기 위해 내달렸던 목표 지점, 오마치 고개는 미리 소개한 대로 인제 일대에서 남쪽으로 향할 수 있는 유일한 통로라고 할 수 있었다.

미 10군단과 한국군 3군단이 군대와 물자, 장비와 화력을 이동시킬 수 있는 전략적 요충에 해당했다. 이곳을 막는다면 미 10군단의 작전 상황에 일정한 차질이 빚어진다. 그보다 전투력을 비롯해 보급력과 운송력 등이 모두 취약한 한국군 3군단에게는 치명적인 결과를 안겨 주는 곳이기도 했다.

그에 비해 중공군 선봉에 해당했던 60사단 예하의 178연대는 매우 놀라운 전투력을 보인다. 특히 연대 병력 중 1개 중대는 13시간 동안 무려 25㎞를 주파해 오마치 고개에 먼저 당도한다. 완전 무장에

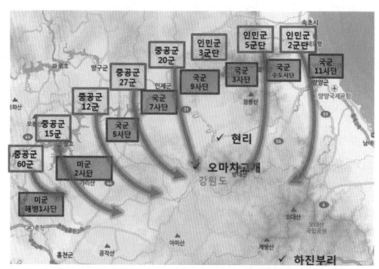

1951년 5월 강원도 인제 일대에서 벌어진 중공군의 5차 2단계 공세의 개념도다.

가까운 병력이 강원 산간의 험한 산악지형을 이 짧은 시간에 주파한 점은 대단하다고 할 수밖에 없는 사실이다.

기록에 따르면 이들 중공군 병력은 한국군 7사단의 전면을 돌파하기도 전인 5월 16일 오후 6시 무렵에 길을 내닫기 시작해 이튿날 오전 7시 경에 오마치 고개에 도착했다고 한다. 한국군과의 접촉을 피하면서 달리고 또 달린 결과다. 따라서 이들은 앞에서 등을 보이고 후퇴하는 한국군을 돌아볼 겨를도 없이 길을 내달린 셈이다.

물러서며 싸웠던 7사단

7사단은 분산의 상황으로 중공군에게 앞과 뒤로 쫓기는 상황이었음에도 그저 허무하게 무너지지만은 않았다. 전선을 돌파 당한 뒤의 상황은 매우 어려웠으나 후방의 여러 지점에서 중공군과 조우할 경우 교전을 벌였다. 그러나 조직적인 저항이 어려웠던 까닭에 중공군은 대규모 병력을 몰아 줄기차게 내려왔다.

7사단의 각 제대는 여러 차례에 걸쳐 저지선 구축에 나섰으나 압도적인 중공군 병력에 밀려 실패를 거듭했다고 한다. 중공군은 그런 기세를 몰아 5월 18일 새벽 무렵에 현리와 오마치 고개 사이에 몰린 국군의 북쪽 지역에 집결할 수 있었다는 것이다.

당시 전투에서 초반의 중공군 공세에 맥없이 물러났으면서도 치욕스런 현리 전투 패배의 책임에서 7사단이 비교적 자유로울 수 있는 점이 있다. 이들은 흩어져 조직적으로 화력을 집중할 수 없었음에도 중공군과 계속 교전을 벌이다가 끝내는 결정적인 길목에서 중공군을 저지할 수 있었기 때문이다.

7사단은 압도적인 중공군에 밀려 흩어져 있던 무렵인 5월 18일 새벽 2시에 미 10군단으로부터 철수명령을 받았다. 인접한 미 2사단 지역으로 중공군 공세가 몰려 돌파구가 더 크게 넓혀질지도 모르는 상황이었다. 미 10군단은 더 몰리는 상황을 피하기 위해 방어선을 새로 조정하는 차원에서 7사단의 이동을 명령했다.

당시 7사단의 인원 손실은 3,300여 명에 달했다고 육군본부의 『현리-한계 전투』는 적고 있다. 그럼에도 7사단은 풍암리로 이동한 뒤 급속한 재편성에 들어갔다고 한다. 중공군의 공격으로 전선을 돌파당한 뒤 벌써 이틀이 지날 무렵이었다.

중공군은 여세를 몰아 7사단이 이동한 지역을 향해 다가왔다. 7사단이 이동했던 풍암리라고 하는 지역은 인접한 횡성과 속사리 쪽으로 병력을 옮기는 길목에 해당했다. 따라서 풍암리를 다시 내준다면 중공군은 서쪽의 횡성, 동남쪽의 속사리로 진출하면서 자신들의 돌파구를 대규모로 확장할 수 있는 기회를 잡는 셈이다.

중공군은 5월 18일 오후 5시 무렵에 풍암리로 진출하면서 7사단을 향해 공격을 벌여왔다. 국군 7사단의 3연대와 5연대가 천신만고 끝에 후퇴작전을 벌인 뒤 방어진지를 다시 구성한 지 겨우 1시간 정도 지난 시점이었다. 48시간 이상을 잠도 자지 못한 채 중공군과 교전을 벌이며 쫓겨 내려왔던 7사단 장병은 이번에는 물러서지 않았다.

미군이 두려웠던 중공군

비록 미 8군 예비로 있다가 급거 동부전선으로 이동했던 미 3사단 15연대의 지원을 받았다고는 하지만 이들은 완강하게 중공군의 공격에 맞서 싸웠다고 한다. 일종의 배수진背水陣과 같은 심리적인 작용도 있었을 법하다. 결국 7사단 3연대와 5연대 장병은 이곳을 추가 점령해 자신의 돌파구를 크게 확장하려 했던 중공군의 공격을 물리쳤다.

그에 비해 국군 5사단의 형편은 좀 나았다. 이들은 중공군의 초반 공세에 그렇게 맥없이 물러서지는 않았다. 중공군은 역시 12군과 27군, 모두 6개 사단 병력을 동원해 5사단의 전면을 공격했다. 공세를 벌인 시점과 방식도 같았다. 역시 거센 사전 포격으로 5사단의 진지를 때렸다. 그러나 5사단은 완강하게 저항을 펼쳤다. 전방에 선 5사단의 35연대와 27연대에게 철수 명령이 떨어진 시간은 5월 17일 새벽 3시 30분경이었다.

중공군에게 급격하게 밀린 형국이 아니었다. 방어선을 돌파한 중공군과 거듭 교전을 벌이다가 우측으로 인접한 국군 7사단이 급거 후퇴함으로써 생긴 공백 때문에 물러섰던 것이다. 그러나 역시 평소의 훈련과 준비가 부족했던 5사단의 지휘체계도 곧 혼선을 빚고 말았다.

기록에 따르면 5사단도 중공군과의 전투가 벌어진 지 9시간이 흐른 뒤인 5월 17일 새벽 3시가 넘어서면서 연대와 대대 사이의 유선이 끊기거나 아예 연락 두절의 상황에 몰리자 철수를 결정했다. 사단의 지시에 따라 이들은 후방으로 물러나 5월 17일 오후 8시 무렵에는 새로운 저지선을 설정한 뒤 방어에 들어갔다.

당시의 기록을 보면 중공군이 어느 정도까지 미군을 회피하면서 한국군을 싸움 상대로 골랐는지를 알리는 대목이 나온다. 당시 5사단의 정면을 돌파하고 계속 진격을 펼치던 중공군 31사단이 도중에 미 2사단 23연대의 전차와 조우한 장면이 등장한다. 중공군은 당연히 길에서 맞닥뜨린 미군의 전차 부대와 교전을 벌인다.

그러나 그 뒤가 문제였다. 중공군 31사단이 다음 공로攻路를 결정하지 못하고 2시간 이상을 지체했다는 점이다. 이들은 후방 깊숙이 진출해 한국군의 후방을 차단하라는 임무를 받은 상태였다. 그러나 공격을 펼치는 과정에서 미군 전차를 만나자 매우 당황했던 것으로 보인다.

따라서 이는 아군의 입장에서는 매우 중요한 '지체'였다. 그만큼 중공군이 미군을 마음속으로 두려워했기 때문에 가능한 일이었을 것이다. 중공군 31사단 또한 한국군 7사단 정면을 때린 뒤 반나절 만에 25㎞를 이동해 오마치 고개를 압박한 중공군 60사단에 못지않은 임무를 지니고 있던 상태였다.

중공군 31사단은 인제~횡성~속사리를 잇는 전략 요충인 풍암리를 점령하면서 아군의 후방 요충을 장악하라는 임무를 맡았다. 따라서 종심기동으로 국면을 크게 전환하려는 중공군 수뇌부에게는 중공군 60사단 못지않게 매우 중요한 일을 맡았던 부대였다.

그러나 이들은 결국 길에서 만난 미군 전차부대 때문에 상당한 지체를 했다. 아울러 전력을 수습한 5사단 각 연대의 분전에 막혀 당초의 목적지에 도달하는 데 상당한 시간을 지체하고 말았다. 중공군 31사단은 5월 16일 자정 무렵 길에서 마주친 미군 전차부대와의 교전 뒤에는 진격에 매우 신중을 기했다고 육군본부의 『현리-한계 전투』는 소개하고 있다.

한국군과 미군의 치명적인 실수

깊게 팬 주머니 꼴 전선

중공군의 5차 2단계 공세는 제 의도대로만 펼쳐진 작전이 아니었다. 우선 국군 5사단 좌측에 버티고 있던 미 2사단의 방어를 뚫는 데는 전혀 성공하지 못했다. 역시 강력한 화력과 강인한 전투력을 지닌 미군의 벽을 넘기에는 중공군 자체의 실력이 부족했던 것이다.

아울러 국군 7사단의 방어를 쉽게 허물어뜨리고 급속한 진격을 펼쳐 핵심적인 길목의 하나인 오마치를 점령하는 데 성공했으나 차후에 돌파구를 확대하지는 못했다. 중간에서 조우한 미군 전차부대와의 교전에서 물러나 진공 속도를 지체한 탓이었다. 게다가 급속히 전선에서 패퇴했으나 후퇴로 곳곳에서 저항을 펼친 국군 5사단 등을 일거에 무너뜨리지 못했다.

따라서 전체적인 공세 국면을 관장하고 있던 중공군의 입장에서는 이미 점령에 성공한 오마치 고개가 매우 중요하게 비쳤을 수 있다. 오마치 고개는 어쩌면 중공군이 벌이던 당시의 공세가 성공으로 향하느냐, 아니면 실패로 기우느냐를 가르는 중요한 지점일 수 있었다.

당시 중공군은 오마치를 정점으로 북쪽에서 남쪽을 향해 크게 밀고 들어온 판도를 보였다. 현리와 오마치가 가장 깊숙이 들어온 공격의 정점이었고, 그 좌우 양쪽은 현리와 오마치를 중심으로 길게 선을 드리운 주머니와 같았다. 주머니 좌측에는 미 2사단을 전면에 내세운 미 10군단이 버티고 있었고, 후퇴한 국군 5사단과 7사단이 가세했다. 주머니 오른쪽 선은 내가 맡고 있던 국군 1군단 방어지역이었다.

당시 동부전선의 국군 사단을 노리고 들어왔던 중공군의 공세는 7사단과 5사단을 집중적으로 겨냥했다. 국군 3군단 지역은 핵심 목표가 아니었다. 따라서 3군단 전면에 대한 중공군의 공격은 치열하지 않았다. 그 오른쪽에 섰던 국군 1군단 역시 중공군의 공세 초반 집중타격 대상은 아니었다.

우리 1군단 전면에는 북한군이 공격을 펼치고 나왔다. 앞에서도 언급했듯이 한반도 전쟁의 핵심 축선이 아닌 동부지역은 싸움의 규모가 상대적으로 작았다. 개전 초반에 이미 유엔군의 강력한 공세에 무너진 북한군이 급속한 재편을 거쳐 전선에 올라와 있는 정도였다. 따라서 그들의 공격력은 늘 중공군에 비해 크게 떨어졌다.

내가 이끌던 1군단은 예하에 수도사단과 11사단이 있었다. 수도사단은 동해안 지역에서 작전 경험이 매우 풍부했다. 따라서 특별하게 내세울 게 없던 북한군 병력의 공세는 늘 수도사단과 11사단의 방어에 막히곤 했다. 북한군은 때로 강력하게 공세를 펼치다가도 우리가 반격을 벌이면 맥없이 물러날 때가 많았다.

허약했던 북한군

당시에도 마찬가지였다. 초반 중공군의 전체 공세에 맞춰 우리 1군단 전면에 출몰하던 북한군은 처음에 강력하게 다가섰다가 예하 사단의 반격을 받은 뒤에는 쉽게 물러섰다. 당시 1군단 전면을 공격하고 들어온 북한군은 2군단이었다. 공격 범위는 한계령에서 설악산까지였다. 이곳을 지키고 있던 수도사단은 처음의 북한군 공세에 일부 고지를 빼앗기기도 했다. 그러나 군사적으로 매우 중요한 한계령에서 결국 북한군은 발을 멈추고 말았다.

전선은 그런 여러 국면으로 인해 오마치 고개를 집중적으로 살필 수밖에 없는 상황이었다. 그러나 문제가 심각했다. 국군 7사단의 전면을 아주 수월하게 돌파한 중공군 대규모 병력이 속속 이 오마치 고개를 향해 모여들고 있었기 때문이다. 5월 16일 이른 아침인 7시 무렵에 이곳에 먼저 당도한 중공군 부대는 1개 중대였다. 그러나 오후로 들어서면서 중공군은 거의 사단 규모에 달하는 병력이 이곳에 도착했다.

먼저 당도한 중공군 선두 병력이 우선 오마치 고개 자체를 점령해 아군의 퇴로를 막았고, 이어 밀려 내려오는 아군을 철저하게 봉쇄하기 위해 고개 남쪽 5㎞ 지점까지 후속으로 도착한 병력을 포진시킨 상태였다. 의도는 분명했다. 이곳을 막아 현리 일대에 고립되는 국군 병력을 전부 섬멸하겠다는 기도였다.

군사적으로 볼 때 전선을 이끄는 지휘관의 눈에는 이 오마치 고개의 중요성이 들어오지 않을 수 없다. 단순한 교통이라는 측면에서 볼 때, 아울러 군대의 이동과 보급선을 생각할 때, 전선에서 밀린 아군의 퇴로를 생각할 때 이 오마치 고개는 아주 중요했다. 남쪽으로 통하는 유일한 통로였기 때문이다.

그렇다면 우리 6.25전쟁 전사에서 늘 떠오르는 문제를 한 번 더 거론하지 않을 수 없다. 왜 이 고개를 비워뒀던 것일까. 많은 사람들이 의문을 품는 대목이다. 당시 현리 일대를 방어하던 3군단의 유재흥 군단장 역시 이 고개의 중요성을 알아차리지 않을 수 없었다.

기록에 따르면 현리 전투가 벌어지기 12일 전인 5월 4일 유재흥 군단장은 예하 9사단의 29연대에서 1개 중대를 움직여 오마치 고개를 점령토록 했다. 그러나 이는 서쪽으로 인접한 미 10군단 알몬드 군단장의 강력한 반발에 직면했다. 미 8군의 작전배치에 따라 이 오마치 고개가 미 10군단 지역에 들어가 있었던 이유에서다.

유재흥 군단장도 오마치 고개의 중요성 때문에 처음에는 뜻을 굽히지 않았다고 한다. 그럼에도 결국은 미 10군단이 강력하게 반발하면서 미 8군에 이를 보고하자 유재흥 군단장은 결국 뜻을 굽혀야 했다. 미 8군은 당초 명령한 배치 구도에 따라 미 10군단의 손을 들어줬던 것이다.

오마치를 둘러싼 논란

이는 중요한 문제였다. 6.25전쟁에 있어서 이 현리 전투는 국군의 가장 치욕스러운 패배로 여겨지고 있다. 그런 치욕을 피할 수 있었던 유일한 조치가 전투가 벌어지기 전 이곳에 병력을 배치하는 일이었다. 아군의 1개 중대 병력만이라도 이곳을 점령하고 있었더라면 전황戰況은 크게 달라질 수 있었다.

좁고 험한 길이어서 먼저 지키고 있는 병력은 다가서는 적군을 쉽게 제압할 수 있는 곳이었기 때문이다. 상황이 그랬더라면 국군의 참담한 패배는 벌어지지 않았을 가능성이 아주 높다. 그럼에도 국군 3군단은 미 10군단의 강력한 항의, 미 8군 사령부의 중재로 인해 결국 병력을 오마치 고개에서 철수시킬 수밖에 없었다.

자신이 거느린 예하 사단의 작전을 큰 틀에서 지원하고 펼치도록 하는 일이 군단장의 직무였다. 그런 점에서 보면 어떤 수를 써서라도 이 오마치 고개를 확보해야 하는 게 유재흥 장군의 몫이었다. 따라서 가장 큰 책임을 묻는다면 유재흥 장군이 그 대상이다.

함께 전투를 수행한다고 해도 미군은 우리와 언어 및 문화, 작전을 이해하는 방식이 사뭇 다른 군대였다. 전선에서 어깨를 걸고 함께 적을 맞이해 싸우더라도 종국에는 각자의 이해에 따라 움직일 수밖에 없는 게 전쟁터에 선 군인의 입장이다. 따라서 미군과는 늘 교섭과 소통에 신중해야 했다. 전투 경험은 물론이고, 물자와 화력, 장비 면에서 한국군에게 시혜적일 수밖에 없던 미군을 상대하는 국군 지휘관으로서는 그 점이 매우 중요했다.

전선을 함께 누볐던 동료로서의 유재흥 장군을 폄하할 생각은 내게 없다. 그럼에도 당시 한국군 지휘관으로서는 강력한 원군援軍이었

1951년 5월 강원도 인제 일대에서 벌어진 전투에서 중공군에게 붙잡혀 포로로 끌려가는 한국군 행렬.

던 미군을 어떻게 상대하고, 어떻게 그들로부터 이해와 협조를 구해야 했는지는 깊고 무겁게 살피며 행동해야 하는 대목이었다. 병력을 고개에 배치하기 전 작전의 필요성을 미 10군단장에게 우선 간곡하게 설명했더라면 그런 반발을 샀을까. 아무래도 많은 생각을 하게 만드는 대목이다.

그러나 알몬드 군단장도 적지 않은 문제를 보였다. 누가 보더라도 작전상 매우 중요한 길목을 그대로 방치했기 때문이다. 한국군 3군단에게는 부대의 유일한 퇴로라는 점에서 매우 소중했듯이, 미 10군단의 입장에서도 병력과 화력 및 물자 등의 통로로 매우 중요한 곳이 오마치였다. 그럼에도 그는 결국 그곳에 군단 예하 병력을 배치하지 않는 실수를 범하고 말았다.

전쟁터에서의 패전은 여러 요인이 겹쳐서 등장한다. 한 두 개의 단순한 요소로만 이뤄지는 법이 없다. 누군가의 실수는 다른 누군가의 실수를 동반한다. 일이 풀리지 않을 때는 온갖 좋지 않은 요인이 겹쳐 나타나는 경우와 유사하다. 중공군은 용케도 길을 부지런히 내달려 그 고개를 수월하게 점령했다. 한국군 최악의 패전은 그렇게 몸집을 드러내고 있었다.

"병사는 다시 돌아오지 않았다"

무기력한 패배

6.25전쟁의 여러 전투에서 우리가 적군에게 당한 패배 중 현리에서의 싸움은 매우 기록적이다. 국군 3군단 전체가 무너지는 과정이 참담하다고 해도 좋을 만큼 깊고 쓰라렸기 때문이다. 다가서는 적에게 제대로 저항이라도 펼치다가 무너졌다면 그런 패배의 아픔은 덜할 수 있을 것이다. 그러나 우리는 그러지를 못했다.

서막은 일찌감치 열리고 말았다. 처음에는 3군단이 짚어질 몫이 아니었다. 인접한 미 10군단 예하 국군 7사단의 패퇴가 결정적이었다. 앞에서도 소개했듯이 7사단은 중공군 공세가 벌어진 직후에 진지 이탈부터 했다. 아주 무기력하고 책임감 없는 후퇴였다.

7사단은 개전 초 동두천에서 북한군 주공主攻에 맥없이 물러나면서 김일성 군대의 신속한 서울 진입을 초래했던 사단이다. 아울러 국군 2군단 예하의 부대로 북진 대열에 나섰다가 평북 일대에서 새로 참전한 중공군에게 치욕의 패배를 당하고 말았다.

숨돌릴 틈도 없이 이어지는 전투 때문에 당시 전선에 섰다가 적에게 당했던 국군 사단은 차분하게 재정비를 거쳐 전선으로 복귀할 시간이 없었다. 무리하다 싶을 정도로 우선 병력과 화력만을 보충한 뒤 계속 전선으로 뛰어야 했다. 따라서 국군은 늘 자신의 약점을 제대로 다스릴 수 없었다.

현리 일대에서 전선에 다시 섰던 7사단도 마찬가지였다. 예전에 당했던 쓰라린 패배의 악몽이 머릿속에 남아 전면에 나타난 적을 두고 바로 등을 보이는 허약함으로도 나타났을 것이다. 어쨌든 그런 7사단의 허무한 후퇴가 결국 중공군의 깊숙한 종심기동으로 이어졌고, 전략적인 요충인 오마치 고개가 일찌감치 그들 발아래에 놓이고 말았다.

그에 비해 3군단 전면에는 중공군이 나타나지 않았다. 그러나 후 방의 종심으로 중공군 부대가 이동하고, 옆의 국군 사단이 무너지는 조짐이 나타나자 3군단 예하 9사단은 깊은 두려움에 젖기 시작했다. 그러나 이마저도 늦게 알았다는 점이 문제였다. 9사단은 서쪽으로 인 접했던 국군 7사단이 무너지는 상황을 중공군 공세가 벌어지고 4시 간 이상 지난 다음에야 알았다. 7사단 5연대의 병력이 두 사단의 전투 지경선을 넘어왔기 때문이었다.

중공군 공세에 허겁지겁 전선에서 밀려나 전투지경선을 넘어 패퇴한 7사단 5연대의 병력을 보고서야 9사단 지휘부는 사태의 심각성을 인지했던 셈이다. 9사단장은 최석 준장이었다. 그는 전투경험이 거의 없었던 지휘관이었다. 아울러 당시 참모진들과의 적지 않은 불화도 있었다는 이야기가 전해진다.

참모장 박정희

당시 9사단 참모장은 나중에 대통령 자리에 오른 박정희 대령이었던 것으로 알고 있다. 사단장과의 불화 때문인지는 몰라도 중공군 공세가 벌어지던 무렵 박 참모장은 자리에 없었던 것으로 알려져 있다. 최석 사단장은 박정희 대령 외 다른 참모들과의 관계도 원만치는 않았던 모양이다.

그렇듯 일이 풀리지 않으려면 여러 가지가 꼬이는 법이다. 그런 이유 때문이었을지 모른다. 9사단은 전황戰況을 챙기면서 부대의 진퇴를 고민해야 하던 무렵에도 기민하게 대처하지 못했던 흔적을 드러냈다. 육군본부의 『현리-한계 전투』에는 9사단이 전반적으로 상급 부대 또는 인접 부대와의 협조, 또는 의사소통이 원활하지 않았다는 점을 지적하고 있다.

9사단은 전선에 28연대와 30연대를 배치했고, 후방의 예비로는 29연대를 둔 상태였다. 중공군이 서쪽으로 인접한 국군 7사단을 공격하던 무렵 9사단 전면은 조용했다. 그러나 7사단이 급격히 무너지고 7시간여가 지난 뒤 중공군은 9사단을 공격하기 시작했다.

5월 17일 새벽 1시가 넘어가면서 9사단 서쪽 전선을 담당했던 30연대가 중공군으로부터 공격을 받았다. 그들은 전방과 후방으로 동시에 밀려왔다고 한다. 미리 중공군의 공격 정황을 파악해 대비에 착수했다면 9사단은 나름대로 방어에 나설 수 있었을 것이다. 그러나 이미 엎질러진 물이었다.

9사단 30연대는 불과 1시간 만에 중공군에게 밀렸다. 중공군은 그 기세에 올라타 거센 공격을 펼쳤다. 9사단은 예비로 있던 29연대를 움직여 중공군 공세를 막으려고 했으나 이미 상황은 중공군 쪽으로 기울어지고 말았다. 그 시점은 국군 7사단을 돌파한 중공군 선봉대가 이미 오마치 고개를 향해 신속하게 기동하던 때였다.

최석 사단장은 새벽 3시 무렵에 유재흥 군단장에게 철수를 건의했다고 한다. 그러나 일은 더 꼬이고 있었다. 유재흥 군단장은 미 10군단에 당시의 전황을 문의했으나 역시 "아무런 이상이 없다"는 답변을 들었던 모양이다. 그런 여러 정황을 감안하면 미 10군단의 대응에도 상당한 문제점이 드러난다.

이미 국군 7사단이 돌파를 당해 마구 무너지면서 후퇴를 거듭했고, 전면을 돌파한 중공군이 종심 깊숙이 기동을 벌이고 있던 상황인데도 그를 지휘하는 미 10군단의 정보 신경 계통은 잠을 자고 있었던 셈이다. 국군 7사단이 전면을 돌파 당했다는 사실을 미 10군단에 제대로 알리지 않은 점도 큰 문제였지만, 미 10군단의 상황판단 계통에도 적지 않은 문제가 도사리고 있었던 것이다.

미군의 기록을 살펴보면 당시에 매우 중요한 문제점이 있었음이 드러난다. 미 10군단장 알몬드 장군과 동쪽으로 인접해 함께 적을 맞았던 국군 3군단장 유재흥 장군의 관계다. 전사에 따르면 미 10군단

1951년 5월 공세를 펼치다 미군에게 사살당한 중공군의 시신.

장 알몬드 장군은 5월 18일 아침 8시에 미 8군 사령관 밴 플리트 장군과 통화를 했다고 한다.

미군과의 불화

알몬드는 그 통화에서 중공군 공격에 대응하기 위해 자신이 관할하는 지역이 아닌 한국군 3군단의 작전에는 개입하지 않겠다는 입장을 분명히 밝혔다고 한다. 박절하다 싶은 태도로 비칠 수 있겠으나, 자신이 이끄는 부대의 생존이 걸린 중대 결정을 이끌어야 하는 전선 지휘관으로서는 크게 나무랄 수도 없는 태도였다.

알몬드의 그런 태도에서 미 10군단과 한국군 3군단의 불화를 어느 정도 읽을 수 있다. 이는 생사生死를 걸고 적에 맞서서 함께 싸워야 하는 전선의 우군友軍 입장에서는 가장 바람직하지 않은 요소다. 어깨를 함께 걸고 싸우는 우군 사이에는 서로의 신뢰가 무엇보다 더 중요하다.

알몬드 장군을 전적으로 비호할 수는 없지만 전력과 화력, 나아가 전투 경험에서도 우리와는 비교할 수 없을 정도인 미군의 신뢰를 얻어내지 못했다고 한다면 이는 3군단장 유재흥 장군의 매우 큰 실수라고 할 수 있다. 엎친 데 덮친 격으로 국군 3군단의 상황이 최악을 향해 다가갔던 이유의 하나다.

그런 이유로 9사단장의 철수 건의는 3군단의 승인을 얻어내지 못했다. 군단 차원의 조치가 내려지지 않자 9사단장 최석 장군은 후방의 중공군에게 길목을 차단당하는 것을 우려해 야포와 차량 등 기동 장비를 먼저 철수시켰다고 한다. 후방으로 이동하는 일에 앞서 먼저 해당 지역으로 가서 필요한 설비 등을 마련하는 부대를 보내기도 했다. 그러나 이들은 오마치 고개에서 더 이상 나아가지 못하고 길을 되돌아왔다.

부대가 종국에는 벗어나야 할 막바지 길목, 오마치 고개가 중공군에게 이미 점령당했다는 사실은 매우 충격적이었을 것이다. 퇴로가 막혔다는 점은 죽음을 감수해야 한다는 의미이기도 했다. 사단장은 그런 상황을 파악한 뒤 새벽 4시에 전 부대의 철수를 명령했다.

그 시점에 지휘관은 심각한 고민을 해야 했다. 무조건 밀려 내려갈 것이냐, 아니면 오마치 고개를 돌파해야 할 것이냐, 그게 아니면 목숨을 내던져 앞에서 다가오는 중공군과 뒤로부터 공격하는 중공군에 맞서 싸워야 할 것이냐 하는 점을 따져야 했을 것이다.

이미 상황은 돌이킬 수 없을 정도로 혼란스러웠다고 한다. 사단의 전술지휘소가 있던 후방 용포에 9사단 예하 부대가 도착한 시점은 17일 오전 10시 무렵이었다. 길 중간에서 예하 부대들은 중공군에게 자주 공격을 당했다. 중공군 공격이 잠잠해지면 다시 집결해 움직였으나 대부분은 아예 본대로 돌아오지 않았다고 육군본부의 전사는 적고 있다.

그런 분위기가 지배적이었던 듯하다. 적 앞에서 아예 싸울 의지를 간직하지도 못하는 상황 말이다. 이를 후퇴라고 해야 옳을까, 아니면 철저한 와해라고 해야 맞을까. 후퇴는 엄연한 작전이다. 나름대로 체계를 지니면서 목표를 세워둔 채 질서 있게 움직이는 일이 후퇴다. 당시의 9사단은 그런 점에서 후퇴라고 하기는 어렵다. 그때 9사단은 이미 마음으로, 행동으로 무너지고 있었던 듯하다.

후퇴로가 막혀 닥친 혼란

3사단도 급속 와해

국군 3군단을 구성하는 또 다른 사단은 3사단이었다. 9사단 오른쪽으로 서서 다시 그 동쪽으로는 내가 이끌던 국군 1군단과 어깨를 나란히 하고 있던 부대였다. 우리 1군단과의 경계 지점은 가리봉이라는 산이었다. 그 가리봉을 정점으로 동쪽 능선으로는 1군단의 수도사단이 전선을 형성하고 있었다.

이곳의 전면에는 중공군이 나타나지 않았다. 북한군 5군단이 3사단의 전선에 출몰해 공격을 벌일 참이었다. 당시 3사단은 개전 초기에 뛰어난 방어력을 발휘했던 김종오 장군이 이끌고 있었다. 3사단은 북한군의 공세 조짐을 일찍부터 알고 있었다. 북한군의 이동이 3사단의 척후에게 잡혔기 때문이었다.

따라서 3사단의 경계심은 느슨하지 않았다. 접전이 벌어지기 전에 생포한 북한군 포로를 통해 북한 5군단의 공세가 이 가리봉 지역을 향하리라는 점을 미리 알아챘기 때문이었다. 북한군은 그런 예상대로 중공군의 대규모 공세가 벌어지기 직전인 5월 15일에 공격을 펼쳐왔다. 3사단은 그런 북한군 공세를 잘 막았다. 5월 17일 이른 새벽까지의 상황은 그랬다.

그러나 북한군도 이번에는 만만치 않았다. 동이 틀 무렵에는 3사단의 일부 진지가 북한군에 의해 점령당했다. 전면을 돌파하는 데 성공한 북한군 부대는 중공군과 흡사한 종심기동을 벌였고, 3사단의 몇 지휘소는 침투한 북한군의 공세에 흔들리기도 했다. 그러나 3사단은 흩어지거나 깨지는 분산分散의 상황에는 몰리지 않았다.

나름대로 차분하게 접전을 벌이면서 대오를 그런대로 유지하고 있었다. 그러나 곧 3사단에게 맑은 하늘의 번개와도 같은 충격적인 소식이 계속 날아들었다. 왼쪽으로 인접한 9사단이 대규모 중공군 공세에 밀려 후퇴 중이라는 점, 군단의 유일한 보급로인 오마치 고개가 중공군에게 빼앗겼다는 소식 등이었다.

이런 경우에는 매우 거대한 공황심리가 부대를 휩쓸기 마련이다. 그 점은 어느 나라, 어느 군대에게도 마찬가지다. 옆에 서서 함께 적을 맞아 싸우는 아군 부대가 물러섰다는 사실은 자신의 한쪽 어깨가 텅 비어버렸다는 점을 말해준다. 적군은 그런 틈을 파고 들어와 내 후방을 깊숙이 위협할 수 있다.

현리로 도망친 국군

전면에 선 적, 한쪽 빈틈을 타고 들어와 후방으로 들어서는 적은 전선에 선 군대에게는 치명적이다. 전면과 후면에서 적들은 아군을 포위할 수 있기 때문이다. 적이 주변을 모두 에워싸는 포위의 상황에 닥치면 부대는 자칫 잘못할 경우 전멸全滅까지 각오해야 한다. 독 안에 든 쥐의 형국에 놓여 적의 다면多面에 걸친 공격을 허용할 수도 있는 까닭이다.

상황은 매우 어려워지고 있었다. 3사단장 김종오 장군은 9사단장 최석 장군으로부터 9사단의 후퇴와 오마치 고개의 피탈被奪 소식을 전해 들었다고 한다. 그러나 추가적인 정보가 풍부했으리라고는 보이지 않는다. 모든 상황이 적의 침투와 발 빠른 기동으로 인해 혼란으로 치닫고 있었기 때문이다.

그런 상황에서 3사단장은 3군단 전체가 위험한 상황에 놓였다고 판단했던 모양이다. 중공군과 북한군에 의해 여러 방면에서 포위를 허용했다고 봤을 것이다. 그에 따라 3사단장은 5월 17일 오전 8시 무렵에 전 사단 병력에게 철수명령을 내렸다고 한다.

3사단이 뒤로 물러설 경우 모이는 지점은 현리였다. 그 점은 9사단과 마찬가지였다. 인제 일대에서 적을 맞이했던 3군단 전체가 적의 거센 공격에 밀려 후퇴를 한다면 병력의 이동로는 아주 뻔했다. 현리에 모여들어 유일한 후퇴로인 오마치 고개를 통과해 창촌이나 속사리, 또는 그 남쪽의 하진부리로 빠져 나가는 수밖에 없었다.

3사단은 사단장의 명령에 따라 철수에 나섰다. 23연대가 엄호를 맡고 있는 사이에 18연대가 먼저 길을 나서고, 그 뒤를 따라 22연대가 이동하는 순서였다. 이들은 17일 오후 1시 무렵에 현리 길목에 들어섰다고 국방부 『6.25전쟁사』는 소개하고 있다.

국군 3군단 예하의 9사단 병력과 3사단 장병이 현리에 도착할 무렵에 적은 활발하게 기동 중이었다. 중공군은 일찌감치 오마치 고개를 점령한데 이어 후속 병력이 계곡을 종심으로 이동해 그 뒤를 따라 도착했다. 북한군의 기동도 만만치 않았다고 한다. 국군 3사단 22연대의 방어지역을 돌파한 북한군 6사단 1연대도 현리를 향해 이동 중이었다.

당초 국군 9사단은 현리 남쪽에 있는 용포라는 곳을 향해 철수할 작정이었다. 그러나 용포에는 이미 중공군의 그림자가 얼씬거리고 있

미 항공우주 박물관 자료 사진이다. 6.25전쟁 중 한국의 농민들이 부상자를 실어 나르는 미군 헬기를 바라보고 있다.

었다. 9사단 예하 부대 병력들은 사단 전술지휘소가 있던 용포에 도착했다가 중공군이 나타나 사격을 가하자 다시 사방으로 흩어졌다. 당시 시간이 5월 17일 정오 무렵이었다고 한다.

용포까지 철수했다가 공산군의 사격을 받고 다시 북쪽으로 이동한 9사단 예하 부대는 거듭 현리에 모일 수밖에 없었다. 5월 16일 공세를 벌인 뒤 줄곧 동남쪽으로 종심기동을 벌인 중공군 부대가 벌써 용포와 오마치 고개를 점령하고 있었다는 얘기다.

따라서 당시의 형국을 간단하게 설명하자면 이렇다. 후방을 차단해 한국군의 유생有生역량을 대규모로 섬멸코자 벌였던 중공군 공세는 상당한 성공을 거둬 오마치 고개와 용포 일대는 벌써 중공군의 차지로 변했다. 북쪽에서도 중공군의 후속 부대가 공격을 벌여왔고, 한국군 3사단 전면의 북한군 또한 종심기동과 함께 전면에서 아군을 압박했다. 따라서 한국군은 현리 일대로 집결 중이었고, 동쪽 전면을 제외한 다른 3면이 적에게 모두 둘러싸일 수도 있는 상황이었다.

마지막 공격 시도

그런 점을 감안하면 이제 가장 중요한 곳은 바로 현리였다. 이곳에는 3군단 직할 부대, 군단 예하의 9사단과 3사단 병력이 모두 모여들고 있었다. 아울러 내가 이끌고 있던 1군단 예하 수도사단의 일부 병력도 그 안에 섞여 있었다고 한다. 그와 함께 가장 먼저 전선을 무너뜨리고 후퇴했던 국군 7사단의 일부 병력도 합류한 상태라고 했다.

이런 상황에서 벌어진 다음 장면이 바로 '현리 전투'다. 결론부터 말하면, 이 전투에서 우리는 허무하다고 해도 좋을 정도로 무너지고 말았다. 그 직후에는 신임 미 8군 사령관 밴 플리트 장군에 의해 3군단은 해체의 운명에 들어선다. 그런 가혹한 결과를 맞이하기 전 현리 일대는 무질서와 혼돈의 상태였다고 우리 전사는 적고 있다.

3군단의 각 부대와 국군 7사단, 수도사단의 일부 병력까지 모두 모여 들었던 현리의 도로에는 철수를 서두르며 길을 나섰던 각 부대의 트럭이 즐비하게 늘어서 있었다고 한다. 아울러 각 부대의 장병들 또한 길거리에 각자 모여들어 상황에 대한 정보를 주고받기에 바빴다고 한다.

오마치 고개가 중공군에 의해 점령당했다는 사실을 처음부터 알고 있었던 사람들은 각 부대의 고위급 지휘관들이었다. 그러나 현리에서 뒤로 더 이상 후퇴할 수 없는 상황을 맞았던 각 부대 장병들도 곧 오마치 고개를 중공군에게 빼앗겼다는 사실을 알 수 있었다고 한다. 따라서 그로부터 현리 일대에 모여든 국군 병력은 커다란 불안감과 공포에 휩싸이고 말았다는 것이다.

불행 중 다행이라고 할까. 북한군이 후속(後續)하지 못한 지역이 하나 있었다. 국군 3사단 정면을 돌파해 종심기동에 나섰던 북한군 5군단은 국군 3사단과 국군 1군단 예하 수도사단의 전투지경선인 가리봉까지 진출하는 데는 일단 성공했다. 그러나 북한군은 체력이 달렸던 모양이다.

그들은 가리봉까지 진출한 뒤 험준한 산악지역을 넘어 남쪽으로더 기동한 뒤 오마치 고개까지 닿는 데 실패했다. 북한군 5군단이 가리봉을 넘어 남쪽으로 더 내려와 오마치 고개를 선점한 중공군 20군과 연결하는 작전에 성공했다면 국군에게는 그야말로 거대한 재앙일수 있었다.

북한군 5군단이 그 작전을 성공시켰다면 현리에 모여든 국군에게는 남쪽을 향한 탈출구가 모두 막히는 결과로 이어질 수 있었기 때문이었다. 그럼에도 현리에 모여 들었던 국군에게는 불안감과 공포심이 깊어지고 있었다. 북한군 기동에서 나타난 문제는 나중에야 알 수 있었던 일이고, 당시로서는 남쪽으로 대규모의 병력을 이동시킬 수 있는 오마치 고개에 우선 눈길이 가 있었기 때문이다.

국군으로서는 가장 좋은 방법이 이 오마치 고개를 공격해 그곳을 점령하고 있던 중공군을 물리친 다음 안전한 철수로를 확보하는 일이었다. 그러나 그곳에는 종심기동으로 발 빠르게 움직였던 중공군 거대 병력이 들어차 있던 상황이었다. 그럼에도 절박한 심정의 국군은 우선 그곳을 타격할 수밖에 없었다.

중공군에 역공을 펼칠 생각이 없었다

먼저 사라진 군단장

인제에서 내린천이 흘러내리면서 이뤄진 비교적 넓은 땅이 현리 일대였다. 주변의 다른 지형이 강원도 특유의 산악과 계곡으로 이어지는 경우와는 조금 달랐다. 그러나 1951년 5월 17일 정오 무렵을 넘기면서 이곳은 이루 다 형용할 수 없는 불안감으로 가득 찼던 듯하다.

중공군과 북한군 공세에 밀려 철수해야 했던 국군으로서는 유일한 탈출구인 남쪽의 오마치 고개가 중공군 진지로 변해 있는 상황의 심각성을 현리에 도착한 뒤 체감할 수 있었다. 결국 오마치 고개를 다시 확보하기 위한 공격의 채비를 다지지 않을 수 없는 상황이었다. 북쪽에는 거대한 중공군 병력이 공격을 이어갈 기세였고, 남쪽은 좁은 고개를 중공군이 이중삼중으로 차단해 놓은 상태였다.

3군단을 이끌고 있던 유재흥 장군이 현리에 나타난 시점은 17일 오후 2시 무렵이었다고 국방부의 『6.25전쟁사』는 소개하고 있다. 그는 예하 3사단장과 9사단장 등을 불러 작전회의를 열었다고 한다. 작전 목표는 오마치 고개 탈환이었다. 그 좁은 고개를 다시 뚫어 중공군 병력을 제거한 뒤 군단 전체의 안전한 철수를 도모한다는 내용이었다.

그러나 생각처럼 수월할 수는 없었다. 이미 30km를 이동한 중공군

20군 예하의 각 사단이 속속 이곳에 도착한 뒤였고, 현리에 모여 들었던 한국군의 역량을 소멸시키기 위해 그들은 이미 고개 전면과 중심, 후면에 병력을 중첩적으로 배치한 뒤였기 때문이었다. 따라서 3군단으로서는 고민에 고민을 거듭해야 했던 상황이었다.

유재흥 군단장은 작전 경험이 상대적으로 풍부했던 3사단장 김종오 장군에게 작전의 지휘권을 위임했다. 그는 몇 가지에 달하는 작전 명령을 하달한 뒤 그날 오후 3시 30분 경 현리 내린천 주변의 간이 비행장에서 경비행기에 올라타고 하진부리의 3군단 전술지휘소로 복귀했다.

이 점은 뒤에서 다시 따져 볼 일이다. 군단 전체가 죽느냐 사느냐의 중요한 기로였다. 그럼에도 군단장은 먼저 그곳으로부터 빠져 나왔다. 잘한 일일까. 아니면 비겁한 행동이었을까. 대부분은 유재흥 군단장의 처신을 커다란 문제로 삼는다. 그로부터 한 걸음 더 나아가, 현리 전투의 최대 책임을 그에게서 묻는 사람도 있다.

그 점은 나중에 다시 적을 기회가 있을 것이다. 아무튼 3군단 전체의 운명이 걸린 다급한 상황에서 유재흥 군단장은 오마치 고개에 대한 공격 명령을 내렸다. 군단 전체의 철수 목표지는 창촌리였다. 그곳으로 다시 모여 다음의 작전을 도모코자 한다는 내용이었다. 9사단과 3사단에게도 비슷한 공격 명령을 내렸다. 9사단이 먼저 공격에 나서고, 그를 엄호하면서 3사단도 함께 이동한다는 내용이었다.

마지막 반격 시도

아무리 생각해도 이는 엎질러진 물과 같았다. 수습을 하려고 해도 물은 이미 엎질러져 중요한 무엇인가를 적셔버리고 말았다. 사실, 이런 상황이라면 어느 누가 나서도 수습하기가 어려웠다. 중공군 공세에 밀려 허겁지겁 쫓겨 내려온 장병들의 사기는 떨어질 대로 떨어진 상태였을 것이다. 군단과 각 사단 지휘부의 정보 계통도 상황을 온전히 파악할 수 없을 정도로 혼란스러웠다.

나라면 그 때 어떻게 했을까. 자주 생각을 했던 대목이다. 나 또한 어쩔 수 없었을 것이다. 여러 역량을 따져도 나 역시 그들과 비슷했기 때문이다. 그러나 역량만의 문제는 아니었다. '마음'이라는 측면에서 따져본다면 크게 아쉬운 부분이 하나 있다. 후퇴가 아니라 전진을 선택했으면 어땠을까 하느냐는 점이다.

군대는 아주 오랜 기간 전술과 전기戰技를 반복적으로 익히다가 우리의 생명과 안위를 위협하며 다가서는 적을 향해 나아가 싸우는 존재다. 그런 싸움에서의 커다란 전제가 바로 내 목숨을 던지는 일이다. 죽기를 각오하고 싸움에 나서는 사람들이 바로 군인이다.

그런 원칙에 충실할 줄 알았다면 현리에서의 참혹하다 싶은 패배는 생겨나지 않았을지도 모른다는 게 내 생각이다. 특출한 기개와 영웅적인 심리를 지니자는 것은 아니다. 그저 군복을 입었다면 적과 싸우다가 죽는다는 각오만큼은 있어야 했다는 얘기다. 60여 년 전의 현리 상황이 바로 군인으로서 목숨을 걸어야 할 때였다는 생각이다.

그러나 말처럼 쉬운 것은 없다. 아주 혼란스러운 상황을 지휘해 사기를 추스르고, 병력을 신속하게 재편하면서 거꾸로 적에게 맞서 싸울 만한 시간적 여유가 그 때 3군단장과 3사단장, 9사단장에게는 없었던 듯하다. 결국 그렇게 해서 국군의 참패는 현실로 나타나고 만다.

3사단장 김종오 장군의 지휘 아래에 두 사단은 오마치 고개 공격

육군참모총장 시절의 나(왼쪽에서 둘째)와 유재흥 당시 참모차장(오른쪽에서 둘째)이 함께 촬영했다.

을 위해 각 1개 연대를 선발한다. 다급한 상황에서도 마지막 공격을 시도하는 국군의 노력이었다. 두 사단장은 5월 17일 오후 5시경 공격 계획을 예하의 연대에 하달했다. 그러나 세부계획은 없었다고 한다. 따라서 처음부터 자신이 없었던 계획이었을지 모른다.

국방부의 『6.25전쟁사』는 당시의 상황을 이렇게 적고 있다. "사단 의 오마치 고개 공격계획에 따라 국군 9사단 30연대는 3대대가 오마 치 고개를 공격하기 위한 주요 지형인 736고지를 무혈점령했다. 그런 데 785고지를 점령하기로 한 1대대, 3대대가 내린천을 따라 남하하다 가 방태산으로 퇴각하고 말았다. 그러자 사단 전체가 방태산으로 퇴 각하기 시작했다. 이것이 방태산으로, 광원리로, 을수재로 연달아 군 단이 퇴각하게 된 비극의 서막이었다."

군단 전체는 이미 마음이 허물어진 상태였을지 모른다. 앞에서도 적었듯이, 현리 일대를 향해 퇴각하던 9사단 장병들은 중간에서 중공군의 사격을 받았을 때 순간적으로 대오가 무너졌다. 흩어졌다가 다시 모여야 했는데, 대오에서 이탈한 제법 많은 장병들이 다시는 돌아오지 않았다고 한다.

9사단과 3사단, 군단 직할부대, 7사단과 수도사단의 장병들이 모두 현리에 모여 들었을 때도 "오마치 고개를 중공군에게 빼앗겼다"는 소문이 돌면서 국군 장병들의 마음에는 이미 커다란 공포심이 자리를 잡았다고 한다. 그런 공포심을 잠재울 수 있는 강력한 지휘력이 부재한 상태에서 위기가 다시 한 번 도지면 이는 아군 대오의 커다란 붕괴로 이어질 수밖에 없었다.

장비 버리고 산으로

다음 상황도 따라서 마찬가지였다. 오마치 고개 탈환을 위해 나섰던 9사단 30연대가 허무하게 흩어지고 나자 그를 엄호하면서 후속 공격을 펼치려던 3사단 18연대 또한 마찬가지의 상황에 직면하고 말았다. 9사단 병력이 방태산으로 도주하는 상황을 지켜본 3사단장 김종오 장군 또한 퇴각을 먼저 생각할 수밖에 없었다.

결국 이튿날 새벽 3시 30분경에 당시 상황을 지휘하고 있던 김종오 3사단장은 예하 부대에게 철수명령을 내리고 말았다. "모든 장비를 파괴하고 방태산을 지나 창촌으로 철수하라"는 내용이었다고 한다. 씻을 수 없는 치욕스런 참패의 막이 드디어 올라가고 말았다.

군단의 전체적인 형편으로 볼 때 당시 9사단과 3사단은 중공군과 직접 맞서 싸우다가 돌이킬 수 없을 정도의 패배를 당하지는 않은 상태였다. 접전이라고 할 수 없을 정도의 교전交戰이 있었을 뿐이었다.

7사단이 급속히 무너지는 바람에 전선의 옆이 뚫려 포위의 상황에 빠지는 게 두려워 현리로 퇴각했을 뿐인 상황이었다.

따라서 9사단과 3사단 모두는 병력 손실이 많지 않았고, 화력 또한 정상 수준 정도를 유지하고 있었을 상황이었다. 그럼에도 이들은 무너지고 또 하염없이 무너졌다. 싸우다가 죽는다는 마음만 움켜잡았다면 그런 패배는 기록하지 않았을지 모른다. 그러나 두려움에 휩싸인 대오는 그런 각성覺醒의 여유를 찾을 수 없었던 듯하다.

3군단은 처참하게 무너지고 있었다. 각자 살 길을 찾아 발을 디디는 그들의 마음에는 그 두려움에서 어떻게 해서든지 벗어나고 말겠다는 강력한 욕구 외에는 달리 아무 것도 있을 수 없었다. 군단의 철수 대열에는 장병을 비롯해 노무자, 위문공연단 등도 함께 섞여 있었다고 한다. 이들은 마구 산을 오르기 시작했다고 한다.

다행이었던 점은 오마치 고개가 막힌 뒤 다른 탈출구가 하나 생겼다는 사실이다. 앞에서 적었듯, 북한군 5군단이 가리봉을 넘어 오마치 고개의 중공군과 연결을 시도하다 결국 실패했던 곳이었다. 그곳이 바로 방태산 일대였다. 방태산은 1,400m가 넘는 험한 산이었다.

그곳을 넘어 오마치의 중공군과 연결해 아군을 완전히 포위하려던 북한군의 작전이 실패하면서 방태산 방향으로 큰 구멍이 뚫린 셈이었다. 3군단 소속의 각 장병들은 철수 명령에 따라 공용화기와 장비를 파괴하거나 그대로 길에 버려둔 채 산을 넘었다.

뒤로 마구 내뺀 국군 3군단 본부

산 넘고 또 넘는 도주

중공군 5차 2단계 공세의 막바지 대규모 전투가 벌어진 곳이 바로 현리였다. 결과를 본다면, 중공군은 제 의도를 모두 달성하지 못했다. 서쪽으로는 미군 2사단에 막혔고, 동쪽으로는 국군 1군단의 신속한 방어를 뚫지 못했다. 그럼에도 현리에서의 전투만큼은 매우 성공적이었다.

그 공세로써 한국군 1개 군단을 무너뜨렸기 때문이다. 중공군 전사에 등장하는 오마치 고개 공략에 관한 기록에 따르면 중공군 선공부대는 반나절에 걸쳐 약 30㎞를 종심기동하면서 거의 1시간에 한 차례 이상 국군과 교전을 벌였다고 한다. 그러나 국군은 곧 물러나고 말았던 모양이다.

반나절 동안 30㎞를 이동할 수 있도록 중공군의 진격을 방치했기 때문이다. 그렇게 빠른 속도로 발걸음을 내딛는 중공군에게 국군의 저항은 아무런 힘으로 작용하지 못했다는 얘기다. 아무래도 싸우려는 의지를 한 데 묶지 못했던 3군단 예하 각 사단의 조직력이 문제를 드러냈다고 봐야 할 것이다.

그렇듯 느슨하게 묶여 있던 장병들의 의지는 퇴각 때에도 같은 모습으로 등장했다. 국군 장병들은 걸음을 내딛기도 어려울 정도로 수

풀이 가득한 방태산을 허겁지겁 올랐다. 전체적으로 이들을 이끌 지 휘통제력은 전혀 없었다고 한다. 그런 국군 장병들의 뒤를 중공군은 집요하다 싶을 정도로 추격했다는 것이다.

방태산을 넘을 경우 닿을 수 있는 곳이 광원리라는 곳이다. 방태산을 넘기 전 3군단 예하 각 장병들은 구두로 "산을 넘어 광원리에 모인다고 한다"는 말을 주고받았다고 한다. 따라서 무질서하게 흩어지며 산을 오르는 3군단 장병들에게는 어느덧 광원리가 1차 집결지였던 셈이다.

그러나 중공군은 국군 장병들의 뒤를 쫓아 함께 방태산을 오르고 있었다. 그런 중공군의 추격은 광원리까지 이어졌다고 한다. 국군으로 볼 때는 퇴각의 연속이었다. 방태산을 넘어 광원리로 가는 동안 중공군의 추격이 계속 이어지자 광원리에 도착한 장병들은 역시 무질서하게 창촌 쪽으로 퇴각했다고 『6.25전쟁사』는 적고 있다.

군대가 철수할 때는 최대한 접적接敵 상태를 유지하는 게 옳다. 뒤로 물러나면서도 적이 다가서면 교전을 벌이고, 상대에게 최대한의 희생을 강요해야 한다. 그로써 아군은 나름대로 전열戰列을 유지하면서 시간을 벌 수 있다. 상대는 그런 저항에 따라 희생이 발생하면 추격하려는 의지가 조금이나마 꺾일 수 있다.

집요한 중공군의 추격

따라서 등을 보인 뒤에라도 적절한 시점에 대오를 구축해 적을 향해 화력을 사용해야 한다. 한 번 등을 보인 뒤 그대로 아무런 저항 없이 뒤로 내뺄 경우에는 아군은 대오를 전혀 갖추지 못한 분산分散의 상황에 접어들어 커다란 피해를 감수해야 한다. 당시 기록을 보면 3군단 전체가 커다란 분산의 상태에 빠졌던 듯하다.

방태산을 넘은 3군단 병력은 광원리까지 중공군의 추격이 펼쳐지자 다시 창촌 방향으로 퇴각했다. 그러나 오마치 고개를 향해 일찌감치 종심기동을 한 뒤 주변 일대에까지 후속 병력을 배치한 중공군은 창촌을 그냥 놔두지 않았다. 5월 18일 오후 6시경에 중공군

한국전선에 막 부임했을 때 모습의 밴 플리트 미 8군 사령관.

은 이미 창촌 일대에 병력을 진입시키고 말았다.

아쉬운 대목이 또 드러난다. 국방부 『6.25전쟁사』는 3사단 18연대의 경우를 소개하고 있다. 이 부대는 꽤 유명했다. 3군단에서 가장 용맹하기로 이름이 나있던 부대였다고 한다. 그래서 연대 별명이 '백골白骨 연대'였다는 것이다. 이들은 방태산을 넘어 퇴각하면서도 일정하게 대오를 유지했다고 한다.

그럴 정도로 군기軍紀가 엄정했고, 정신력 또한 만만치 않았을 것이다. 그런 수준의 연대를 거느리고 있었다면 발길을 돌이켜 뒤를 쫓아오는 중공군에게 반격을 가할 수도 있었을 테다. 비참하게 쫓기느니 한 번 정면으로 붙어보자는 각오로 부대 장병들이 중공군에게 덤볐다면 어떤 결과를 얻었을까.

그러나 모두가 무너지고 있던 커다란 소용돌이 속이라면 이런 군기와 조직력을 지닌 백골 연대 또한 달리 방법이 없었을 것이다. 이들은 방태산을 넘어 창촌에 도착한 뒤 다시 이동하다가 중공군의 기습

을 받고 뿔뿔이 흩어지고 말았다. 2,000명 정도로 대오를 갖추고 강력한 전투력까지 지닌 연대마저 무질서한 퇴각의 흐름 속에서 모든 것을 잃었던 셈이다.

미 8군으로서는 긴급 상황이었다. 중공군 공세는 일정한 패턴 속에서 벌어진다는 것이 당시 미군 최고 지휘부의 판단이었다. 보급의 문제가 심각해 1주일 이상의 공세가 불가능하다는 점이 우선 큰 특징이었다. 그러나 국군 3군단의 와해 상황은 그런 판단과 믿음을 흔들 만큼 심각했다.

밴 플리트 미 8군 사령관은 3군단이 무너져 예하의 각 장병들이 방태산을 넘어 광원리와 창촌리로 마구 쫓기면서 커다란 혼란의 양상을 보일 무렵 특별 브리핑을 받았다고 한다. 『6.25전쟁사』는 당시 참모들로부터 특별 브리핑을 받은 밴 플리트 사령관이 "중공군의 공격이 완전히 멈출 때까지 반격을 개시하지 말라"는 지시를 내렸다고 소개하고 있다.

미 8군으로서도 한국군 3군단의 붕괴 상황에 더 이상 손을 쓸 수 없다고 판단했을 수 있다. 그럼에도 밴 플리트 사령관의 우려는 전혀 줄어들지 않았다. 우선 중공군의 공세가 곧 한계를 보일 것이라는 점은 알고 있었지만 아군의 최후 저지선까지 뚫릴 경우에는 상황이 더 심각해질 수 있었기 때문이다.

당황한 미 8군

곧 소개하겠지만, 밴 플리트는 그런 우려 때문에 경비행기에 올라타 지금의 용평까지 온다. 그곳에서 특별한 작전을 명령한다. 중공군의 공세 확대를 막기 위한 방책方策이었다. 그럼에도 3군단이 방태산을 넘어 이곳저곳으로 중공군에게 쫓기던 무렵에는 그로서도 달리 손을 쓸 방도가 없었던 것이다.

전사戰史 기록의 여러 내용을 따지면 당시의 밴 플리트 사령관은 두 가지 점에 주목했던 듯하다. 우선은 중공군이 정확하게 어디까지를 노릴 수 있느냐는 점이었다. 따라서 그는 중공군의 위치 정보에 상당한 관심을 기울였다고 한다. 기존의 중공군 공세에 관한 믿음이 맞느냐를 지켜본 셈이었다.

다른 하나는 한국군의 능력이었다. 『6.25전쟁사』에 따르면 밴 플리트는 3군단장 유재흥 장군을 직접 호출해 "하진부리 일대에서 더 이상 철수하지 말고 적을 저지하라"는 명령을 내렸다고 한다. 모든 전선을 이끌고 있는 미 8군 사령관으로서 설정한 최후의 저지선이었다. 그는 이 저지선이 지켜지느냐를 유심히 보고 있었던 것이다.

그러나 이런 기대와는 전혀 다른 일이 벌어지고 있었다. 저항이 없는 국군의 퇴각과 도주만이 이어졌다. 중공군은 쫓기는 한국군의 뒤를 집요하게 따라다니면서 작전을 펼쳤다. 광원리에서 창촌리로 향하는 도로를 차단했고, 주변의 주요 고지를 선점해 한국군의 섬멸을 기도했다.

산을 넘은 9사단은 광원리에 이어 창촌리까지 중공군이 점령한 사실을 알고 급기야 3군단 전술지휘소가 있던 하진부리로 퇴각할 계획을 세웠다. 이리저리 몰리는 형국이었다. 중공군은 그런 3군단의 모습을 조용히 지켜보면서 대오에서 떨어지는 낙오병을 포로로 잡거나 사살하면서 계속 뒤를 밟았다.

3군단 전체 병력은 오대산에서 하진부리, 소계방산에서 하진부리, 계방산에서 하진부리로 이어지는 길로 쫓겼다. 『6.25전쟁사』는 그렇게 길을 나눠 퇴각한 3군단 첫 병력이 하진부리에 도착한 시점이 5월 19일 오후 3시경이라고 소개하고 있다. 그러나 하진부리에도 중공군의 병력이 곧 닥칠 기세였다. 국군 부대들의 저항은 역시 미미했다.

5월 20일 밤 중공군의 많은 병력이 평창과 홍천의 경계에 서있는 높은 고개 운두령雲頭嶺을 넘어 속사리 북쪽으로 진출했다. 3군단 지휘소가 있는 하진부리를 직접 위협할 수 있는 곳이었다. 전날인 19일 흩어져 내려오던 3군단 주력은 이곳 운두령에서 중공군 1개 연대와 교전을 벌인 뒤였다. 그러나 어두운 밤을 이용해 중공군은 그 운두령을 넘고 말았던 것이다.

그런 중공군을 피하기 위해 3군단은 새벽 4시 30분경 하진부리로부터 다시 퇴각해 동쪽에 있는 횡계로 이동했다. 밴 플리트 미 8군 사령관이 "더 이상 물러나지 말라"는 선을 넘고 말았던 것이다. 3군단의 퇴각 소식을 받은 밴 플리트는 매우 화가 났을 것이다. 용납할 수 없는 수준의 전투력을 보인 3군단에게 밴 플리트가 취한 조치는 무엇일까. 그러나 그런 조치만을 생각하기에는 상황이 아주 다급했다.

계급장과 무기 버리고 도주

처참했던 손실

3군단은 더 이상 전투를 치를 수 없을 정도로 무너져 있는 상태였다. 5월 20일 상황에서 잔여병력을 모두 수습한 결과 3사단은 전체 병력의 34퍼센트, 9사단은 40퍼센트 정도에 불과했다. 전체 병력의 3분의 1을 잃어도 그 부대는 건제를 유지하며 전투를 수행할 수 없다. 따라서 이 정도의 손실을 기록했다면 3군단의 2개 사단은 전투력을 완전히 상실한 셈이었다.

방태산과 그 남쪽의 계방산 등을 넘고 또 넘으면서 중공군에게 쫓겼던 상황은 참상慘狀이라고 적어도 좋았다. 3사단장, 9사단장은 목숨을 건졌지만 잃은 것이 너무 많았다. 연대장과 참모들도 대부분은 계급장을 떼고, 손에 쥔 무기마저 버린 채 산을 넘어 쫓겼다.

그러나 3군단 와해 자체도 심각한 문제를 제기했지만 그 이후의 상황이 더 우려할 만했다. 중공군은 3군단 지휘소가 있던 하진부리를 직접 위협할 수 있는 속사리까지 진격했다. 서울과 강원도를 잇는 지금의 영동고속도로 노선의 한 구간이다. 중공군의 공세가 더 이어질 경우에는 어떤 결과가 나타날까.

그들은 당시 내가 있던 1군단의 강릉으로 공세를 지향할 수 있었다. 내가 주둔하던 무렵의 강릉에는 미 해병대 비행장이 있었다. 작전 수행에 필요한 미 해병대의 물자와 화력, 장비 등이 산더미처럼 쌓여 있던 곳이었다. 아울러 보급에 문제를 드러내는 중공군이 강릉 지역을 점령한다면 그들은 그곳에서 식량과 화력을 보충할 수 있었다.

따라서 중공군 공세에 맥없이 물러난 3군단만을 탓하고 있을 수 없는 상황이었다. 저들의 공세확대를 저지하기 위한 특단의 조치가 필요했던 시점이었다. 한국군 3군단은 중공군에게 패주하면서 횡계를 거쳐 다시 영월로 이동하고 말았다. 밴 플리트가 간곡하게 지시한 최후의 저지선을 넘어 거듭 물러서고 말았던 것이다.

5월 21일이었던 것으로 기억한다. 미 8군 사령부로부터 내게 급한 연락이 왔다. 강원도 용평으로 와서 작전회의에 참석하라는 전갈이었다. 나는 누가 작전회의를 주재하는지도 모른 채 미군 군용기를 빌려 타고 용평으로 향했다. 경비행기가 대관령을 넘을 때였다. 비행기 창문 너머로 시커먼 연기가 피어오르고 있었다. 현리에서 벌어진 전투의 현장이었다. 미군 공군기들이 부지런히 현리 쪽으로 다가서면서 폭격을 퍼붓고 있었다.

한국군 3군단이 물러나면서 두고 왔던 장비와 물자를 파괴하기 위해서였다. 그로부터 번지는 시커먼 연기가 너무 거대해 화학공장에서 화재가 발생했을 때의 수준이었다. 나는 잠시 3군단의 패퇴를 마음속으로 새겼다. 어쩌다 이 지경에까지 이르렀을까. 그러나 비행기는 곧 용평 비행장에 도착했다.

먼저 도착한 이가 있었다. 미 3사단의 유진 라이딩스 장군이었다. 그는 밴 플리트 사령관이 유사시에 대비해 8군 예비로 뒀던 미 3단의 병력을 이끌고 경기도 광주에서 강원도로 급히 이동한 상태였다. 그 역시 나처럼 미 8군의 작전회의 참석 통보를 받은 뒤 용평에 도착했던 것이다.

단호했던 밴 플리트

얼마 뒤 먼 하늘에서 L-19 경비행기 두 대가 나타났다. 비행기 한 대
는 적의 공격을 받았던 탓인지 후미에서 기름이 새어나가면서 생기는
흰 연기를 뿜고 있었다. 곧 비행기 두 대가 활주로에 내려앉았다. 키가
훌쩍 큰 미군 장성이 얼굴을 드러냈다. 밴 플리트 신임 미 8군 사령관
이었다.

　나와는 초면이었음에도 수인사조차 제대로 나눌 틈이 없었다. 그는
표정이 무척 굳어 있었다. 한국군 3군단의 무기력한 패퇴로 전선의 위
기가 지금까지와는 사뭇 다른 차원으로 번지고 있었기 때문이었을 것
이다. 그는 부관을 시켜 지프 본닛 위에다가 작전지도를 펴도록 했다.

밴 플리트의 강력한 지시로 1군단 병력은 곧 대관령으로 출동했다. 그 현장을 지켜보고 있는 나(가운데 앉은 이).
그 앞에서 턱에 손을 대고 있는 사람이 1군단 예하 수도사단장 송요찬.

나와 유진 라이딩스 장군이 그의 옆에 섰다. 선 채로 벌어지는 작전회의였다. 밴 플리트 사령관은 나와 유진 라이딩스에게 지도를 가리키면서 이렇게 말했다. "지금 상황이 매우 심각하다. 전선에 큰 포켓(주머니)이 생기고 말았다. 길게 늘어진 양쪽을 막지 못하면 상황이 아주 나빠진다. 두 사람이 중공군의 공격을 반드시 막아야 한다"고 했다.

그는 이어 나와 유진 라이딩스 장군을 번갈아 바라보면서 "적에게 최대한 응징을 가해야 한다"고 강조했다. 이어 밴 플리트 장군은 한국군 3군단 이야기를 꺼냈다. "중공군에게 저항을 펼치면서 후퇴하라고 여러 번 강조했다. 그럼에도 3군단은 전혀 그렇게 하지 못했다"고 했다. 깊은 분노를 담은 내용이었다.

그는 이어 구체적인 작전지시를 했다. 작전지도를 보면서 공격방향을 이야기했다. 우리 1군단에게는 대관령에서 서북 방향으로 공격을 펼치라고 지시했다. 유진 라이딩스 장군에게는 하진부리에서 동북 방향으로 공격을 벌이라고 했다. 그의 지시는 매우 명쾌했다. 나는 공격 개시 시점을 물었다. 그러자 밴 플리트는 나를 똑바로 응시하면서 "지체 없이Without delay!"라고 했다.

서울과 강릉을 잇는 도로를 당시는 경강京江도로라고 불렀다. 그 중간의 속사리까지 진출한 중공군이 강릉을 향해 움직일 것은 뻔해 보였다. 나로서도 위기감이 한껏 높아져 있던 상황이었다. 어떻게 해서든 중공군의 공세를 꺾어야 하는 상황이었다. 밴 플리트와의 작전회의는 10여 분 정도로 끝이 났다.

나는 곧장 비행기에 올라타 대관령을 넘어 군단본부로 왔다. 머릿속으로 작전을 짰다. 속사리까지 도달한 중공군을 꺾기 위해서는 대관령이 안성맞춤이었다. 그러기 위해서는 현재의 군단 배치 부대를 전체적으로 조금씩 대관령 쪽을 향해 움직여야 했다.

　수도사단의 1연대를 먼저 움직여 대관령으로 급히 보내 길목을 막아야 했다. 아울러 수도사단의 전면을 서쪽으로 조금 이동시키고, 동쪽의 11사단을 역시 서쪽으로 조금씩 움직여야 했다. 그럴 경우 가장 동쪽으로 해안과 접한 공백이 생길 수 있는데, 그곳은 군단 예하의 1101 공병단으로 채우면 된다는 생각을 굳혔다.

1군단을 움직이다

나는 나름대로 중공군과 싸웠던 경험이 있었다. 그러나 1군단의 주요 지휘관들은 그런 경험이 거의 없었다. 나는 군단본부에 돌아와 회의를 소집했다. 지금까지의 모든 상황을 설명한 뒤 밴 플리트의 명령을 전하면서 급히 움직이도록 했다. 물론 비행기를 타고 오면서 구상했던 내 작전 방향도 설명했다.

　지금 곧장 움직인다면 중공군이 대관령으로 다가서기 전에 우리가 길목을 차지한 뒤 유리한 작전을 펼칠 수 있었다. 참모들과 각급 지휘관들이 신속하게 움직이고 있었다. 계획대로라면 수도사단 1연대는 곧장 출동해 3시간 만에 대관령의 요지를 확보할 수 있었다. 그런데 어쩐지 수도사단 1연대의 출동 소식이 오지 않고 있었다.

　오후 3시 무렵이었다. 작전참모인 공국진 대령이 전화를 걸어왔다. 그는 매우 흥분한 목소리로 "송요찬 장군이 1연대를 움직이지 못하도록 하고 있습니다. 이것은 항명입니다!" 수도사단장이 문제를 일으키고 있었다. 그는 사단 전면을 서쪽으로 이동시킨다면 사단 방어지역 전체가 위협을 받을 수 있다는 점을 이유로 내세우고 있다고 했다.

국면局面 전체에 대한 이해가 없었던 것이다. 수도사단은 앞에서도 얘기했듯이 개전 이래 주요 전쟁터가 동부지역의 산간과 협곡이었다. 전선을 넓게 바라보는 시야가 없을 수 있었다. 그럼에도 답답하고 울화가 치밀었다. 군단 차원의 작전, 나아가 미 8군 지휘하의 다급한 작전이 벌어지던 참에 생뚱맞은 항명이기도 했다.

그러나 작전에 관한 이해만이 아니었다. 묘한 라이벌 의식도 있었으리라고 나는 생각했다. 나이도 비슷했고, 전쟁터 경력에서도 그는 자부심이 높았다. 그러나 이런 점 역시 그의 당시 행위를 덮을 만한 명분은 아니었다. 다급한 상황에서 개인적인 감정을 내세우는 것도 우스웠다.

나는 잠시 더 기다려 보기로 했다. 큰 싸움을 앞에 둔 상태에서 구성원들끼리 내분을 일으킨다는 것은 절대 해서는 안 될 일이었다. 게다가 실제 전투에 나서는 사단장을 제대로 아우르는 일이 군단장의 몫이라는 생각도 했다. 그러나 시간이 자꾸 흘렀다.

참다못한 공국진 대령은 "연약한 지휘방식이다. 소장으로 남을 것이냐, 아니면 명장으로 남을 생각이냐"며 나를 다그쳤다. 그러나 끝내 송요찬 사단장은 움직일 기미를 보이지 않았다. 나는 권총을 허리에 찼다. 그리고 미 군사고문을 불렀다. 그와 함께 지프에 올라타고 수도사단 본부로 향했다.

중공군을 사냥하다

항명 접은 수도사단장

허리에 찬 45구경 권총이 지프가 들썩일 때마다 흔들렸다. 권총을 찰 수도 있었고, 차지 않을 수도 있었던 상황이었다. 그럼에도 나는 권총을 찼다. 아울러 글렌 로저스(Glen Rogers) 한국군 1군단 미군 수석 고문관을 대동했다. 혹시 벌어질지도 모를 항명抗命에 대응하기 위해서였다.

권총은 사태의 엄중함을 알리는 소품이라고 보면 좋았다. 그와 동시에 급한 경우가 발생했을 때 공식적인 절차를 동원한다는 의미에서 미 수석 고문관을 대동했던 것이다. '급한 경우'라면 송요찬 사단장이 끝내 공격 명령을 받아들이지 않는 상황을 의미했다.

당시에는 그랬다. 앞의 어느 부분인가에도 적었지만, 당시의 군단장과 사단장 사이에는 미묘한 분위기가 있었다. 실제 전투를 수행하는 지휘관은 사단장이었고, 군단장은 그보다 큰 시야에서 전투를 이끌며 더 높은 차원에 있는 부대로부터 군단의 화력과 장비 지원 등을 이끌어 내는 역할이었다.

만약 수도사단장 송요찬 장군이 군단장의 지시를 받아들이지 않고 병력을 출동시키지 않는다면 큰일이었다. 현리와 속사리, 하진부리를 거쳐 대관령을 넘은 중공군이 강릉 일대를 점령한다면 사태는 걷잡을 수 없이 번질 수 있었기 때문이다. 그런 상황에 대비해 나는 권총을 찼고, 미 수석 고문관을 대동한 채 송요찬 수도사단장을 찾아 나선 길이었다.

수도사단 본부에 진입하면서 나는 한 장교에게 "사단장은 지금 어디에 있는가?"라고 물었다. 그 장교는 사단본부 건물 앞에 있는 침대차 옆 막사를 가리켰다. 침대차는 사단장 급 이상의 지휘관이 잠시 쉴 수 있도록 트럭을 개조해 만든 간이 휴게 차량이었다. 나는 지프에서 내린 뒤 그 차량 옆 막사의 문을 열고 성큼 들어섰다.

침대에 누워 있던 송요찬 사단장이 급히 몸을 일으키는 모습이 보였다. 그는 꽤나 당황했던 듯하다. 나는 무거운 목소리로 그에게 물었다. "귀관은 내 명령에 복종할 것이냐, 아니면 불복할 셈이냐?"라고 했다. 송요찬 사단장은 눈길을 이리저리 옮기면서 짧은 시간에 많은 것을 생각하는 눈치였다.

나는 주변에 누가 있었는지를 잘 기억할 수 없다. 그러나 군단장이 사단을 직접 찾아와 쉬고 있던 사단장의 막사에 들어선 점은 수도사단 주요 지휘관의 눈에 아주 특별하게 비쳤을 것이다. 나중에 파악한 내용이지만, 당시 수도사단 각 연대장을 비롯한 주요 참모들은 부대를 빨리 이동시켜야 함에도 출동이 늦어지고 있는 사실에 초미의 관심을 기울이고 있었다.

그들 중 몇몇은 내가 수도사단 영내에 진입하면서 사태가 어떻게 벌어지는지를 지켜보고 있었다. 수도사단장 송요찬 장군은 결국 그런 분위기를 이길 수 없었던 모양이었다. 그는 "각하, 죄송합니다. 명령에 복종하겠습니다"라고 했다. 그는 옆에 있던 전화기를 들어 출동 명령을 즉시 내렸다.

기민했던 연대장

그런 점에서 군단 작전참모였던 당시 공국진 대령은 아주 기민했다. 그는 군단장의 부대 출동명령을 어긴 송요찬 사단장의 행위를 '항명'으로 간주해 단호한 처벌을 내리라는 건의를 내게 했던 사람이었다. 그만큼 공국진 대령은 중공군 공세를 막아야 하는 대관령 출동의 심각성을 잘 알았던 사람이었다.

그는 나와 함께 수도사단에 진입해 내가 송요찬 사단장을 어떻게 다그치는가를 조심스럽게 지켜보다가 얼른 그 막사에서 빠져나왔던 듯하다. 그의 회고록을 보면 공국진 대령은 송요찬 사단장이 부대 출동명령을 내리는 것과 동시에 막사에서 뛰어나와 수도사단 1연대의 출동을 눈으로 직접 확인했다고 한다.

수도사단 1연대장은 한신 대령이었다. 공국진 대령이나 한신 대령 모두 나중의 한국군 발전에 혁혁한 공로를 세우는 사람들이었다. 중간에서 그토록 기민하게 움직이는 장교들이 버텨줬기 때문에 국군은 오늘의 위상을 이뤘을 것이다. 그런 한신 대령 또한 사태의 추이를 조마조마하게 지켜보고만 있지 않았다.

그는 중공군의 발길을 대관령에서 저지하는 작전을 제 몫의 일로 판단했다. 사단장이 비록 출동명령을 내리는 데 주저하고 있지만, 어느 때라도 명령이 떨어지면 즉시 출동할 수 있도록 만반의 준비를 갖추고 있었던 것이다. 공국진 대령은 회고록에서 한신 대령의 수도사단 1연대가 모든 군장을 갖춘 뒤 트럭에 올라탈 준비까지 마친 상태였다고 소개했다.

대관령을 향해 급히 차에 올라타 이동했던 1연대 병력은 5월 21일 밤 9시 경에 작전 지역에 도착했다고 공국진 대령의 회고록은 적고 있다. 아울러 대관령 꼭대기에 도착하자마자 총성이 울렸다고 한다. 천만다행이었던 점은 중공군이 도착하기 전에 우리가 먼저 그곳에 발을 디뎠다는 점이었다.

　중공군의 본대 병력이 대관령 정상에 도착한 시점은 그로부터 1시간이 지난 뒤였다고 한다. 그때부터 본격적인 전투가 벌어졌다. 공국진 대령은 "1연대가 고지에 올라선 뒤 동쪽 방향을 향해 계속 총을 갈겨대면서 신나는 전투를 벌였다"고 당시 장면을 술회했다.

　중공군은 인제로부터 내려온 부대였던 듯하다. 그러나 그들은 중간에 아무런 휴식도 없이 길을 걷고 또 걸었던 부대였다. 아울러 공세를 시작한 뒤 더 이상의 보급을 받은 적이 없는 군대이기도 했다. 아

미 24사단 본부 앞에 포로로 붙잡혀 있는 중공군.

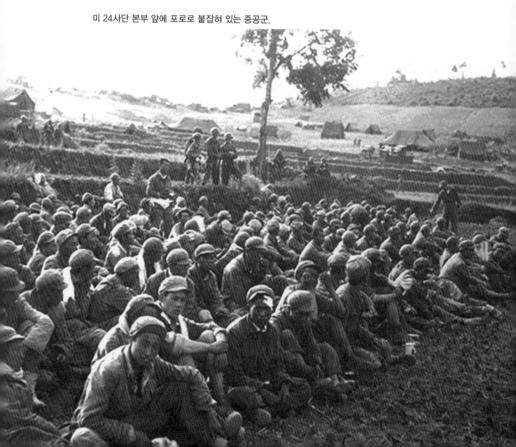

주 멀고 험한 길을 여러 차례의 전투를 수행하면서 식량과 장비의 재 보급 없이 걸어온 부대의 사기는 결코 높을 수 없었다.

그에 비해 수도사단은 전투 의욕이 아주 높았다. 산간지대에서 용맹을 떨쳤던 부대답게 수도사단 1연대는 서슴없이 적을 향해 강력한 공격을 펼쳤다. 중공군은 그때 이미 화력을 꽤 많이 소진한 상태이기도 했다. 따라서 그런 중공군은 수도사단 1연대의 공격을 제대로 감당할 수 없었다.

추풍낙엽의 중공군

중공군은 당시의 대관령 전투에서 아군의 공격에 제대로 저항을 못했다고 한다. 아주 맹렬하게 몰아붙이는 수도사단 1연대의 공격에 중공군은 무기력하다 싶을 정도로 무너졌다. 대관령에서만 전투가 벌어진 게 아니었다. 수도사단이 담당했던 전면은 오대산부터 대관령 남쪽으로 이어지는 지역이었다.

수도사단 1연대가 먼저 출동을 해서 대관령을 지켜낸 뒤 나머지 수도사단 병력은 전면을 치고 올라가면서 곳곳에 진출했던 중공군을 사납게 공격했다. 험준한 강원도의 산간지역이었다. 중공군은 곳곳에서 수도사단에게 몰리면서 적지 않은 피해를 봤다.

수도사단 1연대는 대관령 전투에서 1,180명의 적을 사살한 것으로 알고 있다. 전사자는 12명에 불과했다. 따라서 중공군이 수도사단 1연대와의 전투에서 얼마나 심한 패배를 기록했는지 알 수 있다. 군단 예하의 11사단도 적의 공세에 훌륭하게 맞섰다.

11사단 20연대가 맞이했던 적군은 중공군 3개 연대와 북한군 2개 연대였다고 공간사는 소개하고 있다. 대관령의 전투가 아주 긴박해

나로서는 당시 다른 지역의 전투 상황이 잘 기억나지 않는다. 전사에 따르면, 군단 예하 11사단의 20연대는 3면에서 모여드는 적군의 포위 작전에 맞서 특공조 편성과 안개를 이용한 기습을 감행해 적의 공세를 꺾었다고 한다.

동해안에 가장 근접한 지역의 1101 야전공병단도 전투 병력이 아님에도 불구하고 전면에서 다가오는 북한군을 침착한 교전으로 막아냈다. 각 사단장이 평소에 벌인 침착한 훈련 덕분이었다고 생각한다. 그 점은 정말 다행이었다. 우리 1군단마저 무너졌다면 당시로서는 한국군에 군단 급 부대가 남아 있을 수 없었기 때문이다.

또 하나의 쾌거快擧가 있었다. 미 3사단의 신속한 기동과 운두령이라는 고개의 확보였다. 미 3사단은 중공군이 5차 2단계 공세를 벌이기 직전 대규모 병력을 동부전선으로 이동시키는 조짐을 알아챈 미 8군 사령관이 급히 미 8군 예비로 확보했던 부대였다.

중공군의 대규모 병력이 동부전선으로 이동하는 조짐에 따라 전선배치를 그에 맞춰 조정하지 못한 미 8군으로서는 유사시에 대비해 미 3사단을 예비로 확보한 뒤 긴급 투입할 생각이었다. 예상대로 중공군은 동부전선에서 강력한 공세를 펼쳤고, 현리의 한국군 3군단이 뚫리면서 전선이 남쪽을 향해 포켓(주머니) 형태로 길게 늘어졌다.

그 주머니의 동쪽 전선은 한국군 1군단에게 맡겼고, 서쪽은 미 2사단과 그를 증원增援하는 미 3사단에게 맡긴 형국이었다. 미 2사단은 나름대로 전선을 잘 유지했다. 중공군의 공세확대 저지에 성공했다. 그러나 미 2사단을 보완할 필요는 있었다. 그를 위해 미 3사단은 밤을 낮 삼아 신속한 기동을 벌였다.

밤새 이동한 미 3사단에 중공군 혼쭐

너무 깊이 들어왔던 중공군

미 3사단은 경기도 광주에 주둔하고 있던 부대였다. 따라서 이들이 짧은 시간 안에 기동을 시작해 강원도 횡성 일대에 도착하는 일은 결코 쉬운 작전이 아니었다. 우선 시간이 촉박했다. 중공군은 맥없이 물러서는 한국군 3군단의 후미를 쫓아 현리를 넘어 속사리에 진출한 뒤 새로운 돌파구 확대에 나선 형국이었기 때문이다.

중공군의 선두는 이미 속사리까지 진출한 상황이었다. 동쪽에서는 내가 이끄는 국군 1군단이 신속한 기동을 펼쳐 대관령을 막아 중공군 공세의 선봉을 꺾으려 했고, 서쪽에서는 경기도 광주로부터 이동한 미 3사단이 현리에서 속사리로 이어지는 국도를 차단해 중공군 공세의 확산을 막으려 하는 모습이었다.

용평의 한국군 3군단 간이 비행장에서 밴 플리트 미 8군 사령관이 홀연히 날아와 지시를 내렸고, 그 내용을 수령한 사람이 한국군 1군단장인 나와 미 3사단의 유진 라이딩스 장군이었다. 미 3사단은 밴 플리트 미 8군 사령관의 지시가 내려지기 전에 먼저 기동을 시작했다.

중공군 공세가 본격적으로 벌어지기 시작한 지 하루가 지난 뒤인 5월 17일이었다. 미 3사단의 선두부대는 당일 밤 11시 경에 횡성 일대에 도착했다고 육군본부의 『현리-한계 전투』는 소개하고 있다. 그러

6.25전쟁 중 미 1해병사단이 중공군 소탕작전을 벌이고 있다.

나 이 시점에 이르자 중공군 수뇌부는 적지 않게 당황하고 있었던 모양이다.

공세의 확장에 따른 전선 보급선의 길이가 계속 늘어나고 있었던 까닭이다. 아울러 서부전선의 미군 전투사단이 기동을 시작하고, 공세를 벌였던 동부전선의 서쪽이 미 2사단의 견고한 방어에 의해 막힌 점이 불안해 보였기 때문일 것이다. 아울러 가장 동쪽의 공격을 맡았던 북한군의 진격이 한국군 1군단 방어에 걸려 순조롭지 않았던 점도 공세의 확장을 막고 있었다.

육군본부 전사 기록에 따르면 중공군 지도부는 공세를 벌이고 난 뒤 이틀이 지난 5월 18일에 공격을 중지하라는 명령을 내렸다. 그러나 최고 수뇌부의 공격 중지 명령이 전선 부대에게 직접 전해진 시점은 5월 22일이었다. 그러나 그 무렵에는 이미 중공군에게는 아주 불리한 상황이 펼쳐지고 있었다.

우선 중공군의 보급에 현저한 문제점이 드러나고 있었다. 5월 22일이라고 한다면 중공군의 총공격이 벌어진 뒤로 6일이 지난 시점이었다. 중공군은 보급 능력에 문제가 있어 공세를 벌이다가도 크게는 1주일, 짧게는 4~5일을 이어가지 못했다. 따라서 그 무렵의 중공군은 모든 전선에서 공격력이 크게 줄어들고 있었다.

놀라운 미군의 기동

그런 상황에서 미 3사단의 기동은 매우 적절했다. 그들은 5월 17일 기동을 시작한 뒤 5월 19일에는 예하 7연대와 65연대를 강원도 평창의 장평리에 집결시킬 수 있었다. 결코 순조로운 기동은 아니었다. 내가 나중에 미군 관계자들로부터 들은 내용에 따르면 그들은 일거에 막대한 사단 병력과 장비를 동부전선으로 옮기기 위해 중간 구간을 설정한 뒤 셔틀 방식으로 트럭을 몰고 또 몰았다.

주간은 물론이고 밤에도 계속 차를 몰아야 했던 까닭에 수송부대 요원이 그를 다 감당하지 못했을 정도였다. 그런 경우에는 일반 전투 사병 중 트럭을 몰 줄 알았던 대원이 나서서 차를 몰았다고 한다. 내가 알기로는 그렇게 이동한 거리가 약 500리, 지금 기준으로 환산하면 200㎞를 상회했다고 한다.

지금의 상황에 견주면 별 것 아닌 거리라고 할 수 있을지 모른다. 그러나 당시의 아주 열악했던 도로사정, 더구나 그곳이 대개 산간과 협곡으로 이어지는 경기 북부와 강원도 산간 지역이었다는 점을 감안한다면 매우 놀라운 기동 속도였다. 미 3사단은 그렇게 부지런히 길을 달려 강원도 일대에 집결한 뒤 중공군 추격에 나섰다.

강원도에 집결한 뒤 미 10군단에 새로 배속한 미 3사단의 공세는 자연스레 속사리까지 진출한 중공군의 후미後尾를 끊는 일에 모아질 수밖에 없었다. 중공군 추가 병력의 진입을 차단한 뒤 앞에 진출한 중공군을 섬멸하면서 공세의 확산을 막을 수 있었기 때문이다.

그를 위해 미군이 주목한 지역이 바로 운두령雲頭嶺이었다. 이곳은 이름 그대로 높은 지형이어서 고개 근처에 자주 구름이 끼는 곳이다. 중공군이 한국군 3군단을 추격하기 위해 진출한 속사리로부터 북쪽으로 10㎞ 지점에 있으며 해발 1,300여 m의 최령봉, 1,577m의 계방산 사이에 난 고개다.

아울러 중공군에게는 치명적인 요지要地에 해당했다. 현리를 넘어 하진부리 등으로 진출하기 위해 거쳐야 하는 유일한 도로였던 까닭이다. 이를테면, 현리에서 속사리를 거쳐 다시 하진부리로 향하려 할 때 인마人馬가 거치는 유일한 통로였다는 얘기다.

따라서 상황은 묘하게 반전反轉의 형국에 도달한 느낌이었다. 아군이 북쪽으로 진출하면서 유일한 통로였던 오마치 고개를 제대로 간수하지 못해 중공군에게 호되게 당했듯이, 이번에는 남쪽으로 오마치를 넘어 속사리에 진출한 중공군이 운두령을 제대로 확보하지 못해 미군에 의해 절체절명의 위기에 빠질 수 있었기 때문이다.

미 3사단이 강원도에 집결한 뒤 중공군 격멸 작전에 나선 시점은 대관령 등 지역에서 움직였던 우리 1군단의 기동 시간과 비슷했다. 그들 또한 5월 21일 65연대를 서쪽, 7연대를 동쪽 부대로 포진한 뒤 진격을 시작했다. 중공군은 미군의 기동이 그처럼 빠른 시간 내에 이뤄지리라고는 생각지 못했다. 따라서 중공군은 운두령 일대를 그대로 방치한 뒤 속사리로 진출한 상황이었다.

중공군 공세 종말

미 3사단은 속사리와 하진부리를 잇는 길에서 잠시 지체해야 했다. 중공군에게 밀린 한국군 3군단 병력의 퇴각 때문이었다고 한다. 한국군 3군단의 어지러운 퇴각으로 인해 잠시 그 전면에서 밀고 내려오던 중공군에게 역습을 당할 수도 있는 상황이었다는 것이다.

그러나 미 3사단은 서쪽 공격부대인 65연대를 속사리 방면으로 기동토록 한 뒤 우측을 강화하면서 결국 5월 22일 공격을 재개했다고 한다. 미 3사단이 운두령 일대를 확보한 시점은 당일인 5월 22일 오후 6시 무렵이었다. 그로써 중공군의 공세는 크게 꺾이고 말았다. 중간의 요로를 미 3사단이 신속하게 확보한 뒤 중공군 부대의 앞과 뒤를 절단하면서 중공군의 공세 종말점을 크게 앞당겼다는 얘기다.

이제 중공군이 현리와 속사리, 하진부리를 지향하면서 펼친 공세 때문에 생겨났던 커다란 포켓(주머니)의 양쪽이 서서히 당겨지고 있었다. 주머니 안쪽으로 깊이 들어왔던 중공군은 그들 스스로 재촉한 공격의 속도 때문에 오히려 아군의 강력한 덫에 걸려든 꼴이었다. 따라서 주머니 양쪽의 선은 가운데에 깊이 파인 안쪽을 옆에서 당기면서 전선 전체를 북상시키는 모습으로 변하고 있었다.

중공군이 한반도에 참전한 뒤 벌였던 대규모 공세의 막바지였던 1951년 5월 16일의 5단계 2차 공세의 종결을 알리는 상황이었다. 중공군은 비록 한국군 3군단을 와해시킬 정도의 전과戰果를 올렸지만, 그는 극히 작은 부분적 승리에 해당했다. 총력을 기울인 공세였음에도 전체 의도를 제대로 관철하지 못했기 때문이었다.

중공군은 한국군에게 치명적인 패배를 안기는 데 성공했지만, 공세를 이어가면서 돌파구를 확대해 전략적으로 국면을 전환하는 일에서는 전혀 성공하지 못하고 말았다. 아울러 스스로 지닌 역량의 한계를 처절하게 깨닫는 결과도 있었다. 중공군이 5단계 2차 공세 뒤에는 휴전 직전까지 대규모 공세를 다시는 벌이지 못했던 이유이기도 하다.

아무튼 5월 23일 이후로는 상황이 완전히 반대의 국면을 이루고 말았다. 유엔군은 중공군 공세의 종말을 확인한 뒤 전선 전면을 북상시키기 시작했기 때문이다. 미 3사단도 북상을 시작했고, 우리 1군단도 지금의 휴전선 북방 한계선인 고성까지 진출했다.

그러나 후유증이 크게 남았다. 미군에게는 전혀 그런 흔적이 없었다. 현리에서 중공군에게 허무하게 무너진 한국군의 상황이었다. 아주 많은 포로가 중공군에게 잡혔다는 점은 통탄할 일이었다. 아울러 한국군에게는 상징적인 측면에서 매우 치욕적인 결과가 생기고 말았다. 적이 내려오는 현장에서 한국군이 어떻게 싸우는가를 냉정하고 치밀하게 지켜본 미군 수뇌부의 판단이 칼날처럼 한국군 지도부를 향하고 있었기 때문이었다.

한국군 작전지휘권 박탈

중공군의 몰락

중공군 공세는 그렇게 막을 내렸다. 6.25전쟁 초반에 참전해 다섯 차 례에 걸쳐 벌어졌던 중공군의 대규모 공세는 그로써 자취를 감췄다. 정확하게 말하자면, 그들은 1953년 7월 27일의 휴전협정 조인을 10여 일 앞둔 1953년 7월 14일 강원도 금화 지대의 이른바 '금성 돌출부'라 는 곳을 향해 마지막 대규모 공세를 펼친다.

그 금성 돌출부 대공세를 제외하고서는 나머지 전쟁 기간 동안 중 공군은 1951년 5월의 5차 2단계 대공세를 끝으로 더 이상의 대공세에 나서지 않는다. 아마도 나서지 않았던 것이 아니라 나서지 못했다고 해야 옳을 듯하다. 현리 전투가 벌어진 5차 2단계 공세를 계기로 그들 은 더 이상의 대규모 공세가 자신들에게 결코 유리하지 않다는 점을 깨달았기 때문이다.

당시의 중공군 5차 2단계 공세는 1951년 5월 23일에 접어들면서 중공군의 급격한 패퇴와 아군의 신속한 북상이라는 국면으로 끝을 맺어가고 있었다. 그러나 전체적인 국면 전환을 꺼렸던 미군 지도부의 판단에 따라 공세는 38선을 훨씬 넘어서는 북한 지역으로의 진출을 허용하지 않았다.

대관령과 오대산 일대에서 공세를 벌이던 중공군을 꺾고 북상을 시작한 수도사단의 기세는 거침이 없었다. 수도사단은 북상하면서 중공군에게 등을 보이며 쫓겨 내려왔던 국군 3군단의 패잔 병력을 수습했다. 나는 북상하는 수도사단의 뒤를 쫓아 인제와 원통까지 올라갔다.

중간에 수습하는 3군단 병력은 몰골이 말이 아니었다. 다행히 아군인 수도사단에 의해 수습이 되고는 있었지만, 계급장은 고사하고 무기마저 제대로 손에 쥔 병력은 거의 보이질 않았다. 눈이 녹아내린 산골의 물을 마시면서 5일 여를 중공군에게 쫓기며 험준한 강원도 산악을 넘고 또 넘어야 했던 피로감이 그대로 전해지는 모습이었다.

우리 1군단은 여세를 몰아 동쪽으로는 간성과 거진까지 진출했다. 그곳에 진출하는 동안 적의 저항은 보이지 않았다. 서부전선에서도 아군의 진격은 거칠 게 없었다. 그곳에서도 순조롭게 38선을 확보했다. 그런 여러 상황으로 볼 때 중공군과 북한군은 더 이상의 공세를 펼칠 힘이 없다고 여겨졌다. 따라서 전선이 요동칠 가능성은 거의 없었다.

그렇게 소강 국면으로 흐르고 있던 시점이었다. 그로부터 이틀 정도가 지난 5월 25일로 기억한다. 강릉에 주둔하고 있던 우리 1군단에게 전갈이 왔다. 밴 플리트 미 8군 사령관이 이곳 강릉을 방문한다는 내용이었다. 당시 강릉에는 우리 육군본부의 전방지휘소가 있었다. 전선을 지휘하기 위해 육군 참모총장이었던 정일권 장군이 임시로 와 있던 곳이었다.

밴 플리트 미 8군 사령관이 강릉을 방문한다는 전갈을 듣고 정일권 참모총장과 나, 전방지휘소 소장인 이준식 준장 등이 비행장에 나가서 그를 기다렸다. 그가 탄 비행기가 강릉 비행장의 먼 하늘에 다시

1951년 5월 어느 날의 강릉 비행장 모습. 1군단장인 나와 정일권 육군참모총장(왼쪽으로부터 둘째와 셋째)가 함께 담소를 나누는 모습이다. 정일권 총장은 현리 전투 패배의 책임을 지고 곧 총장 자리에서 물러난다.

모습을 나타냈다. 곧이어 밴 플리트 사령관이 비행기에서 내려 우리에게 다가왔다.

미 8군 사령관의 가혹한 통보

그는 며칠 전에 내가 그를 처음 보던 그 모습 그대로 굳어 있었다. 한국의 육군참모총장인 정일권 장군이 영접하는 자리였음에도 웬일인지 우리와는 제대로 인사를 나누려고도 하지 않았다. 아무래도 현리 전투에서 기록한 한국군의 패배가 그의 마음속에 두꺼운 앙금으로 가라앉아 있기 때문일 것이라고 생각했다.

아니나 다를까. 성큼성큼 큰 걸음으로 우리 앞으로 다가온 밴 플리트 사령관은 인사말도 없이 통보부터 했다. "지금부터 한국군 3군단을 해체한다. 아울러 한국 육군본부의 작전통제권도 없어진다. 육군본부의 임무는 작전을 제외한 인사와 행정, 군수와 훈련에만 국한한다. 한국군 1군단은 내 지휘를 받으며, 육군본부 전방지휘소도 폐지한다"고 했다. 아주 단호한 표정이었다.

한국의 작전지휘권이 소멸하는 순간이었다. 한국에서 벌어지는 전쟁에 한국군이 지휘권을 행사하지 못하고 이를 미군, 나아가 유엔군 총사령관에게 위임하는 조치는 6.25전쟁 초반에 이뤄졌다. 당시 한국군으로서는 전쟁을 수행할 준비가 턱없이 부족한 상황이었다. 따라서 김일성 군대의 기습적인 남침에 효과적으로 대응하기 위해 이승만 대통령이 서한을 통해 1950년 7월 14일부로 맥아더 장군에게 작전권을 위임한 적이 있다.

그 뒤로 미군은 한국에 주둔하는 미 8군 사령관을 통해 한국군을 통제하면서 작전을 펼쳤다. 그러나 실제적으로는 상당한 부분을 한국군의 자체적인 지휘에 맡기는 식이었다. 따라서 미군 군단에 배속한 한국군 부대를 제외한 대부분의 한국 육군은 정일권 참모총장의 지휘를 받으며 전투를 수행하고 있던 상황이었다.

1951년 5월 25일 강릉의 미 해병대 비행장에 나타난 밴 플리트 미 8군 사령관의 통보는 그 전까지 이뤄졌던 일부 한국군 부대에 대한 한국 육군본부의 지휘 통제권마저 회수하겠다는 내용이었다. 아주 침울한 내용일 수밖에 없었다. 그런 밴 플리트의 통보를 듣는 정일권 참모총장의 분위기는 매우 무거웠다. 그는 한 마디도 하지 않은 채 밴 플리트의 말을 듣고만 있었다. 나 역시 그런 무거운 분위기에 젖어 있었다.

밴 플리트 미 8군 사령관은 말을 다시 이어갔다. "해체한 한국군 3군단의 9사단은 미 10군단에 배속하고, 3사단은 한국군 1군단에 배속한다. 그리고 한국군 1군단은 내 지휘를 받는다"고 했다. 이어 밴 플리트는 정일권 참모총장의 가슴을 손가락으로 가리키며 "당신은 곧장 대구로 돌아가라"고 했다.

사실 매몰차다고 해도 좋을 내용의 통보였다. 밴 플리트의 말대로 한다면 이제까지 한국 육군본부가 한국군 군단을 지휘했던 일은 불가능해진다. 미 8군이 통제하던 전선의 전체 상황과는 달리 한국군 군단 만큼은 대한민국 육군본부의 지휘 아래에 있었지만, 이제 그마저 불가능해진다는 얘기였다.

"한국군 교육이 필요하다"

그러나 따지고 보면 한국군 2군단은 1950년 말 중공군 공세에 일찌감치 무너져버려 예하 사단이 뿔뿔이 흩어져 있는 상황이었다. 남아 있던 군단은 내가 이끌고 있던 1군단과 3군단이었으나, 그 3군단은 직전의 현리 전투에서 다시 무너지고 말았다.

현리 전투에서 맥없이 물러나 전선 전체에 커다란 위기를 불러왔던 3군단을 이 기회에 완전히 해체한 뒤 남아 있던 1군단을 미 8군에 배속함으로써 한국군의 실질적인 작전 지휘권을 모두 거두겠다는 얘기였다. 내 추측이지만, 당시의 밴 플리트 미 8군 사령관은 현리 전투의 책임을 정일권 참모총장에게 직접 묻고 있었던 것일지도 모른다.

사실 한국군 3군단의 현리 전투는 미 8군 사령관에게 극도의 경계감을 가져다줬을지 모른다. 그는 현리에서 일단 물러선 3군단의 유재흥 군단장을 전화로 찾아 "하진부리는 반드시 지키면서 물러서지 말라"고 거듭 당부했다고 한다. 그럼에도 3군단은 하진부리를 넘어 횡계, 다시 영월 방면으로 물러서고 말았다.

뒤에 처진 3군단 병력은 군단본부가 통제를 하지 못해 방태산 등 험준한 강원 산악을 넘고 또 넘으며 중공군에게 쫓기다가 철저하게 무너진 상황이었다. 그런 점을 주시하고 있던 미 8군 사령관에게는 특단의 조치가 필요하다는 경각심이 마음 깊이 새겨졌을 것이다.

그런 혼란스러운 양상을 막기 위해 밴 플리트는 한국군 작전지휘권의 전권을 회수하는 조치를 강구했을 것이라고 나는 생각한다. 실제 육군본부의 전사 기록 등에는 우리 3군단이 하진부리에서 횡계리, 다시 영월로 쫓기면서 전방의 부대를 제대로 수습하지 못한 점이 군단의 해체를 부른 가장 직접적인 원인이라고 적고 있다.

성이 많이 난 듯 보였던 밴 플리트 사령관이었다. 그러나 그는 가혹한 내용의 통보를 마친 뒤 비행장 활주로에서 간이 막사를 향해 가면서 정일권 총장과 내게 이런 말을 했다. "이제 한국군은 장교를 육성해야 한다. 미국의 웨스트포인트 같은 학교를 만들어서 장교를 키워야 한다. 우선은 한국군 장교들을 미국에 보내 교육을 받도록 해야 한다"고 했다.

밴 플리트 사령관에게는 전선 상황에 따른 현실적인 조치가 한국군의 작전지휘권의 회수였다. 그러나 그는 더 먼 곳을 내다보고 있었던 것이다. 밴 플리트 사령관은 현리 전투를 통해 장기적으로 한국군의 전투 능력을 제고하지 않으면 안 된다는 점을 절실히 깨닫고 있었던 듯하다.

준비가 없었던 국군 수준의 반영

전쟁의 분수령

강원도 깊은 산골의 현리라는 곳에서 1951년 5월 벌어진 전투는 하나의 커다란 분수령分水嶺 그 자체였다. 물의 흐름이 갈라지는 그런 분수령이라는 의미다. 이를테면, 1950년 6월 25일 김일성이 기습적으로 벌인 전쟁의 흐름이 이 현리 전투라는 대목에 이르러 크게 방향을 튼다는 뜻이다.

한반도의 전쟁에 은밀하게 뛰어들었던 중공군은 1~3차 공세를 벌이면서 전선을 평양~원산 이북으로부터 전쟁 발발 전의 대치 접점이었던 38선 이남까지 밀고 내려오는 데 성공했으나 4차 공세에 접어들면서 무겁고 강한 미군의 힘에 부딪힌다. 조금씩 균열을 보이던 중공군의 공세는 5차 공세 2단계에 접어들면서 바닥을 드러내고 만다.

중공군의 최고 지도부가 '이 전쟁에서 우리가 이기기는 힘들다'고 판단한 시점이 있다면 아무래도 현리 전투가 벌어진 1951년 5월 말일 것이다. 스스로 그런 판단을 내렸다면 한반도의 싸움에 뛰어들어 사실 상 모든 전투를 이끌고 있던 중공군으로서는 새로운 전기轉機를 마련해 그에 올라탈 수밖에 없었다.

현리 전투는 흔히 대한민국 군대가 6.25전쟁 중에 맞이한 최악의 참패로 말해진다. 그 점은 사실이다. 3년 여 동안 벌어진 그 전쟁에서 한국 군대가 벌였던 현리 전투는 매우 기록적인 패배에 해당한다. 앞에서도 적었듯이, 공격 선두에 나섰던 중공군 1개 중대 병력에 의해 후방의 유일한 퇴로였던 오마치 고개를 빼앗긴 뒤 9사단과 3사단 등 한국군 3군단은 제대로 싸워보지도 못한 채 그대로 무너지고 말았기 때문이다.

그 싸움에서 무너진 3군단장 유재흥 장군을 역시 최악의 패장敗將으로 거론하는 사람도 많다. 군단 책임자로서 유재흥 장군이 져야 할 몫의 책임은 아주 무겁고 크다. 그 점을 부인할 수는 없으나 그 한 사람에게 모든 책임을 물을 수는 없다.

작전상의 엄중한 의미에도 불구하고 미군과의 소통이 부족해 기

정일권 장군의 후임으로 육군참모총장에 오른 이종찬 장군과 재창설 2군단장 시절의 나, 그리고 유재흥 장군(앞줄 왼쪽부터).

계적으로 그은 작전구역이라는 이유 때문에 결국 유일한 퇴로를 미 10군단에게 내줬고, 미 10군단은 알몬드 군단장의 허술한 판단에 따라 그곳을 빈 채로 그냥 두고 말았다. 이 점을 따지면 유재흥 장군의 책임이 가장 무겁다.

그러나 전사 기록을 보면 유재흥 군단장은 이 고개의 중요성 때문에 당시 상황을 육군참모총장이었던 정일권 장군에게 몇 차례에 걸쳐 언급했다고 한다. 군단 차원에서 옆에 함께 늘어선 미군과의 소통과 협력을 제대로 이루지 못한 유재흥 장군의 실책은 크지만, 그를 보완해주지 못한 육군본부의 책임 또한 가볍지 않다.

3사단과 9사단의 사단장 또한 현리 전투의 기록적인 참패에서 비켜갈 수 없다. 퇴로가 막혔다고 해서 그대로 싸움 없이 물러서는 군대는 있을 수 없다. 현리의 지형은 앞서 소개한대로 사주방어四周防禦 진지를 만들어 적과 싸울 경우 미군의 유력한 공중 보급을 받을 수 있는 모양새였다.

한 사람의 잘못이 아니었다

따라서 퇴로가 막혔다고 해서 무작정 뿔뿔이 흩어져 물러날 게 아니라 죽기를 각오하고 적과 싸움을 벌여야 하는 게 우선이었다. 그런 각오만이라도 있었다면 현리 전투의 기록적인 참패는 없었을지도 모른다. 아니, 오히려 미군의 강력한 공중보급을 바탕으로 오마치를 점령한 중공군을 후방에서 압박하며 전방에서 다가오는 중공군의 공세에 맞설 수 있었을 것이라는 얘기다.

따라서 그런 여러 가지 가능성을 헤아리지 못한 채 중공군의 공세에 허무하게 물러서 부대 전체를 급기야 거대한 혼란의 상태인 분산分散

으로 몰고 가 참패를 맞았던 두 사단장의 책임 또한 막중하다. 그런 여러 가지 요인이 겹쳐 나타난 기록적인 참패가 바로 현리 전투라고 할 수 있다.

전체적으로 보자면 이는 당시 전선에 섰던 한국군의 수준을 반영한 결과였다. 건국과 함께 겨우 제대로 무장하기 시작한 한국군으로서는 실전 경험이 턱없이 부족했을 뿐만 아니라, 화력과 장비 또한 보잘 것이 없었다. 아울러 부대 전체를 끈끈하게 묶는 조직력도 크게 부족한 상태였다.

그런 한국군의 약점을 전선에 마주섰던 중공군은 정확하게 간파했다. 그에 따라 중공군은 참전 이래 줄곧 한국군을 골라 공격을 펼쳤다. 중공군은 국공國共 내전과 항일抗日 전쟁의 경험이 높이 쌓인 부대였다. 따라서 다양하고 복잡한 전술을 구사할 줄 알았던 군대였다. 그들은 우회와 침투, 매복과 기습, 종심縱深 기동과 포위 등의 다양한 전법을 사용하며 한국군을 집요하게 공격했다.

그런 중공군의 공세에 자주 무너지고 말았던 국군은 결국 현리에서 기록적인 패배를 당하면서 씻을 수 없는 회한悔恨을 남겨야 했다. 헤아릴 수 없이 많은 국군 장병이 그들에게 포로로 붙잡혔고 3군단이 지녔던 적지 않은 양의 장비와 화력도 빼앗기고 말았다.

그러나 이 전투는 중공군에게도 심각한 결과를 불러왔다. 중공군은 현리 전투를 포함한 5차 2단계 공세에서 스스로 커다란 문제를 드러내고 말았다. 공세 지속의 기간이 매우 짧다는 점이었다. 우선 미군의 강력한 반격으로 밀어붙이던 전선은 줄곧 막혔고, 보급력이 떨어져 미군의 반격이 펼쳐질 경우 병력의 희생이 막심했다.

바닥보인 중공군 체력

그들이 참전 이래 줄곧 보이던 패턴은 반복적으로 나타났다. 공세 시작 뒤 4~5일이 경과할 경우 체력이 급격하게 떨어진다는 점이었다. 처음에는 기만적이면서 은밀하며 다양한 전법으로 아군에게 커다란 위협으로 다가오지만 그를 지속적으로 이끌어갈 우직한 힘이 부족했던 것이다.

거리로 따지자면 공격 동선動線이 보통 50㎞를 넘을 시점이었다. 이정도의 거리를 이동하며 화려하게 공세를 펼치다가 중공군은 그 이상을 넘어설 경우 체력이 뚝 떨어지고는 했다. 보급선이 길어지면서 그를 위한 수송능력에 문제가 생겼기 때문이었다. 미군의 막강한 공군기들은 그런 중공군을 집요하게 다뤘다.

전선에 선 중공군의 보급력이 미 공군의 정밀한 폭격으로 크게 떨어지면서 저들은 공세를 이어가기 힘들었고, 그 뒤에는 다시 아군의 공격 그물에 갇혀 막대한 인명의 희생을 감수해야 했다. 그를 상징적으로 드러냈던 게 바로 중공군의 5단계 2차 공세 때의 이른바 현리 전투였다.

중공군은 현리에서만 한국군을 제압하는 것으로 당시의 공세를 마무리해야 했다. 미 2사단의 서쪽 견부肩部는 강했고, 동쪽 또한 대관령에서 한국군 1군단에게 막혀 공세를 접어야 했다. 미 3사단의 신속한 기동으로 인해 운두령에서는 오히려 퇴로가 막혀 상당수의 중공군이 사상하거나 포로로 붙잡혔다.

중공군 수뇌부가 계획한 내용은 거의 현실로 이뤄진 게 없었다. 한국군 3군단을 무너뜨리고 전선을 일부 뚫었지만 현격한 체력의 차이로 오히려 아군의 포위망에 상당수의 병력이 갇히면서 피해는 아주 컸다. 한국군 3군단의 2개 사단과 미 10군단 지휘를 받았던 한국군 5, 7사단을 먼저 소멸한 뒤 미군의 역량도 크게 무너뜨리겠다는 당초 의 구상은 물거품처럼 사라지고 말았다.

중공군은 아마 그 시점 어디에선가 '이 전쟁에서 우리가 승리를 거 두기는 불가능하다'는 생각을 했을 것이다. 일정한 패턴에 따라 다소 의 우세를 차지하는 데 성공했지만 그런 양상에 따라 전투를 이어갈 경우 더 큰 희생을 감수할 수밖에 없는 상황이었기 때문이다.

그 점에서 현리 전투는 분명한 분수령이었다. 앞쪽의 흐름과 뒤쪽 의 전쟁 흐름이 크게 갈라지는 그런 분수령 말이다. 정확한 통계는 어 떤지 잘은 모르겠으나, 중공군은 당시 5차 2단계 공세에서 피해가 매 우 컸던 것으로 알고 있다. 중공군이 참전한 이래 가장 큰 피해를 입 은 전투를 꼽는다면 아무래도 이 전투일 것이다.

결과적으로 보면 이 전투를 기점으로 전쟁의 양상은 크게 바뀐다. 대규모 병력이 한꺼번에 움직이며 펼치는 기동전의 패턴은 거의 사라 지고, 전술적 차원에 멈추는 소모적인 고지전高地戰이 그 자리를 대체한 다는 점이다. 중공군은 전략적인 판단을 그 무렵에 내렸을 것이다.

그 때까지의 방식으로는 더 이상 이어가기 힘든 전쟁이라는 판단 을 내린 중공군 수뇌부는 결국 약 한 달 뒤인 1951년 6월 소련의 제안 에 따라 휴전협상에 나서기로 결심한다. 그러나 다른 한편으로는 전 선에 불쑥 솟아있는 고지에서는 늘 싸움이 붙었다. 소모적인 진지전 이 잇따라 벌어질 조짐이 나타나고 있었던 것이다.

한국군 교육을 위한 밴 플리트의 결심

방어에 약했던 군대

나는 그 무렵 담배를 많이도 태웠다. 하루에 거의 3갑 정도를 물었다. 눈을 뜨고 움직이는 동안은 거의 담배 개비를 입에 물고서 보냈다고 해도 좋을 정도였다. 타들어가는 담배와 함께 내 마음도 그렇게 타들었을 것이다. 전쟁은 그렇게 일선에 선 군인에게 감당하기 힘든 스트레스로 다가온다. 그런 스트레스에 저항하기 위해 담배는 줄곧 내 손가락 사이에 감겼다.

전쟁에서 공격과 방어는 거치지 않을 수 없는 과정이다. 공격을 할 때도 있고, 방어에 나서 적을 맞아야 할 때도 있다. 큰 흐름으로 보자면 신생 대한민국의 군대로 막 걸음마를 배운 상태에 불과했던 국군은 형편없는 장비와 화력만으로도 잘 버텼다. 김일성 군대가 벌인 기습 남침에 눈물겨운 분투를 거듭했다.

그럼에도 하나의 양상을 지적하자면 국군은 공격에는 능했으나, 방어에 있어서는 치명적인 약점을 드러냈다. 싸우려는 의지는 약하지 않았고, 기개 또한 만만치 않았다. 그러나 전쟁은 싸우려는 뜻과 상대에 대한 깊은 적개심 등의 감정적인 요소로만 벌일 수 없다. 다양한 국면에 예상치 못한 변수가 늘 등장하기 때문이다.

전쟁 초반의 기습적인 남침에 대응하지 못해 낙동강 전선에 밀렸다가 맥아더 장군의 인천상륙작전으로 적이 급히 쫓기기 시작할 때 아군의 진격은 매우 눈부셨다. 그러나 압록강을 넘어 은밀하게 참전한 중공군에게 역습을 당하면서 방어라고 할 수 없는 무질서한 후퇴와 분산으로 비참한 경우에 놓인 적이 대부분이었다.

그 이후 벌어진 중공군과의 전투에서 국군은 과감한 공격을 펼치다가도 면밀한 전략을 세우고 들이닥치는 중공군에게 잇따라 참패를 당하고 말았다. 앞에서도 잠시 소개했지만, 중공군은 그런 한국군의 상황을 '부동浮動'이라고 표현했다. 물에 떠서 이리저리 떠다니는 상태를 일컫는 말이다.

적을 소멸하려는 공격과 함께 방어는 전투의 수행에서 결코 가벼이 볼 수 없는 행위다. 어느 군대의 역량을 살필 때 오히려 방어력이 공격력에 비해서 높은 점수를 차지한다. 공격이 방어에 비해 오히려 조금은 더 수월하다는 얘기다. 방어는 적의 일격으로 전선이 허물어졌을 때 다음의 후퇴지역으로 이동하면서 접적接敵을 유지하며 침착하게 싸워야 하는 일이다.

고도의 훈련과 아주 높은 조직력, 혼란의 상황을 관리하는 능력 등이 모두 필요하다. 그런 방어에 침착하게 임할 수 있을 만큼의 훈련은 당시 국군에게 절대적으로 부족했다. 지휘관의 연령과 경험이 모두 일천했고, 장비와 화력도 매우 뒤떨어진 상태였다. 장병에 대한 교육도 체계적으로 이뤄진 적이 거의 없었다.

현리 전투는 아마도 그런 국군의 약점이 집중적으로 드러난 싸움에 해당할 것이다. 싸우려는 의지가 적지 않았던 국군을 좀 더 집중적으로 교육시키고 훈련시킬 시간과 물리적인 여유가 없었던 점이 당시 전투에서 벌어진 한국군 참패의 진정한 원인이라는 생각이다.

밴 플리트의 신념

따라서 당시 현리 전투의 책임을 어느 몇 사람에게 집중적으로 돌리는 일은 마땅치 않다. 그럼에도 미 8군 사령관 밴 플리트 장군은 한국군의 작전 지휘권을 모두 회수했고, 3군단을 해체했다. 모욕적인 조치이기는 했으나 지휘 상에서 드러낸 한국군 수뇌부의 치명적인 결함을 생각하면 받아들일 수밖에 없는 일이기도 했다.

그러나 밴 플리트라는 인물은 그런 조치 뒤에 한국군을 위해 획기적인 작업에 착수한다. 그 전까지 드러났던 한국군의 약점을 보완하기 위한 교육과 훈련이었다. 이 점에서 밴 플리트는 한국군대에게 매우 고마운 존재였다. 그에 앞서 전선에 부임했던 미 8군 사령관이 전혀 생각지 않았던 일을 그가 시작했기 때문이다.

그로서도 현리 전투에서 드러난 한국군 지휘능력의 결정적인 약점은 매우 충격적이었다. 이 상태로 군대를 유지한다는 일이 앞으로 벌어질 전투에서 얼마나 위험한가를 깨달았던 것이다. 그로 인해 한국군은 전혀 새로운 차원의 군대로 거듭나는 기회를 잡는다.

강릉의 비행장에서 1군단장이었던 나와 강릉 전방지휘소로 나와 있던 정일권 참모총장에게 3군단의 해체를 언급했던 밴 플리트는 이어 우리에게 "한국군은 이제 체계적인 훈련이 필요하다"고 했다. 그의 결심은 곧 현실로 이어졌다. 현리 전투가 끝난 뒤 한 달여의 시간이 흐른 1951년 7월 미 8군은 한국군을 위한 체계적인 훈련계획을 수립해 실행에 옮긴다.

당시 세워진 것은 야전훈련사령부였다. 영어로는 FTC_{Field Training Command}로 일컫는 부대였다. 밴 플리트 사령관의 특별 명령에 따라 세워진 사령부는 한국군의 새로운 훈련체계를 실행에 옮기는 기구였다.

미군으로부터 본격적인 교육과 훈련을 받기 시작한 국군.

미 9군단에서 토마스 크로스(Thomas Cross) 부군단장이 사령관을
맡았다.

　이어 그 예하에 제2차 세계대전을 야전에서 지낸 경험이 풍부하고
자질이 뛰어난 미군 장교와 하사관 150여 명이 각 미군부대에서 뽑혀
왔다. 사령부가 세워진 곳은 내가 이끄는 한국군 1군단 지역의 양양
이었다. 이곳에서 한국의 군대는 전혀 새로운 모습으로 태어날 참이
었다.

　먼저 훈련을 받아야 했던 대상은 국군 3사단이었다. 현리 전투에
서 기록적인 패배를 당한 뒤 밴 플리트의 명령에 따라 해체한 3군단에
서 내가 이끄는 1군단 예하로 새로 배속한 부대였다. 밴 플리트는 내
게 "시험 삼아 먼저 새로 배속한 한국군 3사단을 그곳에서 훈련시켜

라"는 명령을 내렸다.

훈련의 강도는 매우 셌다. 일반 장병은 물론이고 사단장까지 교육과 훈련을 받아야 할 정도였다. 기간은 모두 9주였다. 부대의 훈련으로 따질 때는 제법 긴 시간이었다. 일선에서의 모든 부담을 떨치고 훈련을 받는 부대는 그 교육과정에 전력을 기울여야 했다.

미군은 한국군 훈련과 교육을 위해 매우 치밀한 프로그램을 마련했다. 장병들은 먼저 개인화기를 다루는 법부터 다시 배웠다. 전술 훈련과 장비를 다루는 방법 등도 교육했다. 분대와 소대, 중대, 다시 대대 차원의 전술 훈련은 아주 엄격했다. 일정한 수준을 설정한 뒤 그에 미치지 못하는 부대가 나오면 처음부터 훈련을 다시 받았다.

거듭 태어나는 국군

당시 3사단장은 백남권 준장이었다. 그 역시 훈련에 훈련을 거쳐야 했다. 사단장 이하 모든 부대원이 함께 훈련을 받고, 대대 테스트에 이르러 전술 훈련의 합격점에 미치지 못하면 과정을 다시 이수해 테스트를 또 치러야 했다. 그런 엄격한 훈련과 교육을 거친 뒤 사단은 다시 일선으로 나갈 수 있었다.

미군은 엄격한 훈련을 거친 한국군 사단에게 전투 중에 상실하거나 망가진 장비와 무기를 새 것으로 바꿔줬다. 혹독한 훈련 뒤에 미군의 새 장비와 무기로 사단을 보충할 수 있다는 점 때문에 한국군 사단들은 매우 열심히 훈련에 임했다.

3사단을 시작으로 이듬해까지 한국군 10개 사단이 모두 이 훈련을 받았다. 따라서 한국군 거의 전부가 새로 태어날 수 있었다. 그런 점 때문에 우리가 훈련을 거쳤던 양양은 사실 현재 한국 육군의 요람搖籃

이라고도 부를 수 있었다. 그러나 그에서 그치지 않았다.

밴 플리트는 1951년 12월 한국군 보병장교 250명을 선발해 포트 배닝의 미국 보병학교에 보냈다. 100명의 포병장교는 별도로 포트 실의 미군 포병학교에 파견했다. 초급 지휘관의 능력에 따라 전투의 승패가 갈린다는 그의 신념 때문이었다. 그에 앞서 미국을 유학 차 다녀온 고급 장교들은 있었으나 대규모로 한국군 각급 장교가 미국에 가서 체계적인 교육을 받는 일은 처음이었다.

밴 플리트는 그런 한국군 교육을 위해 열과 성을 다 했다. 1951년 12월에는 대구에 참모학교를 만들었고, 이듬해 1월에는 4년제 정식 육군사관학교를 진해에 열었다. 1950년대 내내 펼쳐진 이런 미국 유학 교육과정을 거친 한국군 장교는 어림잡아 1,500명 정도에 이른다.

밴 플리트의 신념이 한국군을 새로운 군대로 태어나도록 한 셈이다. 이로써 세계 최강 미군의 '체계'가 한국군에게 옮겨지고 있었다. 그 의미는 단지 군사적인 측면에서만 머물지 않았다. 미군이 지닌 미국의 문명적 바탕이 우리사회로 신속하게 이식移植하는 계기로도 볼 수 있었다.

현리 전투는 우리 입장에서는 입에 다시 담기 싫은 참패였다. 그럼에도 현리 전투를 계기로 한국군이 새로 무장하면서 거듭 태어날 수 있었다는 점은 아주 다행이었다. 그 전기轉機를 몰고 온 주인공은 밴 플리트 장군이었다. 그로써 우리가 전화위복轉禍爲福의 국면을 이끌어낸다면 그것은 커다란 축복이었다.

제19장

용문산의 설욕

국군 6사단의 호된 복수

싸우려는 의지

현리에서 한국군 3군단이 중공군의 대병력에 의해 처참하게 무너지던 그 무렵이었다. 한쪽은 제가 지닌 병력을 크게 상실했고, 다른 한쪽은 정신을 차려 적에게 용감하게 대항함으로써 상대에게 커다란 피해를 입혔다. 모두 한국군이었다. 그럼에도 싸움의 결과에서 이토록 커다란 격차를 이룬 이유는 무엇일까.

이제부터는 용문산 전투를 소개할 작정이다. 적에게 터무니없이 무너진 한국군은 3군단, 중공군에게 씻을 수 없는 아픈 상처를 남겨준 군대는 6사단이었다. 둘은 전력상으로 드러나는 차이가 있을 수 없었다. 대한민국 건국 뒤 군문을 세우고 불과 2년도 지나지 않아 김일성 군대가 일으킨 6.25전쟁의 소용돌이로 깊숙이 휘말려 들어간 점이 다르지 않았다.

또한 당시 한국군 모두가 그러했듯이 변변찮은 무기와 장비로 무장했을 뿐이고, 전쟁이 벌어진 뒤 급히 부산과 인천 등을 통해 들어온 미군에게 곁눈질과 어깨 너머로 현대식 군대의 싸움 방식을 배워가며 전투에 임하던 상황이었다. 미군은 끊임없이 물자를 부산으로 실어 올려 한국군과 유엔군 모두에게 후방을 받쳐주고는 있었지만 한국군 자체로서는 면모를 크게 일신할 시간적인 여유가 없었다.

따라서 미 9군단에 배속한 상태에서 싸움을 수행해야 했던 6사단은 국군 3군단과 물리적인 측면에서 차이를 드러낼 수는 없었다. 그럼에도 3군단은 허무하게 중공군의 공세에 무너지면서 6.25전쟁 중의 한국군이 맞았던 최대의 참패를 기록했고, 6사단은 보기 좋게 중공군에게 회심의 일격을 안겼다.

그 차이를 빚은 것은 다름 아닌 '싸우려는 의지'였다. 3군단은 일선을 뚫은 중공군 소수 병력에 의해 후방의 전략적 지형을 내준 뒤 싸우려는 의지를 모두 상실하고 말았다. 지휘와 통제는 전혀 찾아볼 수 없었다. 누가 지휘관인지, 누가 일선에서 소총을 들고 적을 맞아 싸워야 하는 병사인지를 구분할 수 없을 정도로 커다란 혼란에 휩싸여 제 살 길만을 찾아 물러서기에 바빴다.

그러나 6사단은 달랐다. 그들은 앞에서 다가오는 중공군의 대병력을 침착하게 지켜봤으며, 그들의 공격이 몰릴 곳에 미리 두터운 벽을 쌓았다. 그리고 적이 다가서자 죽기를 무릅쓰고 싸우고 또 싸웠다. 결과는 대규모의 승리였다. 줄곧 한국군을 얕보며 전선을 오갔던 중공군은 이로써 싸우려는 마음으로 뭉친 한국군에게 호되게 당하고 말았다.

이 또한 중공군이 마음을 크게 다잡은 뒤 추진했던 5차 2단계 공세의 흐름 속에서 벌어진 전투였다. 서부전선에서 대규모 병력으로 서울을 공략하던 중공군은 5차 2단계 공세가 임박하면서 주력을 중동부 전선으로 돌렸다. 은밀하게 중동부 전선으로 병력을 이동시킨 중공군 수뇌부는 5월 16일 강원도 인제의 현리 일대와 경기도 북부 지역으로 강습強襲을 벌이고 나왔다.

용문산 전투는 그런 중공군의 대공세 흐름 속에서 5월 18일부터

국군 2군단 재창설식에서 열병식을 하는 이승만 대통령(지프 위 거수경례하는 사람)과 밴 플리트 미 8군 사령관, 나(지프 위 왼쪽부터 첫째와 넷째)의 모습. 한국군의 전력증강이 신속하게 이뤄지던 때였다.

이틀 동안 벌어진 싸움이었다. 결론부터 말하자면, 중공군은 이 싸움에서 참패를 당하고 말았다. 아주 많은 수의 병력을 잃었고, 한국군과 미군이 벌인 강력한 반격의 덫에 갇힘으로써 전략적 의도의 좌절은 물론 전선 전체의 지휘 상에서 적지 않은 손실을 입고 말았다.

경기도 양평 용문산

당시의 천후天候는 싸움의 양쪽에게 핑계를 댈 만한 기회를 주지 않았다. 날씨는 대개 맑았으며 아침부터 오전 한동안까지는 안개가 끼어 오히려 공습空襲 능력이 강한 아군 측에 다소 불리하다고 해도 좋을 정도였다. 강원도 산간에 비해 기온은 높아서 상대와 맞서 싸우기에는 무리가 전혀 없었다.

싸움이 벌어졌던 용문산이라는 곳은 경기도 양평에서 남한강과 북한강이 합류하는 지점의 삼각주 지형에 있는 산이다. 큰 싸움이 벌어지는 곳은 대개 옛 전장戰場이기 십상이다. 지형의 생김새가 우선 그렇고, 사람과 물자가 다른 지역에 비해 수월하게 이동하는 주요 길목이라는 점에서 그렇다.

남한강과 북한강이 만나는 지역이어서 교통으로 볼 때 사람의 왕래가 매우 잦을 수밖에 없는 곳이 용문산 일대였다. 전사 기록을 보면 이곳은 원래 국가의 운명이 위태로워지는 전쟁을 맞았을 때 나라를 지키려고 했던 의병義兵들이 집결했던 곳이라고 한다.

고구려와 백제, 신라가 한반도에서 힘겨루기를 한창 벌이고 있을 무렵 삼국통일의 야망을 가슴에 품었던 신라의 진흥왕이 이곳에 군대를 주둔시켰다는 기록도 전해지고 있다. 아울러 고려시대에도 고려의 군대가 이곳에 산성山城을 쌓고 침략한 몽고군과 일전을 벌이기 위해 머물렀다는 설명도 있다.

일본군이 침략한 임진왜란 때도 사정은 마찬가지였다고 한다. 승병과 의병들이 나서서 이곳에 머물면서 북상하는 왜군을 맞아 전의戰意를 다졌던 곳이라는 설명도 따른다. 이와 같은 역사적 기록을 보더라도 이곳이 전술적으로 꽤 중요한 지역이라는 점을 충분히 알 수 있을 것이다.

6사단은 이에 앞서 사창리라는 곳에서 전투를 벌였다. 이 전투는 앞에서 소개한 적이 있다. 아울러 6사단은 이미 여러 번 언급한 부대였다. 1950년 6월 25일 전쟁이 벌어지면서 6사단은 매우 유명해졌다. 강원도 춘천의 전면을 방어하던 사단으로서 한국군 중에는 거의 유일하게 기습 남침한 북한군의 전술적 의도를 차단한 부대였기 때문이다.

아울러 기동력이 매우 탁월했다. 영월 일대에 있던 광물鑛物 회사들의 트럭을 징발해서 사용할 수 있었던 까닭에 다른 국군 사단에 비해 월등하다고 해도 좋을 기동력을 확보하고 있었다. 따라서 부대의 형편은 전반적으로 다른 한국군보다 나은 편이었다.

그러나 낙동강 전선에서 맥아더 장군이 이끌었던 인천상륙작전으로 전세가 반전反轉의 국면을 맞았을 때 너무 빨리 북진한 점이 아쉬웠다. 이들은 압록강을 향해 거침없는 질주를 거듭해 압록강 초입의 초산진에 먼저 당도했다. 당시 모든 국군 부대가 흉내를 낼 수 없을 정도의 기동이었다.

6사단장의 선택

그러나 그 점이 화근禍根이었다. 그들은 적유령 산맥의 깊은 그늘에 몸을 숨긴 채 매복해 있던 중공군의 덫에 걸려들고 말았다. 당시에 국군 2군단의 6사단과 7사단, 8사단이 모두 비슷한 형편에 놓였지만 중공군 참전 직후의 전투로 인해 한국군 2군단이 해체의 길을 걷는 순간에서 6사단의 발 빠른 기동은 결정적인 계기로 작용했다.

그 뒤 6사단은 어려운 전투를 수행했다. 그러다가 중공군 5차 4월 공세에 결정적인 패배를 당하고 말았다. 위에 적은 사창리 전투였다. 경기도 가평의 사창리라는 곳에서 벌어진 전투는 6사단과 중공군 20군 예하의 58사단, 59사단, 60사단이 벌인 싸움이었다.

약 3일 동안 벌어진 사창리 전투에서 6사단은 퇴로退路에 관한 숙고熟考가 부족해 결국 지휘 상의 커다란 혼란을 야기했으며, 마침내 중공군 거대 병력에 의해 공격을 받아 장비와 화력은 물론이고 절반에 가까운 병력을 손실하고 말았다. 이 싸움은 6.25전쟁 중 아군이 꼽는 결정적인 패배의 하나에 해당한다.

당시 패배는 충격적이었던 듯하다. 싸움을 지휘하고 있던 미 9군 단장의 입장에서는 분명히 그랬다고 보인다. 사창리 전투에서 6사단이 커다란 혼란을 보이면서 기록적인 패배를 맞이한 뒤 미 9군단장인 윌리엄 호그(William M. Hoge) 중장은 사단을 찾아갔다.

앞에서도 잠시 적은 내용이다. 그는 6사단장인 장도영 준장에게 "당신이 군인이냐?"라고 일갈할 정도로 화가 났던 모양이다. 장도영 사단장은 그런 호그의 호통에 한 마디도 대꾸할 수 없었다고 한다. 기록적인 패배를 당한 사단장이 그런 상황에서 무슨 말을 할 수 있을까.

그런 과정을 겪었던 6사단이었다. 신속하게 후방의 병력으로 대오를 재편해 다시 싸움터에 나선 입장이었다. 그러나 싸움에서의 패배는 쉬이 잊을 수 없는 법이다. 초산진에서 중공군의 매복에 걸려 당한 쓰라린 패배 이후 사창리에 이르는 동안 6사단 장병들의 마음속에는 중공군에 대한 두려움이 한껏 커졌던 상태였다.

장도영 사단장은 그 점에 깊이 주목했던 듯하다. 여러 번의 패전을 거치는 동안 두껍게 가라앉았던 상대에 대한 두려움을 불식하지 못한다면 다시 싸움에 나서도 승산은 없을 것이라고 생각했던 모양이다. 그는 그런 점에서 싸움의 요체를 잘 잡아낸 사단장에 해당한다. 무기와 장비가 제아무리 뛰어나도 마음 복판에 자리 잡은 두려움을 누르지 못한다면 싸움다운 싸움을 해나가기 어려운 법이기 때문이다.

철모에 붉은 페인트로 쓴 '결사決死'

5만 대 1만의 싸움

용문산 일대의 전투 환경은 중공군에게 유리했다. 이곳의 지형적 특징은 물이 많다는 점이다. 남한강과 북한강이 만나는 곳이라서 그랬다. 아울러 북쪽으로는 홍천강도 흐르고 있다. 모두 수량이 풍부한 강이다. 그곳에는 또 울창한 삼림이 이어져 있다. 강이 흐르는 곳이라서 그곳으로 자락을 내리는 산의 경사면도 퍽 가파른 편이다.

중공군은 도로를 따라 기동하는 법이 드물었다. 당시까지는 그랬다는 얘기다. 도로로 기동하기에는 사정이 어려웠다. 탁월한 미 공군의 공격력 때문이었다. 도로로 기동할 경우 미 공군의 파괴력 강한 공격에 속수무책으로 놓일 수밖에 없는 상황이어서 그랬다.

따라서 중공군은 1950년 10월 말 참전 이래 늘 산악으로 기동을 펼쳤다. 그를 감안하면 용문산 전투가 벌어지던 당시 지역적 특성으로 볼 때 중공군은 특유의 산악 기동을 활발하게 펼칠 수 있는 상황이었다. 단지 6사단에게 유리한 점이 있었다면 주변을 모두 감제瞰制할 수 있는 가장 높은 고지인 용문산을 선점하고 있었다는 사실이다.

미 9군단의 배치 상황은 서쪽이 한국군 2사단, 중앙이 한국군 6사단, 동쪽이 미 7사단이 늘어서는 모양새였다. 중공군은 5월 16일 강원도 현리 일대로 병력을 몰아 강공을 펼친 뒤 다른 병력을 이동시켜 미 9군단 전면을 압박했다. 이번에 중공군이 싸움 상대로 고른 쪽은 한국군 6사단이었다.

장도영 사단장은 설욕雪辱을 다짐하고 있었다. 6사단장으로 부임한 뒤 맞은 사창리 전투에서의 패배를 일거에 만회하면서 중공군에게 뼈아픈 일격을 가하려는 마음이 강했다. 그는 따라서 어느 경우에도 물러서지 않고 다가오는 적을 맞받아칠 각오였다.

그는 주主저항선 전방으로 경계부대를 보내기로 했다. 적이 어떻게 움직일 것인가를 미리 파악해보고자 앞으로 내세우는 부대가 경계부대다. 적이 어떤 규모로, 어떤 경로를 거쳐, 어떤 방식으로 공격하느냐 등을 두루 살피기 위해 전진시켜 배치하는 부대다.

경계부대로 선택한 부대는 2연대였다. 장도영 사단장은 좌측에 19연대, 우측에 7연대를 배치한 뒤 2연대를 전방으로 보냈다. 아울러 사단장은 전방으로 나아가는 2연대장을 불러 "어떠한 경우에도 철수하지 말고 진지를 사수하라"고 명령했다. 사단장의 이런 강력한 지시에 따라 2연대장은 예하 3개 대대를 전방에 포진시킨 뒤 사주방어四周防禦형 진지를 구축하고 적을 기다렸다.

마침 전방의 경계부대로 나아간 2연대는 사창리 전투에서 먼저 적에게 등을 보임으로써 사단 전체의 와해 국면을 초래했던 부대이기도 했다. 전사 기록에 따르면 당시 사창리 전투에서의 치욕을 씻기 위해 2연대는 철모에 붉은색 페인트로 '결사決死'라는 글자를 쓴 뒤 전투에 나섰다고 한다.

죽을 각오로 임하다

육군본부가 펴낸 『1129일간의 전쟁 6.25』에는 당시의 상황이 자세하게 드러난다. 그에 따르면 장도영 사단장은 2연대를 전방의 경계부대로 내보내기 전 군장軍裝 검사를 벌였다. 그는 2연대 장병들을 앞에 두고 "지금까지 우리 부대는 전투에서 한 번도 패한 일이 없는데 사창리 전투에서 망쳐 놓았다. 이 오명을 씻기 위해 너희는 죽음을 각오하고 싸워야 한다. 한 발짝도 물러설 생각하지 말고 전초前哨 진지를 사수하라. 진지를 끝까지 지키고 있는 한 사단장은 모든 것을 지원하겠다"고 말했다.

철모에 붉은색 페인트로 '결사'라는 글자를 써놓은 것은 2연대 장병들이 사단장의 훈시를 들은 뒤였다고 한다. 사단장은 장병들에게 한 가지를 분명히 약속했다. 목숨을 걸고 전초 진지에서 싸우는 한 사단장은 모든 것을 지원하겠다는 내용이었다.

싸움은 마음으로만 이뤄지지 않는다. 나를 죽이려는 적이 다가오는 싸움에서는 말이다. 그런 싸움에서는 모든 사람이 마음을 한 데 뭉치는 일이 중요하다. 그러나 마음의 결의만이 최고의 조건이라고 한다면 설득력이 떨어진다. 장도영 사단장은 그 점을 분명히 했던 것이다. 모든 수단과 방법을 동원해 전초의 진지를 지원하겠다는 점 말이다.

결론을 먼저 이야기하자면, 용문산 전투는 사단장 이하 모든 장병의 굳은 의지가 뭉쳐졌고, 그 뒤 장병들의 분투奮鬪를 지원하는 사단장의 실행實行이 효력을 발휘한 싸움이었다. 이 점은 나중에 상술하겠지만 용문산 승리의 골간骨幹을 이룬 매우 훌륭한 요소에 해당한다.

중공군은 현리 전투에 이어 미 9군단의 정면을 곧 압박하기 시작했다. 그럴 경우 전투의 조짐은 여러 곳에서 모습을 드러낸다. 전방에서 중공군의 이동이 활발해지고, 적의 척후斥候 행위도 자주 보인다. 그러면서 부대가 지니는 긴장감이 높아진다. 전선 너머의 중공군 활동이 잦아지면서 미 9군단도 채비에 들어갔다.

서쪽의 국군 2사단, 동쪽의 미 7사단은 전초에 나가있던 부대들을 불러들여 주저항선에 세웠다. 그에 따라 6사단의 경계부대로 나가있던 2연대만이 남은 상태였다. 2연대가 지닌 전투 식량은 1주일치였다. 그럼에도 2연대 장병들을 죽을 각오로 진지를 지키며 적을 기다렸다.

당시 전방의 전초 진지로 갔던 2연대 장병의 각오는 어땠을까. 『1129일간의 전쟁 6.25』가 채록한 증언이 하나 있어 여기에 소개한다. 책은 증언자의 신분을 당시 6사단 2연대 1대대 참전용사라고만 적었다. 그 내용이다.

후방 지원 준비 완료

"그 당시 우리 대대는 대대장이 없어 부대대장 진명섭 대위가 대리근무를 하고 있었다. 사창리에서 패배하고 실의에 빠져 있던 어느 날우리 대대는 연대장으로부터 '홍천강 남안의 미사리 일대에서 중공군의 공격을 저지하라'는 임무를 부여받았다. 우리 대대가 용문산 서쪽의 몰래 재를 넘을 때 부대대장

용문산 전투를 승리로 이끌었던 당시 6사단 장도영 장군.

은 '드디어 우리 모두에게 마지막 기회가 왔다. 우리가 죽을 각오하고 싸운다면 반드시 큰 공을 세울 것이다. 그런 의미에서 손톱과 머리카락을 잘라 유서와 함께 고향에 보내고 훗날 국립묘지에서 만나자'라고 하자 전 대대원이 결의에 찬 모습으로 손톱과 머리카락을 잘라 봉투에 넣었다."

중공군은 늘 많았다. 풍부한 인구를 지닌 국가라서 그랬을 것이고, 사력死力을 다 해 당시의 전쟁에서 승리를 거두기 위해 제가 지닌 총력을 퍼부었기 때문에 그랬을 것이다. 2연대는 당초 많아야 1만여 명의 중공군을 대적對敵할 것이라고 예상했다.

그러나 중공군은 63군 예하 3개 사단으로 한국군 6사단을 겨냥하고 나왔다. 병력의 수만으로 볼 때 5만 명을 넘는 규모였다. 그런 적을 맞아 싸우는 쪽은 6사단이었고, 그 앞을 막고 전방을 사수하려는 부대는 6사단의 2연대뿐이었다. 죽어서도 지키겠다는 의지가 없고서는 결코 이뤄지기 힘든 싸움이었다.

6사단의 결의는 만만치 않았다. 우선 사단 27포병대대를 동원해 전방을 지원하기로 했다. 아울러 미 9군단 소속의 92, 987 자주 포병대도 동원했다. 또 그 나머지 군단의 포병부대들도 용문산 후방에 포진지를 구축하고 지원준비를 마쳤다. 가장 든든한 대상이었던 미 공군도 미 9군단의 요청에 부응코자 막강한 공군력을 6사단의 전방에 투사投射할 준비를 끝냈다.

중공군의 실력도 상당한 수준이었다. 용문산 일대를 공격키로 하고 나선 63군은 다른 중공군 부대처럼 국공國共내전과 항일抗日전투에 참가했던 전투 경험이 풍부한 부대였다. 예하 187, 188, 189사단은 1951년 2월에 압록강을 건넌 뒤 임진강 북쪽에 도달한 데 이어 중공군 5차 1단계 4월 공세에서 임진강 설마리 전투에 참가했다.

전사 기록에 따르면 그 중 188사단은 설마리 전투에서 큰 공을 세워 '영웅' 칭호를 받은 연대장이 2명에 이르렀다. '강한 지휘관 아래에 약한 졸병은 없다'는 말도 있듯이, 그런 중공군 부대의 병사들 또한 사기가 아주 높은 편이었다고 한다.

중공군은 용문산을 넘어 아군의 서부전선 후방을 공략할 의도였다. 강원도 현리에서 한국군을 먼저 소멸시킨 뒤 여세를 몰아 미군의 유생역량을 없애면서 전선을 휘청거리게 만든 뒤 용문산에서 틈을 뚫어 서부전선의 미군 주력을 궁지에 몰아넣겠다는 계산이었다.

중공군이 공격을 벌이기 시작한 정확한 시점은 1951년 5월 17일이었다고 한다. 중서부 전선 일대에서 강력한 공세를 벌인 뒤 중공군 예봉銳鋒이 곧 모습을 드러냈다고 한다. 용문산 일대의 한국군 6사단 2연대 앞이었다. 이튿날인 5월 18일 중공군 본대가 출몰하기 시작했고, 곧 용문산 일대는 뜨거운 격전장으로 변해가고 있었다.

저녁에 강을 건넌 중공군

얼씬거리는 중공군 그림자

본격적으로 전투가 벌어지기 전에도 중공군은 6사단 전면에 가끔씩 모습을 드러냈다고 한다. 전투가 벌어지기 3일 전인 1951년 5월 15일에는 한국인 민간복으로 변장한 중공군이 가평 남쪽의 도로에서 아군의 수색대 눈에 띄었고, 10여 명의 중공군이 강변을 따라 내려오는 장면도 나타났다.

그러나 결정적인 내용이 없었다. 포로를 잡아 중공군의 동태를 구체적으로 파악해야 했는데도 사정은 그렇지 못했다. 따라서 장도영 사단장은 각 연대에 중공군 포로를 반드시 잡아야 한다는 주문을 했다. 사단장의 지시에 따라 각 연대는 전면의 수색과 정찰을 강화하면서 중공군 포로를 잡아들이기 위해 안간힘을 썼다.

5월 16일에는 적지 않은 중공군 병력이 가평 읍내에 집결했다는 정보가 들어왔다. 그에 따라 정밀한 정찰을 강화한 결과 최소 연대 규모의 중공군 병력이 남쪽으로 이동하고 있다는 사실도 파악했다. 전방의 경계부대로 나섰던 2연대 또한 중공군 포로를 잡아들이기 위해 노력했다.

그러다가 2연대에서 결국 중공군과의 교전 끝에 포로 한 명을 붙잡았다. 6중대 병력이 수색 도중 중공군과 조우해 격렬한 전투를 벌인 끝에 잡은 포로였다. 이 포로를 통해 중공군 대규모 병력이 곧 용문산 일대를 향해 공격을 벌일 것이라는 사실을 파악했다.

중공군 공격은 5월 18일 시작했다. 전사의 기록에 따르면 전투가 벌어지던 5월 18일의 일기는 좋지 않았다. 가랑비가 내리고 있었으며 하늘은 퍽 흐린 상태였다. 대규모의 적은 이미 5월 17일 밤의 야음을 틈타 홍천강 북안에 당도했으리라 보였다.

장도영 사단장은 상당히 치밀하고 과감한 계획을 세운 상태였다. 특히 2연대를 전방의 경계부대로 내세우면서 끝까지 진지를 사수하라고 지시한 점은 눈에 띄는 내용이었다. 2연대가 지키는 진지는 지형적으로 뚜렷한 특징을 하나 지니고 있었다. 전방에서 내려오는 중공군이 이곳 2연대의 진지를 돌파할 경우와, 그렇지 못한 경우가 그 때문에 크게 갈린다.

전방 경계부대라고는 했지만 사실 2연대는 단순한 경계 근무를 벌이는 임무가 아니었다. 그곳을 목숨으로 지켜야 하는 책임이 있었다. 따라서 어떻게 보면 주저항선에 올라선 핵심 전투부대였다고 해도 좋았다. 2연대에게 그곳에서 목숨을 걸고 중공군 저지에 나서라는 지시를 내린 장도영 사단장은 나름대로 지형적인 이점을 정확하게 노렸다.

중공군이 2연대에 막혀 머무는 저지선의 북방은 개활지에 가까웠다. 높은 산간 지형과는 전혀 반대의 모습을 지닌 장소였다. 높아 봐야 기껏 구릉이라고 해도 좋을 정도의 나지막한 산지를 제외하고는 대부분 강변과 평탄한 지면의 연속이었다. 따라서 홍천강을 도하해 남하하는 중공군은 2연대 저지선에 막혀 머무는 동안 2연대 후방의 강력한 아군 포격에 몸을 드러내야 하는 형국이었다.

후방에 배치한 막강한 포병

앞에서도 설명한 대목이지만 6사단의 전투를 위해 미 9군단과 사단 본부는 상당한 준비를 마친 상태였다. 특히 후방에 강력한 포병화력을 전개하고 적을 기다리는 상황이었다. 사단의 27포병대대는 물론이고, 미 9군단을 비롯한 각 예하부대의 포병화력이 6사단의 전투를 지원하기 위해 강력한 포를 늘어놓고 있었다.

따라서 중공군은 2연대 저지선을 신속하게 뚫지 못하면 후방으로부터 날아오는 아군의 강력한 포병 화력에 몸을 숨기기 어려운 상황이었다. 장도영 사단장은 이를 정확하게 간파했던 셈이다. 따라서 그는 2연대장 송대후 중령에게 반드시 저지선을 사수하도록 명령했던 것이다.

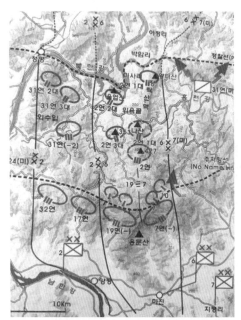

당시 용문산 전투 개념도. 용문산을 남쪽에 두고 전진 배치한 6사단의 각 부대는 중공군의 공세를 집요하게 막아 세웠다.

전투가 벌어지면서 드러나는 중공군의 동선動線도 정확하게 파악할 수 있었다. 바로 용문산 때문이었다. 해발 1,157m의 용문산은 주변 모두를 감제瞰制하기에 안성맞춤인 고지에 해당했다. 인근 산간 지역의 어느 산에 비해 높은 곳이었기 때문이다. 이곳에 올라선 아군은 중공군이 대규모의 병력을 이동시킬 경우 정확하게 그 행로를 파악할 수 있었다.

따라서 6사단 2연대의 저지선에 걸려 신속하게 이동하지 못하는 중공군은 낮은 구릉과 평탄한 벌판 지형에서 몸을 감추기 힘들었다. 용문산의 높은 고지에서 정확한 관측을 통해 중공군 병력이 몰려 있는 장소를 실시간으로 파악했던 아군은 후방의 포병부대에 신속하면서 빈틈없이 포격 지점을 알려줄 수 있었다.

아울러 중공군이 2연대의 저지에 막혀 평탄하고 너른 지형에 머무는 동안 강력한 미 공군의 공습 능력도 극대화할 수 있었다. 따라서 2연대가 막대한 중공군의 병력을 얼마 동안 저지할 수 있느냐는 점은 용문산 전투의 승패를 가를 수 있는 결정적인 요소였다. 장도영 사단장은 그런 사정을 감안해 2연대의 진지 사수死守를 지시했던 것이다.

홍천강 남쪽은 미사리라고 하는 곳이다. 강변을 끼고 있어 그 일대는 대부분 평탄한 지형이다. 이곳에는 2연대의 1대대가 늘어섰다. 5월 18일 오전 10시 경에 중공군 기마병들의 모습이 먼저 아군의 시야에 나타났다. 그 수는 점차 불어나고 있었다.

전사의 기록에 따르면 중공군은 오후 들어 상당수의 병력이 홍천강 너머에 집결한 상태였고, 어둠이 깔리기 시작한 오후 7시에 강을 넘기 시작했다고 한다. 수심은 1.5m 정도였으며, 중공군은 약 100명 정도씩 강에 뛰어들어 헤엄을 쳤다고 전사는 소개하고 있다.

전방에 추진했던 소대는 중공군의 본격적인 도하渡河와 함께 중대 진지로 돌아와 적을 맞았다고 했다. 그러나 2연대는 전방에 돌출突出한 형국이었다. 동쪽으로 인접했던 미 7사단 경계부대, 서쪽으로 늘어섰던 한국군 2사단의 경계부대가 모두 후방으로 철수했기 때문이었다.

따라서 2연대는 좌우가 다 뚫려 고립孤立의 형태를 보이는 진지에 갇혀 있는 모습이었다. 게다가 중공군은 수적으로 매우 우세했다. 좌우에 늘어선 아군과의 연계 없이 다가오는 대규모의 중공군을 맞아 싸우는 일은 죽음을 무릅쓰지 않고서는 불가능했다.

고립된 고지의 힘겨운 싸움

이런 점 때문에 2연대의 전투는 고전苦戰의 연속이었다. 중공군은 대규모 기동전을 벌이기 전에 늘 펼치던 사전 포격은 생략한 상태였다. 그저 부지런히 강 북안에서 헤엄을 쳐 물을 건넌 뒤 따발총과 방망이 수류탄을 들고 끊임없이 고지에 다가서고 있었다.

중공군은 오직 전진前進만이 유일한 목적인 듯했다고 전사는 설명했다. 2연대 1대대의 방어선에 걸려 얼마나 많은 병력이 죽거나 다치느냐에는 관심이 없었다고 했다. 오로지 아군의 저지선을 뚫고 2연대 진지를 건너 뛰어 아군의 후방으로 진입하는 데에만 관심이 높았던 듯했다는 이야기다.

그런 중공군에게 아군의 주방어선이 어디인가를 알아내는 일은 중요했다. 최종적으로 6사단의 주저항선을 뚫어야 용문산 일대를 장악할 수 있다는 판단 때문이었을 것이다. 중공군은 시간이 갈수록 수가 크게 불어났다. 미 7사단 지역 전면을 저항 없이 통과한 중공군도 국군 6사단 2연대 정면으로 몰려들고 있었다.

이들은 2연대 전면에 좌우로 늘어선 2대대와 1대대를 과감하게 공격했다. 주로 방망이 수류탄을 던져 넣는 방식으로 접근했다. 아군은 먼저 박격포 공격을 벌였다. 그리고 다가서는 적에게 집중적인 사격을 가하면서 대응했다. 중공군의 희생은 컸다. 그러나 수적으로 우수한 그들은 인명의 희생을 염두에 두지 않고 계속 다가섰다.

후방에서 나중에 강을 건너 다가선 중공군 부대는 오직 전진을 재촉했다. 조금이라도 빨리 용문산 일대로 진입하기 위해서였다. 그런 의도가 성공할 경우 중공군은 2연대 저지선을 넘어 몸을 가리기 쉬운 용문산 일대의 산자락으로 들어설 수 있었다. 아군의 강력한 포격과 공습을 피하기 위해서는 반드시 그래야 했다.

아군의 후방 포병화력이 불을 뿜었고, 미군의 강력한 공군기들이 날아들었다. 잔뜩 구름이 낀 날씨 속에서도 미 공군기는 24회를 출격했다고 전사는 적고 있다. 아울러 후방으로부터 아군의 포탄이 날아들면서 홍천강 남안 일대 개활지는 섬광과 폭음, 그리고 그로부터 나오는 초연硝煙이 가득한 싸움터로 돌변했다.

그러나 중공군은 쓰러지고 또 쓰러지면서도 쉼 없이 다가섰다. 막대한 병력을 앞세운 중공군의 그런 인해전술人海戰術로 2연대의 전방 지지들이 휘청거리기 시작했다. '결사決死'라는 글씨를 전투모에 쓰고 분전을 거듭하는 2연대 1, 2대대의 장병들이 조금씩 밀리고 있었다.

"이대로 물러서면 다 죽는다"

3대대 353고지 혈투

6사단 2연대의 배치 상황은 원래 이랬다. 전방 좌측에 2대대, 우측은 1대대, 후방은 3대대였다. 전방 좌우에 있던 2대대와 1대대는 중공군과의 접전에서 밀릴 경우 다음 진지로 이동한다는 계획을 미리 세워둔 상태였다. 그럴 경우 당초 후방에 있던 3대대가 중공군 전면을 막아서고 다시 그 후방의 우측으로는 1대대, 좌측으로는 2대대가 늘어설 계획이었다.

막대한 수적인 우세로 전방의 1대대와 2대대를 공격하던 중공군은 결국 아군의 저지선을 넘어서고 말았다. 따라서 계획에 따라 1대대와 2대대는 다음의 축차逐次진지로 이동했다. 연대장 송대후 중령의 지시에 따라서였다. 그러나 그 무렵에 중공군은 이미 1대대와 2대대 저지선을 넘은 상태였다.

당시 상황을 자세히 적고 있는 육군본부의 『1129일간의 전쟁 6.25』는 그 때의 모습이 저지선을 이미 넘어선 중공군의 후미를 아군이 따라가는 형국이었다고 소개한다. 그러나 마침 미 공군의 강력한 공중사격으로 아군의 전방 저지선을 넘은 중공군들이 산간의 숲 사이로 몸을 숨겼다고 했다.

1대대와 2대대는 그런 틈을 타서 신속하게 다음 축차진지로 무사히 이동했다. 다음으로 적을 전면에서 맞아야 했던 3대대의 위치는 지금의 청평호로부터 6㎞ 정도 떨어진 353고지였다. 이제는 3대대가 전면으로 나서서 중공군을 맞아 싸워야 할 차례였다.

그곳으로부터 우측으로 3㎞ 떨어진 나산에는 1대대가 전방 임무를 완수한 뒤 신속하게 이동해 자리를 잡았고, 좌측으로는 역시 전방의 저지선에서 철수한 2대대가 427고지에 진지를 편성하고 전투태세를 갖췄다. 따라서 중공군의 주공主攻은 가운데 진지에 자리를 잡은 3대대 정면으로 몰릴 형국이었다.

중공군의 핵심 목표는 용문산 점령이었다. 가장 높은 고지를 점령함으로써 세를 구축한 뒤 아군의 서쪽 후방을 치고 들어간다는 계획을 마련한 상태였기 때문이다. 중공군의 그런 전략적 의도를 관철하기 위해서는 한국군 6사단 2연대 3대대가 지키고 있는 353고지를 반드시 뚫어야 했다.

중공군의 대규모 병력이 신속하게 용문산으로 다가서기 위해서는 반드시 이곳을 거쳐야 했던 까닭이다. 따라서 한국군 6사단 2연대의 1대대 및 2대대의 1차 저지선을 넘은 중공군은 3대대를 향해 공격을 벌일 게 분명해 보였다. 중공군 공격이 벌어진 뒤 하루가 지난 5월 19일 저녁에는 그런 중공군 동향을 알리는 첩보들이 속속 들어오고 있었다.

나팔수와 정훈병

전사 기록을 보면 흥미를 끄는 장면 하나가 눈에 띈다. 당시 3대대의 진지 사수死守 결의 또한 대단했다고 한다. 대대장은 김두일 대위였다. 그는 진지를 견고하게 다져 적을 맞을 채비에 나서는 한편 행정병과

진지 방어를 위해 경계 중인 당시 6사단 장병 추정 사진.

노무자들도 소총을 잡고 전투에 나서도록 했다고 한다.

부대에 남아 있는 인력 중에 소총을 들고 적에 맞설 수 있는 사람은 모두 나서서 싸우자는 전원 결사 의지의 표현이랄 수 있겠다. 아울러 김두일 대위는 아이디어 하나를 냈다. 전투에 나서는 아군 병력의 사기를 드높이기 위해 중대마다 한 명씩 나팔수를 뽑기로 했다는 것이다.

싸움에서 소리의 역할도 적지 않은 법이다. 옛 전쟁에서 공격에 나서는 신호를 북, 후퇴를 알리는 소리로는 징 등 금속소리를 냈다는 것은 잘 알려져 있다. 중공군은 참전 이래 줄곧 피리와 꽹과리 소리를 사용해 공격을 펼쳐왔다. 그에 대응하기 위한 방편으로 김두일 대위는 나팔을 생각했던 모양이다.

전사가 소개하는 또 하나 흥미로운 대목은 3대대장이 정훈병을 배치했다는 점이다. 지휘관의 의지와 전투 방식을 효율적으로 부대원들에게 전달하기 위해서였을 것이다. 그런 방식으로 싸움을 끝까지 펼쳐 죽음으로써 진지를 지키겠다는 의지가 엿보이는 대목이 아닐 수 없다. 아무튼 전선에 선 6사단 2연대 병력은 싸우려는 의지로 단단히 뭉쳐 있었던 셈이다.

중공군의 공격은 밤을 타고 벌어졌다. 5월 19일 오후 7시 무렵이었다고 했다. 중공군은 소대 규모의 부대를 보내 기습을 펼쳤다. 저녁 식사를 마친 3대대 취사장이 먼저 공격을 받았다. 뒷정리를 하던 소대원과 노무자들이 쓰러졌다. 그들은 반격을 받고 곧 사라졌다. 대규모 공격을 앞에 둔 탐색전 성격의 교전이었다.

그로부터 1시간이 지난 뒤에는 고지를 향해 중공군이 대거 올라오고 있다는 보고가 들어왔다. 본격적인 중공군의 공격이었다. 접전이 벌어지기 시작한 시점은 밤 10시 무렵이었다. 중공군은 따발총 사격에 앞서 방망이 수류탄을 대거 진지에 던지면서 몰려들었다.

3대대 각 중대는 박격포로 우선 적의 예봉을 꺾으면서 부지런히 사격으로 대응했다. 중공군의 시체가 진지 앞에 쌓이기 시작했다. 그런 정도의 중공군 공격으로 무너질 3대대 장병들의 각오는 아니었다. 결국 1차 접전은 중공군이 퇴각하면서 마무리 지어졌다. 그러나 중공군은 곧 다시 몰려왔다.

중공군의 공격은 줄곧 한 지점을 향해 집중하는 모양으로 나타났다. 한 지점을 돌파해 종심으로 기동을 펼친 뒤 후방으로 진입해 아군을 포위하려는 의도에서였다. 2차 공격을 펼치는 중공군 또한 한 지점만을 선택해 공격력을 집중했다. 3대대 전체가 위기에 휩싸였다.

위기에서 벌어진 기적

육군본부의 『1129일간의 전쟁 6.25』가 적고 있는 흥미로운 장면이 하나 있다. 당시 전투에 참가했던 장병들의 증언을 채록했던 내용이라고 보인다. 전투는 계획한 여러 요소에 의해 틀이 만들어지지만, 때로는 전혀 의도하지 않은 우연의 요소가 개입해 승패를 가르는 경우가 적지 않다.

책자가 소개하고 있는 내용 또한 그런 우연의 요소에 해당한다. 그만큼 전투는 예측할 수 없는 변수가 많이 따르는 법이다. 책에 따르면 3대대장 김두일 대위는 지휘관의 의지와 심정을 부대원에게 충분히 전달코자 중공군 공격에 앞서 정훈병을 각 중대에 배치했다고 위에 적었다.

정훈병은 대대장이 자신의 뚜렷한 목적을 지닌 채 선발한 사람이다. 그러나 그 정훈병이 이상한 기적을 만들어내고 말았다. 대대장이 의도한 것과는 전혀 동떨어진 결과였다. 중공군의 거듭 이어진 공격에 대응하던 과정에서 그런 일이 벌어졌다.

중공군은 5월 19일 밤 10시 무렵에 2차 공격을 벌인 뒤 40분이 지났을 때 다시 3차 공격에 나선다. 당시 중공군이 집중적으로 노린 곳은 3대대 10중대 방어지역이었다고 한다. 쉴 새 없이 벌어지는 중공군의 공격에 부대원들은 소대장을 중심으로 강력하게 맞서 싸웠다고 한다.

그러나 수적으로 월등했던 중공군은 막심한 인명 피해는 아랑곳하지 않은 채 계속 몰려들었다. 숨을 돌릴 틈도 없이 밀어붙이는 중공군에 의해 10중대가 흔들렸고, 급기야 중대장 또한 '이젠 더 막기 힘들다'는 판단을 했기 때문인지는 몰라도 엉겁결에 고지 후방으로 후퇴하고 말았다.

그는 퇴각하다가 정신을 차렸다고 했다. '이래서는 안 된다'는 자각自覺 때문이었을 것이다. 그는 무거운 발걸음을 돌려 다시 물러났던 고지로 다가가 발을 들였다. 그의 눈앞에는 후퇴해 고지를 내려간 중대장의 모습이 사라지자 우왕좌왕하고 있던 부대원들이 우선 보였다. 그의 뇌리에는 절망감이 찾아들었을 장면이었다.

그러나 그 때 '기적'이 벌어졌다고 한다. 대대장의 지시로 뽑은 정훈병이 다시 나타난 중대장을 보고서는 대원들을 향해 소리를 쳤다고 한다. "중대장이 다시 나타났다. 다시 싸우자. 이대로 물러나면 우리는 모두 죽는다"는 내용이었다. 그와 함께 중대 나팔수가 나팔을 들어 힘껏 불었다고 한다.

기적은 그 다음에 벌어졌다. 우왕좌왕하며 중공군 공격에 마지막을 내줬을지도 모를 중대원들이 다시 정신을 차리고 총을 들어 중공군에 맞서기 시작했다는 것이다. 거의 무너질 것처럼 보였던 상대가 다시 눈을 반짝이며 총을 들 때 공격을 벌였던 쪽은 크게 당황하게 마련이다. 그런 일이 353고지에서 벌어지고 있었던 것이다.

이 기록은 틀림이 없을 것으로 나는 생각한다. 당시 정훈병을 맡았던 서기종 일병은 그런 공로 때문에 사병으로서는 좀체 받기 힘든 미국의 은성훈장을 받았기 때문이다. 서 일병은 전투에서 드러나는 우연의 요소였다. 그러나 우연의 요소만으로는 기적과도 같은 승리가 벌어지지 않는 법이다.

중공군 드디어 무릎 꿇다

다시 몰려든 중공군

앞에서 적은 이야기가 심금을 울린다. 정훈병의 커다란 외침은 기적적인 승리로 이어졌다. 다 쓰러뜨렸다고 본 상대가 다시 일어설 때 사람은 겁을 집어 먹는다. 다시 일어서는 사람의 투혼을 보면서 그는 사기가 꺾이고 만다. 아마 그런 공훈 때문에 서기종이라는 정훈병은 미국의 은성훈장을 받았을 것이다.

그럼에도 서기종 일병은 그냥 우연의 요소에 불과하다. 그가 당긴 '불씨'는 죽어서라도 진지를 지키려고 했던 3대대 모든 장병의 튼튼하고 굳센 투지의 '기름'이 없었다면 그냥 사위어갈 수도 있었다. 결국 그 싸움에서 중공군을 물리친 데에는 죽을 때까지 싸우려는 의지를 다졌던 6사단 장병들의 몫이 가장 컸고, 서 일병은 그를 촉발하는 좋은 요소로 작용했을 것이다. 그렇게 353고지의 혈투는 끝을 맺었다. 중공군은 의지를 되살린 3대대 10중대의 투혼에 꺾여 고지에서 퇴각했다고 한다.

중공군은 5월 20일 새벽 1시 무렵에 고지에서 물러섰다. 백병전을 감행하며 총이 아니면 칼로도 맞서 싸우는 6사단 2연대 3대대 장병들을 넘어설 수 없었던 것이다. 전사는 중공군이 6사단 2연대 3대대 353고지에서 한국군의 강렬한 저항에 맞닥뜨려 물러선 뒤 3대대의 그 고지와 우측의 1대대가 늘어선 나산, 좌측으로 427고지에 선 2대대의 전선을 6사단의 주저항선으로 착각했을 수도 있다고 적었다.

그랬을 가능성은 충분히 있다. 공격을 펼칠 때 상대의 주저항선이 어디인가는 파악하기 쉽지 않다. 지키는 쪽에서도 주저항선은 가장 큰 화력과 병력이 몰려 있는 곳이어서 방어의 중점에 해당한다. 중공군으로서는 정신없이 날아드는 미군의 공군기와 머리 위로 쉴 새 없이 퍼부어지는 아군의 후방 포병화력 때문에 차분하게 6사단의 주저항선을 파악하기는 어려웠을 것이다.

중공군은 결국 군의 예비사단이었던 189사단을 동원해 공격에 나섰지만 효과를 거둘 수 없었다고 한다. 중공군의 기세는 그로써 꺾이기 시작했다. 6사단 2연대 장병의 놀라운 투혼이 그에 커다란 몫으로 작용을 했지만, 다른 요소를 또한 거론하지 않을 수 없다.

앞에서 적었듯, 사단장이 2연대를 전방의 경계부대로 내세운 뒤 진지의 사수를 명령한 것도 당시 전투에서 거둔 승리의 큰 요소다. 중

아군에게 붙잡힌 중공군 포로의 대오다. 배고픔과 피곤에 찌든 모습이 읽힌다.

공군이 2연대 저지선을 넘을 경우 아군의 공습과 후방 포병화력에 의한 공격은 제대로 효과를 거두기가 힘들었다. 지형적 특성 때문이라는 점을 앞에서도 언급했다.

아울러 6사단은 미 9군단의 지원을 이끌어내 2연대 방어 구간에 적절한 화력망을 형성했다. 1~3대대 사이에 놓인 구간, 특히 1대대와 3대대 사이에 치밀한 화력 집중 지역을 미리 설정해 적을 대거 살상하도록 만들었다. 육군본부의 전사는 그렇게 설정한 살상지대가 적에게 심각한 피해를 안겼다고 소개하고 있다.

2대대 427고지 혈전

353고지에서의 전투는 그렇게 단락을 맺었다. 그러나 2대대가 진지를 편성해 적을 기다리고 있던 427고지에서도 싸움이 불붙었다. 2대대의 427고지 또한 중공군이 용문산을 점령하기 위해 진격할 때 거쳐야 했던 중요한 지점에 해당한다. 비록 353고지에 비해서는 중요도가 다소 떨어진다고 해도 중공군이 그곳을 뚫는다면 용문산 진출에 한 발짝 크게 다가설 수 있는 곳이었다.

2대대의 투혼 역시 다른 2연대 장병들에 못지않았다. 임무는 막중했지만 몸은 거듭 이어지는 격전에 시달려야 했다. 2대대는 앞서 적은 대로 1대대와 함께 홍천강 남안 쪽으로 전진 배치했던 부대였다. 강을 넘은 중공군의 1차 공격을 막은 뒤 미리 설정한 후방 축차진지로 급히 이동해 다시 적과 싸워야 했던 상황이었다.

5월 19일 전방 지지에서 철수해 급히 427고지로 이동한 2대대는 북쪽에 5중대, 북서쪽에 6중대, 남쪽에 7중대를 배치한 뒤 적을 기다리고 있었다. 아울러 427고지 중앙에 81㎜ 박격포 진지를 구성했고,

중공군을 정면으로 맞이해야 했던 북쪽 진지의 중대에는 기관총 1개 소대를 추가 배치했다. 예비는 따로 둘 형편이 아니었다. 대대 전원이 나서서 적과 싸워야 했기 때문이었다.

전방 진지에서 급히 이동해 다시 427고지로 올라서 진지를 편성한 2대대의 사정은 사실 후방에서 적을 맞았던 3대대에 비해 나빴다. 우선 1차 접전을 치른 뒤 급히 축차진지로 이동한 상태였고, 격전이 이어진 뒤여서 식량을 비롯한 보급이 문제였다.

특히 전방 진지로 나아갈 때 받았던 식량이 거의 떨어진 상황이었다. 따라서 수적으로 크게 우세한 중공군과의 싸움, 떨어져가는 식량으로 인해 발생하는 허기, 신속한 진지 이동 때문에 생긴 체력 저하의 어려움에 봉착해 있었다. 게다가 적은 재빠르게 이동해 진지에 다가서고 있었다.

중공군은 2대대 장병들이 진지 편성 뒤 개인호를 막 완성하고 잠시 몸을 뉘일 때 쳐들어왔던 모양이다. 더구나 상대의 허(虛)를 교묘하며 집요하게 파고드는 중공군의 방식이 또 선을 보였다. 당초 2대대 장병들은 중공군의 공격 지향점을 서쪽으로 예상했다.

427고지의 서쪽은 기동이 수월한 곳이었다. 길이 나 있어 사람의 통행이 편했기 때문이다. 그러나 중공군은 북쪽으로 다가섰다. 전사 기록에 따르면 427고지의 북쪽은 암석과 급경사로 이어지는 능선을 몇 차례나 넘어야 했던 곳이다. 그럼에도 중공군은 그곳을 거쳐 고지에 다가섰다고 한다.

상대 의중의 허점을 잘 파고드는 중공군 특유의 전법이기도 했다. 기록에는 당시 2대대 장병들은 세 끼 정도를 굶은 상태였다고 나온다. 따라서 몸과 정신이 많이 지쳤을 법하다. 진지를 점령한 지 2시간도 지나지 않은 시각에 중공군은 공격을 벌이면서 고지를 향해 올라왔다.

미 포병장교의 맹활약

허기와 피로에 지쳤지만 2대대 장병들은 다가서는 중공군을 향해 맹렬한 사격을 가했다. 중공군 또한 쉽게 물러서지 않았다고 한다. 압도적인 병력의 우세는 늘 중공군의 제파梯波식 공격으로 나타난다. 계단의 각 단계가 이어지듯이 물결처럼 쉬지 않고 밀려드는 방식의 공격이다.

그럴 경우의 중공군에게 아군은 적지 않게 당한 경험이 있다. 중공군 참전 초반에 벌어진 평안북도 일대의 전투와 1950년 12월 크리스마스 공세 때의 싸움, 서울을 다시 내줬던 1.4후퇴 당시의 격전 등에서도 중공군은 예의 그런 방식의 공격으로 아군을 몰아붙였다.

6사단 2연대 2대대 427고지를 향한 중공군의 공세는 약 3시간 동안 이어졌다고 한다. 인해전술이라고 해도 좋을 제파 방식의 끊임없는 공격이었다. 이런 중공군의 공세에는 물러서지 않고 목숨을 걸고 끝까지 싸우려는 의지와 함께 화력의 집중적이면서 효율적인 운용이 필요했다.

초반에 막대한 수적 우세로 아군을 몰아붙였던 중공군의 전법에 우리가 밀렸던 것은 그를 잠재울 화력의 효과적인 운용이 없었기 때문이었다. 그러나 이번에는 사정이 많이 달랐다. 전사가 소개하는 대목 중의 하나가 그렇다. 당시 주변을 감제瞰制하기 가장 좋은 용문산이 우리 수중에 있었다는 점이다.

아울러 당시 6사단이 운용하고 있던 27포병대대에는 제2차 세계대전 당시 유럽전선에서 활약했던 미 고문관이 한 사람 와 있었다. 그는 카스트로 소령이었다. 육군본부의 전사는 카스트로 소령이 풍부했던 야전 경험을 바탕으로 용문산에 포진한 27포병대대에서 큰 역할을 했다고 소개하고 있다.

카스트로는 용문산의 높은 곳에서 2연대의 싸움을 지켜보면서 각 대대의 전면 방어진지 외곽을 향해 27포병대대의 화력이 정확하게 투사될 수 있도록 도왔다는 것이다. 전사의 소개에 따르면 특히 5월 19일 밤에는 사격지휘본부에서 밤을 새워가며 화력지원을 요구하는 각 일선 대대 전면의 적군을 향해 정확하게 포탄을 퍼붓는 데 큰 기여를 했다는 것이다.

카스트로 소령 역시 3대대의 서기훈 일병처럼 당시의 공로 때문에 미 은성훈장을 받았다. 중공군은 2연대의 각 대대 진지를 돌파하기 위해 군의 예비였던 사단까지 투입해 전선을 뚫어보려 나섰지만 결국 작전에서 실패했다. 진지를 사수하려는 6사단 장도영 사단장 이하 모든 장병들의 투지가 우선 크게 작용했다.

그와 함께 적의 동향을 미리 파악하기 위해 정보에 매우 민감했고, 적이 다가설 곳곳에 강력한 화망火網을 구성하는 치밀함이 크게 작용했다. 지형적인 이점을 제대로 고려해 적이 발을 들이게 해서는 안 될 곳을 정확하게 가려 그곳을 철저하게 막아낸 전술적인 안목도 매우 돋보였다.

오랑캐 몰살시킨 호수, '파로호'

방어에 취약했던 국군

나는 60여 년 전의 전쟁을 몸소 겪으면서 우리가 싸움에 능하지 못한 민족이라고 생각한 적은 거의 없다. 단지, 그 때의 싸움에서 우리가 일정한 패턴을 드러내는 면은 있었다. 앞에서도 잠시 언급했던 내용이다. 흥이 우선 빨리 도지고 일찍 시든다. 공격의 리듬에 올라탈 때에는 아주 눈부신 면이 있다.

기개도 좋고 활력이 넘친다. 따라서 일정한 공세攻勢가 만들어지면 그 위에 올라타고 나아감이 빠르고 거세다. 누구도 막을 수 없을 정도의 기세가 자연스레 이뤄진다. 아울러 위기에는 잘 뭉친다. 생사生死와 존망存亡이 걸린 위기의 극점에서는 의기가 한 데 잘 어울린다.

그러나 전쟁은 공격만 있을 수 없다. 그에 반드시 따르는 일이 방어다. 당시의 전쟁에서 방어에 취약한 국군의 면모는 자주 드러났다. 북진의 대열을 경쟁하듯 펼치다가 느닷없이 나타난 중공군에게 뼈아플 정도로 자주 당하고 말았다. 공격에 나서는 동작이 빨랐다가도 방어에는 매우 취약해 후퇴가 분산分散과 극심한 혼효混淆로 이어지면서 막심한 피해를 입었다.

위기에는 강했지만 그 요소가 풀어질 때면 늘 정신의 자세도 함께 풀어지는 경우가 많았다. 따라서 평온한 상태가 오면 전비戰備를 충실히 채우는 일이 적었다. 이런 몇 가지 면모가 어디에서 비롯하는지는 잘 모르겠다. 전투를 수행하는 군인의 눈으로 보면 아무래도 부단한 훈련과 치밀한 조직능력이 뒤를 따르지 못했기 때문이라는 생각을 한다.

그를 이룰 만한 시간적, 물리적 여유가 우리에게는 없었던 점이 클 것이다. 해방의 격변기에 겨우 몸을 추스르고 일어선 대한민국과 그 군대였기 때문이다. 그런 맥락에서 볼 때 용문산 전투는 특기할 만하다. 후방의 미군 포병화력과 미 공군의 공습능력이라는 점을 제외하면 용문산 전투는 한국군 1개 사단이 전쟁의 중요한 흐름 속에서 거의 단독으로 중공군을 맞아 승리를 거둔 싸움이다.

나는 용문산에서 6사단이 중공군에게 맞서 싸워 큰 승리를 거뒀다는 소식을 조금 늦게야 알았다. 내가 주둔하고 있던 강릉의 1군단에서다. 당시 나는 밴 플리트 미 8군 사령관의 지시에 따라 현리 일대를 뚫은 중공군을 대관령에서 저지하기 위해 나름대로 분주한 시간을 보내고 있었다.

그래도 나는 6사단의 분투가 자랑스러웠다. 중공군에게 가장 약한 군대로 여겨져 그 예봉銳鋒의 우선 접전接戰 대상으로 꼽혔던 한국군이었다. 따라서 6사단이 거의 단독으로 그들에 맞서 싸움을 벌인 뒤 심각한 피해를 안겼다는 점이 마음속의 커다란 위안이 아닐 수 없었다.

승리 기념해 지은 '파로호'

용문산 전투는 당시 싸움에 이승만 대통령이 '파로호破虜湖'라는 이름을 지으면서 더 유명해졌다. 용문산 전투에서 거둔 6사단의 전과戰果가 화천 저수지 일대로 확산하면서 얻은 일이다. 이승만 대통령은 중공

파로호 승전 뒤 기념 촬영한 6사단 장병. '유용원 군사세계'가 소개한 사진이다.

군을 과거 우리의 왕조시대 때 '오랑캐'라고 불렀던 북방의 침략자라는 의미에서 로虜라고 명시했고, 이어 그를 깨뜨렸다는 점에서 파破라는 글자를 적었다.

그런 점에서 볼 때 대한민국으로서는 당시의 승전보가 오랜 가뭄 끝에 내리는 단비와 같았을 것이다. 나도 화천 저수지 일대를 '파로호'라고 새로 이름 짓는 경사를 지켜보면서 많은 생각에 젖었다. 아래위로 크게 흔들리면서, 중공군에게는 물에 떠다니는 그 무엇을 지칭하는 '부동浮動'이라는 형용까지 얻으며 지리멸렬한 싸움 방식을 선보이던 우리 군대의 틀을 벗어나는 방법은 무엇일까라는 점이었다.

아무튼 당시 6사단이 거둔 승리의 끝은 화려했다. 6사단의 2연대는 정말 눈부신 투혼을 발휘했다. 초전에서 함부로 무너지지 않았으며, 이어 벌어진 고지의 방어에서도 막대한 병력의 중공군 공세를 침착하게 꺾었다. 중공군은 참전 이래 늘 보여 오던 전술로 나섰지만, 한국군은 용감하게 그를 맞받아쳤다.

후방의 화력과 치밀한 방어막 형성은 중공군의 커다란 희생으로 이어졌다. 중공군의 기세는 완연하게 꺾이고 있었다. 6사단 2연대가 홍천강 남안에서 용문산으로 이어지는 길목을 강인한 투지로 막아내고 있던 시점이었다. 그러니까 중공군이 2연대 3대대와 2대대의 353고지와 427고지를 공격하다가 차츰 좌절로 접어들던 무렵이었다.

당시 6사단을 지휘하던 미 9군단은 5월 19일 밤 전격적으로 예하 모든 부대에 공격명령을 내렸다. 용문산을 지키면서 중공군 공세를 막았던 흐름을 공격으로 전환한 것이다. 우선은 두 단계 진격 작전을 통보했다. 1단계와 2단계 공격 진출선을 상정해 정해진 시점까지 그곳으로 공세를 펼치라는 내용이었다.

우선은 청평과 홍천강을 연결하는 선으로 진출하고, 나아가 가평과 북한강 및 의암을 잇는 선까지 나아가는 일이었다. 공격 시점은 5월 20일 새벽 5시였다. 이 공격 명령을 받은 6사단장 장도영 장군은 19연대를 좌측, 7연대를 우측에 포진한 뒤 전방에서 중공군 공세를 꺾은 2연대에게 전방의 적이 물러나는 퇴로를 막으라고 지시했다.

중공군은 이미 등을 보였고, 그것을 되돌릴 의지와 힘도 없어 보였다. 산발적인 소규모의 교전이 벌어졌지만 큰 흐름에서 중공군은 패주敗走의 물결에 휩싸인 뒤였다. 아군의 진격은 신속했다. 중공군은 산발적으로 반격을 펼쳤지만 큰 흐름을 막을 수는 없었다.

아군끼리의 오인에 의한 총격전이 벌어질 정도로 중공군의 저항은 미미했다. 이튿날 오후에 접어들면서 6사단 좌측의 19연대, 우측의

7연대는 전방에 돌출한 진지에서 중공군과 격전을 벌였던 2연대와 연계할 수 있었다. 용문산에 다가서고자 했던 중공군 전체는 5월 21일 새벽 3시를 기점으로 전면 철수에 들어섰다.

1차 진출선까지의 진격은 순조로웠다. 2연대 전방 2개 대대가 진출했던 홍천강 남안까지 6사단 각 연대의 연계와 진출이 이뤄지면서 중공군이 의도했던 용문산 전투는 정식으로 막을 내린 셈이었다. 육군본부 전사 기록에 따르면 당시까지의 아군 손실은 전사 26명, 부상 294명, 실종 74명이었다.

중공군의 참패

그에 비해 중공군은 사망 4,944명, 부상 1만 여명, 포로 15명이었다. 강력한 아군의 화력에 의해 중공군은 사망자가 아군에 비해 훨씬 많이 발생했던 것으로 보인다. 6사단은 5월 24일부터 미 9군단 예하 각 사단과 함께 북상하면서 추가적인 작전을 벌인다.

화천 저수지까지 60㎞를 진군하는 과정이었다. 특히 6사단 좌측을 맡았던 19연대는 미군 등 유엔군과 함께 지암리에서 중공군 180사단을 크게 꺾는다. 아울러 2연대와 7연대는 화천 일대로 계속 적을 추격하면서 북상해 5월 28일 화천발전소를 탈환하는 데 공을 세웠다고 한다.

파로호라는 새 이름이 등장하는 것은 그 무렵의 작전 성과 때문이다. 신속하게 북상하며 적을 추격한 6사단은 5월 29일 화천발전소와 구만리 고개라는 곳을 점령해 적의 퇴로를 차단했다. 중공군 2만 명 정도가 6사단이 차단한 구역에 갇혔다고 한다. 중공군 패잔병은 결국 6사단의 차단 지점을 우회하기 위해 화천저수지를 헤엄쳐 건너려다 적지 않은 수가 익사했다고 한다.

미군의 공습도 불을 뿜었다. 당시에는 밴 플리트 미 8군 사령관의 의지에 따라 전선에서 사용하는 탄약량에 거의 제한이 없었다. 따라서 도주하는 중공군에게 미 공군과 아군의 포병은 막대한 화력을 쏟아 부었다. 미군의 네이팜탄 공격이 더 이어지면서 무수한 중공군의 사체가 화천저수지 일대에 나뒹굴기도 했다.

중공군은 그런 도주 과정에서 2만 4천여 명이 사망한 것으로 전사는 기록하고 있다. 아울러 8,000여 명의 포로도 잡혔다. 6사단이 강인한 의지로 용문산 일대를 막아 중공군의 예기를 꺾은 결과였다. 중공군의 피해가 막심하다는 결과가 알려지면서 이승만 대통령은 마침내 화천 저수지에 '파로호'라는 이름을 지었던 것이다.

싸움의 방식, 커다란 지향은 전투를 이루는 중요한 요소다. 그러나 이 역시 싸우려는 뜻을 지닌 사람만이 쌓고 이룰 수 있는 법이다. 용문산 전투는 그런 점에서 우리에게 많은 것을 일깨운다. 허약한 대상으로만 비쳤던 한국군은 어느덧 싸우고 물러서는 과정에서 뭔가를 배워 일어나고 있었던 것이다. 용문산 전투의 주역 6사단은 그런 점을 자신 있게 보여줬던 셈이다.